colección

Ideas en Debate

SERIE EDUCACIÓN

Gladys Rosa Calvo
La formación en investigación en la universidad : El caso de las carreras humanas y sociales

1ª ed. - Barcelona / Buenos Aires: Miño y Dávila editores - Noviembre 2021.

272 p.; 22,5x14,5 cm.

ISBN: 978-84-18929-00-7
Depósito legal: M-24050-2021

Edición: Primera. Noviembre 2021
Lugar de edición: Barcelona, España / Buenos Aires, Argentina

ISBN: 978-84-18929-00-7
Depósito legal: M-24050-2021

THEMA: JNM [Higher & further education, tertiary education]
JNMT [Teacher training]
BISAC: EDU015000 [Higher]
EDU046000 [Professional Development]
WGS: 860 [School and learning / Adult education/adult education centre]
863 [School and learning / Adult education centre/
course materials general]

Ilustración de tapa: "Encuentro en Kosovo", de Enrique Hojman.
Óleo sobre tela 50x80
Diseño: Gerardo Miño
Composición: Laura Bono

MIÑO y DÁVILA
EDITORES

Página web: www.minoydavila.com

Mail producción: produccion@minoydavila.com
Mail administración: info@minoydavila.com

Dirección postal: Miño y Dávila s.r.l.
Tacuarí 540. Tel. (+54 11) 4331-1565
(C1071AAL), Buenos Aires.

Gladys Rosa Calvo

La formación en investigación en la universidad

El caso de las carreras humanas y sociales

Índice

— SEGUNDA PARTE —

La formación en investigación en las instancias curriculares estudiadas.

PRÓLOGO

Elisa Lucarelli

Es una alegría para mí hacer la presentación de este libro que expresa el laborioso trabajo de Gladys Calvo desarrollado en pos de su tesis doctoral.

Revisitar esta obra me permite evocar a la estudiante de grado que conocí en el ámbito de las clases de Didáctica de Nivel Superior de la Universidad de Buenos Aires: una muchacha seria, reflexiva, con aportes interesantes... y fundamentados no solo en las lecturas sino en su experiencia cotidiana como docente. Ya graduada se incorpora como adscripta a la cátedra, rol que va construyendo en nuestro espacio así como en la cátedra de Investigación y Estadística Educacional I de la carrera de Ciencias de la Educación. Y después es la Auxiliar docente con dedicación simple que no sólo se hace cargo de una comisión de Trabajos Prácticos sino que, como investigadora en formación, se integra al equipo de nuestro Programa de *Estudios sobre el aula universitaria* para investigar con la misma rigurosidad y entusiasmo con que encara todas las tareas. Más adelante tuve el gusto de acompañarla en su primera investigación propia, sustentada en una Beca Orientada otorgada por la UBA; en ella buscó conocer cuál era situación curricular de la Facultad de Filosofía y Letras de esta universidad a principios del siglo XXI, desarrollando un trabajo minuciosamente sistemático acerca de ese precioso objeto privilegiado de la Didáctica Universitaria. No es exagerado afirmar que muchos de los hallazgos de esa joven investigadora contienen elementos de interés actual para la renovación de los planes de estudio de las carreras que se cursan en nuestra facultad.

Relato todo este recorrido para evidenciar que ser su Directora de Tesis Doctoral fue una tarea placentera y gratificante donde la inquietud investigativa iba encontrando su cauce, siempre conjugándose en el encuentro de sus dos focos de interés: los procesos que se viven en el aula universitaria y la investigación.

Tal como se podrá ver en los capítulos de este libro, ese entretejido de intereses le permite a la autora poner en cuestión algunos de los problemas más acuciosos de nuestra institución universitaria: cómo se articulan las diversas prácticas de la profesión de destino en la formación de un estudiante de grado. Y a la par, cómo se relacionan teoría y práctica en esa formación. La dinámica de las prácticas profesionales tal como se expresa en el contexto social, junto a esa relación, son, desde una perspectiva fundamentada crítica, principios fundantes para la construcción del campo de la Didáctica Universitaria. Es en este sentido que se reconocen a la institución, con las particularidades que se expresan en sus funciones, formas de gobierno, actores, dinámica y estructura de relaciones, al contenido disciplinar altamente especializado, y a la profesión, como estructurantes de la enseñanza y del currículum. De todo esto habla el libro de Gladys Calvo.

Una mención especial merece el delicado trabajo metodológico desarrollado en la producción de la investigación y expresado en este libro. En él, la autora evidencia su carácter de discípula, en lo metodológico, de María Teresa Sirvent y vuelca con lucidez lo aprendido en el contexto de esa innovadora perspectiva sobre cómo investigar en las ciencias sociales hoy. El capítulo dedicado a este aspecto puede ser claramente orientador para jóvenes investigadores en Ciencias Sociales que podrán ver cómo abordajes y conceptos teóricos se despliegan en la elaboración del resto de la obra.

Los autores que consulta para la construcción del marco teórico son amplios en cuanto a sus enfoques y temáticas; a la vez, es significativo observar que en él conviven aquellos que marcan momentos clave iniciales en la breve historia de la Pedagogía y Didáctica Universitarias con otros incorporados más recientemente al campo.

A lo largo de la obra el eje de estudio ha sido la relación teoría y práctica en los espacios curriculares de formación en investigación en las carreras de grado universitarias. Así comienza la investigadora las Conclusiones del estudio realizado. Los hallazgos que en ellas se presentan son elocuentes de la situación actual de la enseñanza en la universidad pública, a la vez que brindan aperturas para comprender el problema en estudio: *cómo se manifiesta esa articulación en los espacios curriculares de formación en investigación* en la institución donde la autora se formó e investiga actualmente. La tensión siempre presente entre prácticas alternativas de enseñanza y las más tradicionales, entre las culturas institucionales de universidades y carreras con planes de estudio que contienen espacios sistemáticos para la formación en investigación y aquellas que sostienen el modelo artesanal, son algunos de los puntos fuertes que conforman el contexto de las conclusiones de esta obra. Reconozco como uno de los hallazgos más significativos el que evidencia que los grandes enfoques identificados por Gladys en las asignaturas orientadas explícitamente hacia la investigación, expresan propuestas didácticas distintas, donde la relación entre teoría y práctica también asume formas diversas. Los acertados cuadros presentados en ese capítulo dan cuenta de estas relaciones complejas y le permiten al lector anudar los distintos hilos problemáticos que el libro contiene.

A quienes sostenemos el lugar relevante de la universidad pública para la formación de sujetos cuestionadores y reflexivos de los problemas del contexto social y educativo de su tiempo; a los interesados por el campo de la Pedagogía y Didáctica Universitarias; a los que comprenden que la enseñanza y la investigación se articulan en la construcción de habilidades del pensamiento ligadas al análisis, la reflexión, la duda, la búsqueda de relaciones, la producción de nuevos caminos; este libro les dará el placer de encontrar algunas respuestas y muchos nuevos interrogantes para seguir pensando...

Introducción

Esta obra se desarrolla en base a una investigación que dio como resultado mi tesis doctoral[1]. La misma problematiza la realidad universitaria y específicamente aborda la articulación teoría y práctica en los espacios curriculares de formación en investigación en las carreras de grado de la Facultad de Filosofía y Letras (UBA). Este objeto resulta de relevancia social y científica ya que la universidad, como institución dentro de la sociedad, tiene como uno de sus ejes constitutivos, junto a la enseñanza, la extensión y la transferencia a la sociedad, la producción de conocimiento. Pensar en la producción de conocimiento que realiza la universidad es pensar en la tarea que cumplen los investigadores en esta institución. Esta tarea adopta características particulares según el lugar en el que se desarrolle (universidades, institutos, agencias) y el campo disciplinar en el que se efectúe.

El interés por la temática deviene del trabajo que realizo desde hace dos décadas en dos cátedras de la carrera de Ciencias de la Educación de la UBA[2], la participación en el Programa de Investigación "Estudios sobre el Aula Universitaria" que se desarrolla en el

1 La tesis de doctorado tuvo como título: *La articulación teoría y práctica en los espacios curriculares de formación en investigación en las carreras de grado que se cursan en la Facultad de Filosofía y Letras (UBA)* y fue dirigida por la Dra. Elisa Lucarelli. Se defendió y aprobó en marzo de 2015. Se llevó a cabo en el marco de una Beca de Doctorado otorgada por la UBA para ser desarrollada en el IICE (Instituto de Investigaciones en Ciencias de la Educación) correspondiente a la Facultad de Filosofía y Letras de la UBA.

2 Investigación Educacional I a cargo de la Dra. Celia Rosemberg (En el Plan ´85 llamada: Investigación y Estadística Educacional I – Ex titular Dra. María Teresa Sirvent) y Problemáticas Pedagógicas y Didácticas de Nivel Superior a cargo de la Mg. Claudia Finkelstein (En el Plan ´85 llamada Didáctica de Nivel Superior – Ex titular: Dra. Elisa Lucarelli).

IICE[3] y las conclusiones de una investigación previa que abarcó un Diagnóstico de la situación curricular de la Facultad de Filosofía y Letras (UBA)[4].

Esta investigación busca aportar conocimiento original (desde una perspectiva didáctica-curricular) en torno a cómo se forman inicialmente en investigación los alumnos en sus carreras de grado, ya que esta formación primera será la base sobre la cual se seguirán desarrollando y formando los futuros investigadores. Lograr una mayor calidad en su formación inicial y continua es central para nuestro país, dado que a través de ella se posibilita fortalecer las actividades que apunten al avance científico en cada área de conocimiento. Asimismo, este tipo de trabajos coloca a la propia universidad como objeto de estudio, situación que le permite a la institución reflexionar sobre sí misma, renovándose permanentemente, en la búsqueda de mayor calidad académica.

Se sostiene en este libro que el lugar que ocupan en los planes de estudio los espacios curriculares que tienen como propósito la formación en investigación inhibe en alto grado la posibilidad de articulación teoría y práctica, dificultando una íntegra inserción del estudiante en el quehacer investigativo durante las carreras de grado. La misma, se presenta como una formación esporádica, aislada y desarticulada a lo largo de la carrera. Esta limitación dificulta el desarrollo de uno de los perfiles profesionales para los cuales se forma en la universidad: ser investigador. Asimismo, existen ciertas características didácticas presentes en los espacios curriculares, como la organización y secuenciación de los contenidos seleccionados y las estrategias de enseñanza utilizadas, que facilitan la articulación teoría y práctica propiciando mayor significatividad a los procesos de enseñanza y aprendizaje.

En la situación de enseñanza y aprendizaje que se produce en el aula universitaria se pueden reconocer diversos componentes didácticos que desarrollan sus actores principales (docentes y estudiantes): objetivos que orientan ambos procesos, contenidos, estrategias metodológicas, tanto de enseñanza como de evaluación, y los recursos para el aprendizaje (Contreras Domingo, 1994). En la categorización que hace Wachowitz (1995), este conjunto de componentes son *contenidos, formas y objetivos*, ocupando éstos un lugar preeminente en

3 Programa creado y dirigido por la Dra. Lucarelli. Actualmente continúa bajo la dirección de la Mg. Claudia Finkelstein.

4 Esta investigación se realizó en el marco de una Beca Orientada otorgada por la UBA entre 2000 y 2001 dirigida por la Dra. Elisa Lucarelli y como asesora metodológica la Dra. María Teresa Sirvent.

la direccionalidad del conjunto. Así, los componentes de la situación didáctica estructuran de diversas maneras o estilos los procesos de enseñanza, permitiendo reconocer dos tipos básicos: la situación tradicional, correspondiente a una didáctica prescriptiva o tecnicista, y la situación dinámica, propia de una didáctica fundamentada y crítica.

En el contexto de esta obra se afirma que un cambio significativo en la situación de enseñanza y aprendizaje (que supone la superación de una perspectiva tradicional) implica necesariamente producir una modificación en el sistema de relaciones entre los componentes humanos y didácticos, y no meramente el reemplazo de un componente por otro (Lucarelli, 2001). Esa modificación supone el desarrollo de acciones caracterizadas por la multidimensionalidad, contextualización, explicitación de los presupuestos, reflexión sobre la práctica y búsqueda de la eficiencia en el alcance de las metas educativas (Candau, 2001).

Para desarrollar estos planteos iniciales, el libro se organiza en dos partes. La primera abarca los capítulos I, II y III, donde se realiza un enmarcamiento teórico, histórico y conceptual de la problemática universitaria. En el capítulo I se introducen conceptualizaciones sobre los fines, funciones y desafíos de las instituciones universitarias, la relación docencia e investigación como un eje central de análisis en el nivel superior y la referencia de la universidad en el contexto nacional argentino desde los años noventa, década que constituyó el origen de la situación problemática de la investigación realizada. En el capítulo II se contextualiza a nivel histórico el caso de estudio: la Universidad de Buenos Aires (UBA) y específicamente la unidad académica donde se hizo foco: la Facultad de Filosofía y Letras. En el capítulo III se introduce la mirada didáctica sobre la universidad haciendo hincapié en tres conceptos centrales: articulación teoría y práctica, currículum y formación en investigación.

La segunda parte abarca los capítulos IV a VIII, a través de los cuáles se plantea la formación en investigación en las instancias curriculares investigadas: su abordaje metodológico, análisis, resultados y la forma en que fueron trabajados los casos en estudio. El capítulo IV desarrolla el abordaje metodológico: explicita la estrategia general utilizada, la selección de casos, las técnicas de obtención de la información empírica y las técnicas de análisis. El capítulo V se centra en los resultados comparativos del currículum prescripto y el capítulo VI en los resultados comparativos del currículum en acción. El capítulo VII presenta el análisis de dos casos en profundidad y el capítulo VIII desarrolla las conclusiones.

Finalmente quisiera realizar algunos agradecimientos. A la UBA al otorgarme una Beca de Doctorado para realizar esta investigación. A la Facultad de Filosofía y Letras en su conjunto y en especial a sus autoridades, por la predisposición que hubo para que pudiera realizar este trabajo sin restricciones. Al IICE (Instituto de Investigaciones de Ciencias de la Educación) por ser la sede para realizar esta tarea y conformar un espacio de aprendizaje para los investigadores en formación.

A cada miembro de los nueve Departamentos de las carreras que se dictan en la facultad por su buena voluntad y disponibilidad para atenderme y permitirme acceder a los materiales necesarios. Y por supuesto, de manera especial, a los docentes y alumnos de las cátedras donde se realizaron las observaciones y entrevistas.

A mi Directora de Tesis, Dra. Elisa Lucarelli quien, con su calidad humana y profesional, me impulsó, guió y acompañó en todo este proceso. No tengo más que palabras de agradecimiento por la confianza depositada en mi persona, por su asesoramiento en este trabajo y por su capacidad de dar y brindarse a sus alumnos y al conocimiento.

A la Profesora Dra. María Teresa Sirvent por introducirme al fascinante mundo de la investigación y transmitirme su saber y pasión en este quehacer.

A mi familia, mi mamá, mi papá y mi marido, que son el pilar fundamental e incondicional de mi vida. Muy especialmente dedicado a Rosa, mi mamá, que me guía siempre y me sigue acompañando desde el cielo.

A todos los que de alguna manera posibilitaron y apoyaron la realización de esta tarea: MUCHAS GRACIAS.

PRIMERA PARTE

Enmarcamiento teórico-histórico-conceptual de la problemática universitaria

Capítulo I

La universidad: una institución particularmente compleja

a) La universidad: fines, funciones y desafíos

Desde hace unas décadas, la Universidad, como institución, se encuentra en un momento de redefiniciones. Son varios los reclamos y las presiones que recibe de diferentes sectores de la sociedad. Una situación atravesada por incertidumbres y cuestionamientos sobre la eficacia, la eficiencia y la calidad de sus procesos y resultados, hacen que esta institución educativa deba plantearse sus objetivos y su rol en la sociedad, para enfrentar, con vistas al futuro y de la mejor manera posible, los desafíos que se le presentan.

La Universidad que conocemos, es una institución que acompañó los paradigmas de la modernidad (de Sousa Santos, 1995). El proyecto de modernidad, gestado a partir del siglo XVI acogió al capitalismo como modo de producción dominante. Muchos autores, hablan de *posmodernidad* contrapuesta a una *modernidad* compuesta por corrientes como el Iluminismo, el Liberalismo, el Marxismo, el Positivismo; todas coincidían en señalar caminos de progreso e ideales de perfectibilidad social (cada una a su manera). Existen ciertos cuestionamientos y se observan algunas posturas de escepticismo o de desencanto en los grandes proyectos y utopías. Se advierte una cierta declinación de los ideales modernos que producen reclamos que buscan lograr una sociedad justa, igualitaria y democrática, a través de una educación liberadora para todos y con visión de futuro.

Friedberg y Musselin (1996) distinguen tres grandes familias de estudios sobre las cuestiones universitarias. La primera agrupa los estudios que se centran en los productores (los docentes del nivel superior) o en los productos (los estudiantes), pero que dejan de lado los circuitos de la producción y la estructura que los cobija y los organiza, es decir la trama organizativa de las universidades. Se omite el impacto de las universidades y de los contextos institucionales dentro de los cuales se insertan los profesores y/o estudiantes. En esta categoría entran los estudios sobre la comunidad científica como tal, con sus normas y sistemas de valores (Becher, 2001), la *vida de laboratorio* en sí misma, los mecanismos de evaluación de la actividad científica, así como los procesos de reconocimiento científico y los universitarios como grupo profesional o categoría socio-profesional. Además, se incluyen los estudios sobre los estudiantes universitarios.

La segunda familia considera los estudios sobre la universidad como organización, como lugar en donde se toman decisiones y en el que se asignan recursos. En estos estudios se aborda, entre otros temas, el trabajo académico y el funcionamiento universitario: la diferenciación interna, su estructura jerárquica y su nivel de burocratización. Las consecuencias de estos estudios, según Friedberg y Musselin (1996), son contradictorias. Por un lado, contribuyeron al análisis de la universidad como organización y los procesos de análisis organizacional, pero al mismo tiempo se ha legitimado una manera de ver la universidad desde una concepción empresarial. Asimismo, la universidad se estudia en su contexto más inmediato, pero no en relación con su pertenencia a un conjunto más amplio de instituciones que están en interacción: el sistema de educación superior.

La tercera familia reúne los trabajos (generalmente de tipo comparativo) que sitúan a las universidades dentro de los sistemas nacionales y que se interesan por los modos de coordinación (comerciales, burocráticos, gubernamentales, oligárquicos o profesionales) que prevalecen en el país. Estos estudios, generalmente, se quedan en un nivel formal y a menudo simplifican en exceso la complejidad real de los sistemas de educación superior y toman solo alguna dimensión que caracterice a los sistemas nacionales. Friedberg y Musselin (1996) desarrollaron un enfoque organizacional comparativo del estudio del funcionamiento de las organizaciones, que intentan reconstruir las propiedades permanentes de los sistemas de relación por medio de los cuales los actores de cada universidad negocian su cooperación en el cumplimiento de sus funciones.

Krotsch y Suasnabar (2002) señalan respecto a este punto, que uno de los estudios con mayor influencia en América Latina y Argentina es la obra de Burton Clark (1983), la cual retoma la tradición de la sociología durkhemniana, acerca de esta problemática ya que aborda la organización institucional en su complejidad.

La universidad es una organización particularmente compleja, por los objetivos que aborda, por la cantidad de actores que intervienen con diferentes intereses, por la diversidad de expectativas que participan, pero tiene una especificidad particular: la producción y transmisión de conocimientos articulados en disciplinas. Como señala Clark (1983), la materia en torno a la que se organiza la actividad universitaria es el conocimiento. El trabajo académico se organiza sobre la base de la manipulación del conocimiento –descubrimiento, conservación, depuración, transmisión y aplicación–, siendo sus tecnologías principales la investigación y la enseñanza.

La complejidad es observada en el carácter conflictivo y altamente fragmentado que preside a las rutinas organizacionales de las universidades. La creciente especialización, el desarrollo de nuevas funciones y espacios que da lugar a la permanente división del trabajo, no es totalmente controlable desde el centro burocrático del establecimiento. De esta manera, la complejización estaría originada en la constitución de diversos mercados al interior de estas organizaciones que son entendidos por los diferentes actores como

> "estructuras de oportunidades y circuitos institucionalmente configurados con formas organizativas y ethos propios que conformarán redes de fronteras difusas" (Krotsch, 1993, p. 21).

En la comprensión del tema, definir la misión institucional implica hablar de la identidad y el carácter de la universidad constituyéndose en la base para el diseño de su perfil y del proyecto institucional. El perfil institucional, según Martínez Nogueira (2000), señala el por qué, el para qué y el cómo de una institución. Incluye temas referidos a las funciones que se privilegian, a su dimensión, a los niveles formativos y a su articulación con el medio. Sus componentes son varios, entre los que se pueden mencionar: la importancia relativa asignada a la docencia, la investigación y la extensión; el *mix* de actividades de grado y posgrado, la cobertura social y territorial a la que aspira; las articulaciones con otros actores sociales; sus estilos de gestión y el patrón de financiamiento a consolidar (Martínez Noriega, 2000).

Para caracterizar a las instituciones a través de sus fines, misiones y funciones, es necesario definir cada uno de los términos por separado. Según Pérez Lindo (1998 y 2001):

- Los *fines* señalan lo que es esencial o fundamental a cualquier universidad. Son los principios fundamentales que justifican el concepto de universidad. Investigar, enseñar en el más alto nivel y formar profesionales constituyen fines esenciales. Por lo general se considera que el rasgo distintivo de la institución universitaria es la producción o el contacto con los nuevos conocimientos.

- Las *misiones* definen la identidad particular de cada institución, su modo de situarse frente a la realidad histórica o social. Son las finalidades particulares o vocacionales que adopta una universidad en función de sus creencias religiosas, de sus posiciones ideológicas o de sus compromisos sociales.
- Las *funciones* aluden a los propósitos institucionales y al significado social de las actividades universitarias. Se utilizan para designar lo que efectivamente hace la universidad.

Los fines y las misiones contenidas en las normativas, si bien no reflejan la verdadera acción de las universidades, dan una idea de la identidad de la institución. Como señala Krotsch (2003), aunque el tema de los fines es problemático, es una cuestión que nos permite ver la *misión e idea de la universidad.* Preguntarse sobre los fines de una universidad es hacer referencia a los objetivos, misiones o la idea de universidad que tenemos (Krotsch, 2003).

El descubrimiento de los fines u objetivos institucionales debe ser analizado a través de las dos funciones esenciales: enseñanza e investigación. Es decir, descubrir en qué medida las instituciones hacen lo que se proponen hacer.

Algunos autores plantean que la idea latinoamericana de la universidad en un escenario de masificación, diversificación y cambio económico, está planteando un nuevo modelo de universidad. El modelo latinoamericano de universidad representado en las universidades públicas que fuera heredero del cruce de la versión francesa (modelo napoleónico o modelo continental) y las ideas del movimiento de reforma de Córdoba, está en crisis por los procesos de globalización, restricciones financieras, pérdida de legitimidad y cambios de misión. La expansión y diversificación abrió el campo institucional a las universidades privadas (que no eran básicamente herederas del modelo napoleónico y del modelo de la reforma de Córdoba) y esto trajo consecuencias a nivel del sistema, ya que impulsan también otros tipos de modelos de universidad.

La universidad es una institución que genera un debate siempre actual. Constantemente hay que pensarla como lugar de conocimiento y también en su proyección social en la necesaria transformación de la sociedad. Como plantea de Sousa Santos (2005), su especificidad en cuanto a bien público reside en ser la institución que liga el presente con el mediano y el largo plazo por los conocimientos y por la formación que produce y por el espacio público privilegiado para la discusión abierta y crítica que constituye.

Según la mirada de este autor (de Sousa Santos, 2005, pp. 33-37), "las políticas de los '90 pusieron en desafío a las universidades en muchos aspectos incluido el del conocimiento". La organización y el ethos universitario fueron moldeados en un modelo de conocimiento científico universitario que ha sido predominantemente disciplinar, en cierto grado autónomo del mundo cotidiano, homogéneo y organizativamente jerárquico. A lo largo de estas últimas décadas se dieron alteraciones que desestabilizaron este modelo de conocimiento y condujeron al surgimiento de otro patrón. El autor denomina a esta transición como el paso del conocimiento universitario hacia el conocimiento pluriuniversitario, entendiendo a este último como un conocimiento contextual en la medida en que el principio organizador de su producción es la aplicación que se le puede dar. También es un conocimiento transdisciplinar y heterogéneo que ha tenido su concretización más consistente en las alianzas universidad-industria y, por lo tanto, bajo la forma de conocimiento mercantil. Esta contraposición, entre una presión hiper-privada y una presión hiper-pública, no solamente ha llevado a desestabilizar la institucionalidad de la universidad, sino que ha creado también una profunda fractura en su identidad social y cultural.

También destaca estos cambios Sutz (1994) cuando plantea que hay diferencias entre la situación actual y la pasada en materia de relaciones universidad-sectores productivos. Estas tendrían que ver básicamente con tres elementos. El primero es el mayor grado de formalización de dichas relaciones, tanto por el pasaje de lo esporádico a lo sistemático como por el carácter marcadamente más institucionalizado que han ido adquiriendo. El segundo tiene que ver con la globalización de las relaciones, que ya no se origina en una o pocas direcciones disciplinarias, sino que abarca progresivamente más áreas de conocimiento. Es decir, cuando antes solían ser una o pocas cátedras o departamentos quienes actuaban en vinculación con la producción, hoy se encuentran abocadas a ello prácticamente universidades enteras. El tercero, finalmente, tiene que ver con el papel de los gobiernos, que están muy involucrados en la promoción de estas relaciones como parte de sus políticas industriales, de ciencia y tecnología y de innovación.

En este sentido, en su libro sobre la *Función Social de la Universidad*, Margetic y Suárez (2006), señalan que uno de los aspectos más cuestionados del sistema de educación superior argentino ha sido el de su aislamiento –real o supuesto– con respecto a las necesidades y requerimientos de la sociedad que lo sustenta. De esta manera, se continúa debatiendo si la propuesta curricular responde a las demandas y expectativas de la comunidad, así como si el desarrollo científico sólo ocasionalmente se traduce en innovaciones tecnológicas transferibles a la sociedad.

Esta situación es reflejada en el análisis de numerosos autores. Boaventura de Sousa Santos (2005, pp. 15-17) identifica las *tres crisis* a las que se viene enfrentando la universidad: la primera es la *crisis de la hegemonía*, resultante de las contradicciones entre las funciones tradicionales de la universidad y las que fueron atribuidas a todo lo largo del siglo XX; la segunda es la *crisis de legitimidad* y la tercera la *crisis institucional*.

La crisis de hegemonía evidencia la imposibilidad de responder a la contrariedad entre conocimientos de alta cultura para la formación de elites y los conocimientos para la formación de la fuerza de trabajo; ambas son exigencias del contexto actual.

La crisis de legitimidad hace referencia a la incompatibilidad entre el control y jerarquización de los saberes que se da a través de mecanismos de restricción al acceso, y las demandas de democratizar el acceso a la universidad y conocimientos que se producen en ella.

La crisis institucional evidencia la discrepancia entre la autonomía institucional y la demanda de productividad social. Esta tensión se vislumbra en la evaluación de la producción de conocimientos científicos (medidos por el número de publicaciones, investigaciones, programas acreditados, etc.) en detrimento de la formación, ya que con estos indicadores no se evalúa la calidad del proceso del aula. Cabe aclarar, que, en muchas ocasiones, en función de los resultados de los proyectos de investigación se otorga el financiamiento y de esta forma se aplica en la universidad la lógica empresarial.

Pedro Krotsch (2003) señala una serie de características salientes de la pérdida de legitimidad de la universidad que deberían ser consideradas ante cualquier intento de reforma:

- el creciente número de universidades, públicas y privadas, señala el desarrollo embrionario de un mercado universitario cuyas reglas de funcionamiento no alcanzan a entenderse aún con claridad;
- la paulatina pérdida del monopolio que otrora detentara la universidad pública sobre la producción, reproducción y consagración de saberes;
- la producción científica tiende cada vez más a realizarse en estrecha subordinación respecto a las demandas de ciertos sectores o a

desplazarse desde las sedes universitarias hacia los centros sujetos al control empresario;

- las tradicionales posiciones contestatarias, habitualmente asociadas a las generaciones jóvenes que componen el grueso de la población universitaria se han debilitado, y
- las transformaciones en la calidad y los tiempos del cambio tecnológico impactan sobre los perfiles profesionales, sometiéndolos a un acelerado proceso de resignificación.

En este contexto, las universidades tienden a diversificar su oferta y plataforma de proveedores con el fin de acomodar a un número creciente de jóvenes y adultos con variadas demandas formativas. Asimismo, buscan responder a las dinámicas de expansión, diferenciación y especialización del conocimiento avanzado, en torno al cual se tejen las redes productivas, tecnológicas, de comercio y políticas de la sociedad global. Los sistemas de enseñanza superior también están siendo impelidos a diferenciarse institucionalmente –lo cual aumenta su complejidad– con el propósito de dar cabida a una división y organización cada vez más especializadas del trabajo de producción, transmisión y transferencia del conocimiento avanzado.

La respuesta de las universidades a los nuevos desafíos que enfrenta en este contexto se identifica en tres características principales: (1) la creciente ambigüedad de la educación superior en la cual cada vez es más difícil identificar una única misión de la universidad; (2) la creciente complejidad organizacional de las universidades y de las instituciones de educación superior que enfrentan múltiples responsabilidades bajo las presiones provenientes del mercado, y (3) la reconfiguración de las universidades en tanto instituciones en la medida en que comienzan a compartir sus responsabilidades de enseñanza e investigación con otras organizaciones (Scott, 1999).

En función de esto último, puede considerarse a la universidad como una institución fundamentalmente educativa. Como señala Camilloni (2001a):

> "las universidades son instituciones educativas de mayor nivel de jerarquías que brindan una gama completa de estudios de grado (carreras largas y cortas) y posgrados en todas las ramas del conocimiento. Tienen entre sus funciones inherentes la formación de profesionales, docentes e investigadores, la producción y difusión de conocimientos científicos, y la realización de actividades de transferencia y extensión".

El reconocimiento de este énfasis en la función educativa, no significa dejar de lado las otras funciones con las que está articulada, como la de producir conocimientos y prestar servicios a la sociedad (Camilloni, 2001a, p. 10).

b) La relación docencia e investigación en la universidad

Las universidades no solo presentan muchas diferencias entre sí, a causa de sus dispares objetivos y características internas, sino que son instituciones sumamente dinámicas. Barnett (2008, p. 15) plantea que las universidades se mueven y cambian de forma, por ejemplo, cuando se registran nuevas líneas en la base disciplinar, cuando las intervenciones en la sociedad adoptan nuevas formas o cuando varían las prioridades y, en ese proceso, el peso de las actividades en la balanza. Es así que el autor afirma que las universidades tienen una arquitectura propia, donde las actividades adoptan unas formas y configuran unos patrones sujetos a cambios constantes. Pero también señala que puede darse la situación de que, pese a la transformación de la forma de la universidad, la investigación y la docencia continúen manteniéndose como actividades predominantes en esta institución. La investigación y la docencia no son solo grandes campos de actividad en sí mismos, sino que en torno a ellos se generan debates acerca de sus interrelaciones (Barnett, 2008, p. 17).

La literatura que trata sobre este tema no es coincidente: hay trabajos en los que concluyen que la relación entre docencia e investigación es nula o muy débil, otros no han demostrado arribar a resultados claros y otros apoyan esta relación, aunque admiten que puede haber niveles diferentes y modalidades de relación.

Hughes (2008) identifica cinco mitos en torno a esta relación y algunos aspectos a considerar en cada caso:

1) *El mito de la relación de beneficio mutuo entre investigación y docencia.* La esencia de este mito se basa en que existe una relación que las beneficia en forma mutua.

   "No obstante, algunos autores, señalan que no hay pruebas reales de una relación fuerte entre ambas y otros afirman que difícilmente podrá comprobarse dicha relación, por lo cual consideran incluir al aprendizaje ya que es un proceso compartido por las dos. Por eso, el centro del debate pasó de las relaciones entre investigación y docencia a la reflexión acerca de la investigación y el aprendizaje entre mediados y finales de los noventa" (2008, p. 41).

2) *El mito de una relación generalizable y estática.* En este punto, el autor plantea que, en lugar de pensar en términos de un ejemplo

único de relación entre investigación y docencia, hay que partir de la base de que este vínculo puede variar con el tiempo y nutrirse de diferentes contextos; incluso, en una misma institución se puede encontrar un gran abanico de relaciones diferentes.

3) *El mito de separar el saber de la investigación y la docencia.* Este mito surge de una mirada dicotómica de la investigación y la docencia, enfocando al saber como una noción independiente de ambas funciones. Por el contrario, el autor considera que el saber constituye una pieza clave tanto de la docencia como de la investigación y que

   "el problema de situar el saber como requisito previo de una buena docencia y una buena investigación es que se corre el riesgo de menospreciar su importancia a la hora de comprender las numerosas relaciones sujetas al contexto que existen entre investigación y docencia" (p. 42).

4) *El mito de la superioridad del profesor-investigador.* Según este mito, los profesores-investigadores son superiores a los profesores que no participan en actividades de investigación. Al respecto, el autor destaca que

   "el elemento más controvertido de este mito son las implicaciones discriminatorias que encierra ya que el grado de arraigo de este mito tiene incidencia sobre el desarrollo profesional, la remuneración y el desarrollo de muchos académicos" (p. 43).

5) *El mito del estudio desinteresado de la relación entre investigación y docencia.* Según Hughes, la esencia de este mito es que los académicos han estudiado las relaciones entre investigación y docencia sin ningún interés por el resultado. Sin embargo, el autor recuerda que

   "el debate sobre las relaciones entre investigación y docencia ha sido impulsado y fomentado por los propios académicos, especialmente por académicos con actividad investigadora, lo que les ha permitido ocupar espacios en revistas de referencia" (p. 43).

   Así, Hughes llega a la conclusión de que es posible establecer

   "un gran número de relaciones entre las actividades principales de la universidad, así como reconfigurar nuevas actividades o actividades existentes para abrir nuevos espacios. Y para que esto suceda, tenemos que afrontar los mitos existentes sobre el modelo universitario y conseguir olvidarlos" (2008, p. 44).

Al respecto, Barnett (2008, p. 141) plantea que son muchas las fuerzas internas y externas del mundo académico que amenazan con alejar sus principales actividades (investigación, saber y docencia) y presagian la reducción de los espacios de los que dispone. No obstante, también destaca que se han empezado a percibir que las condiciones actuales del mundo académico dejan espacios para repensar las cosas y para hacerlas de otra forma.

Así, Elton (2008, p. 145) concibe que la idea del saber pedagógico puede, a través del aprendizaje, tender un puente (un nexo) entre la investigación y la docencia. Su idea tiene que ver con considerar el aprendizaje en *modo investigación*, esto es, un aprendizaje sujeto a un cuestionamiento y una exploración permanentes, nunca limitado a una rutina. De esta forma, el posible nexo entre la investigación y la docencia, por tanto, se halla principalmente en los procesos asociados comunes más que en sus resultados.

El autor señala que un elemento clave de la investigación es que nace de las mentes de los investigadores y de forma parecida, el aprendizaje en modo de investigación debe nacer de las mentes de las personas que aprenden. Este tipo de aprendizaje es activo y plantea interrogantes de una forma que raramente se observa en el aprendizaje tradicional, en el que las personas que aprenden reaccionan a la información que les proporcionan los docentes. El principal papel de los docentes consiste en comprender pedagógicamente cómo pueden facilitar este aprendizaje a través de la interrogación. Se trata de un saber basado en la docencia y el aprendizaje. Por lo tanto, considera que el aprendizaje en modo investigación debe generar en la mente de la persona que aprende un vínculo entre la docencia y la investigación. Además, el saber basado en la docencia y el aprendizaje puede contemplarse como la forma de materializar el aprendizaje basado en la indagación. Estos dos procesos paralelos, sumados, constituyen para Elton (2008, p. 149) la esencia del vínculo entre investigación y docencia.

En la misma línea, da Cunha (1997; 2011) afirma que la lógica de la investigación y de la enseñanza, en su modalidad tradicional, es completamente antagónica. Es así que la autora plantea que la enseñanza está construida sobre una concepción de conocimiento como producto, en que las certezas son estimuladas y hasta son las que pesan en la balanza del aprendizaje. En cambio, la investigación funciona de manera totalmente antagónica. Investigar es trabajar con la duda, que es su presupuesto básico. El error y la incertidumbre son los que guían el camino de la investigación. Los conocimientos producidos son siempre provisorios, no hay certezas permanentes. Entonces, desde su mirada, para pensar la enseñanza con la investigación es preciso revertir la lógica de la enseñanza tradicional e intentar formularla con base en la lógica de la investigación. Solo con este esfuerzo se puede pensar en un proceso integrador en el aula universitaria.

La autora reconoce que no es sólo el aula quien corporiza la contradicción entre enseñanza e investigación, sino que son los propios currículos de las carreras universitarias los que reflejan esa contradicción. El conocimiento aparece en ellos organizado de lo general a lo particular, de lo básico hacia lo profesionalizante, de lo teórico hacia lo práctico. Esta perspectiva parte del presupuesto de que primero se debe tener la información para después practicarla. La organización tradicional de los currículos no reconoce la duda epistemológica como punto de partida del aprendizaje y, en consecuencia, niega la lógica de la investigación. Desde su postura,

> "si se pretende hablar de enseñanza con investigación, lo mínimo que se debe hacer es ofrecer las condiciones básicas para que el alumno produzca, esto es, leer, reflexionar, observar, catalogar, clasificar, preguntar, es decir, fomentar acciones básicas de quien investiga (...) así, si deseamos una enseñanza con investigación, es necesario considerar al alumno capaz de producir su propia experiencia de aprendizaje y al mismo tiempo, contar con un profesor que sepa trabajar con la duda, con lo nuevo, sustituyendo la respuesta acabada a las preguntas de los alumnos, por la capacidad de reconstruir con ellos el conocimiento" (da Cunha, 1997, p. 84).

La implementación de esta perspectiva de enseñanza con investigación, señala Costa da Nova y Soares (2012, p. 71) presupone enfrentar diversos obstáculos. Uno de ellos es el hábito del aula magistral, expositiva, que históricamente ha caracterizado a la universidad, a la práctica pedagógica y que prevalece en la academia. Ese tipo de aula revela la competencia del profesor universitario. Otro obstáculo es asumir esa nueva manera de desarrollar la formación universitaria que implica mayor inversión de tiempo y energía del profesor que se ponen en conflicto con el volumen de las actividades que tienen que realizar. También esta perspectiva, exige mayor inversión de tiempo y energía de los estudiantes, que a pesar de criticar la enseñanza enciclopédica y expositiva que reciben, están acostumbrados a esto y tienden a resistir, a sentirse perplejos y perdidos ante las prácticas de enseñanza más desafiantes y más activas. No obstante, las autoras destacan que estos obstáculos no son infranqueables. Consideran que, si los profesores están convencidos de las repercusiones de la enseñanza con investigación en la formación de profesionales críticos, autónomos y reflexivos que la sociedad necesita, sabrán articular con sus pares y gradualmente realizar proyectos viables y convencer a los estudiantes de las ganancias de su compromiso en su propia formación como persona y como profesional.

c) La universidad argentina en el contexto nacional desde los '90: el caso de la UBA y de la Facultad de Filosofía y Letras

En este contexto, los procesos de reforma curricular que se están desarrollando en las universidades argentinas tienen como una de sus preocupaciones centrales encarar el diseño de propuestas, que le permitan mantener su propia identidad, y a la vez responder a los problemas que conlleva la redefinición del mundo del trabajo.

En las últimas décadas y a nivel mundial se viene produciendo en la educación superior un proceso de transformaciones que tiene importantes consecuencias sobre los sistemas nacionales. Comienzan a perfilarse cambios sobre algunos ejes comunes: nuevas leyes, modificaciones en el financiamiento, expansión y diferenciación de los sistemas de educación superior y surgimiento de procesos de evaluación y acreditación de la calidad. Fernández Lamarra (2002) señala que a principios de los noventa asume un nuevo gobierno nacional que plantea incluir nuevos criterios de política y gestión universitaria, incluyendo, entre ellos, el de evaluación y acreditación. Entre 1993 y 1994 se produjo el consenso entre gobierno y sistema universitario por lo que dieciséis universidades firmaron un convenio con el Ministerio de Educación para llevar a cabo procesos de evaluación institucional, con la cooperación ministerial. Se creó, asimismo, el Consejo Nacional de Educación Superior integrado por personas de reconocida trayectoria académica, científica y tecnológica, cuya función principal era *presentar propuestas y sugerencias, así como asesorar en las materias que hacen a la mejora sistemática de la educación superior.* En diciembre de 1993 se firmó entre el Ministerio y el Consejo Interuniversitario Nacional (CIN) un acta acuerdo por la que se establecen los criterios para la creación de un ente para la evaluación institucional universitaria. Dicho acuerdo se concretó al sancionarse, en 1995, la Ley de Educación Superior, por lo que se creó la Comisión Nacional de Evaluación y Acreditación Universitaria (CONEAU), como organismo responsable de los procesos de evaluación y acreditación universitaria. La reforma producida en los años noventa en la Argentina introdujo los conceptos de eficiencia, de eficacia, de calidad, de evaluación y de acreditación. Asimismo, planteó la necesidad de incorporar cambios sustantivos en la lógica institucional de las universidades.

Estos aspectos han marcado la necesidad de una legislación que respondiera a este nuevo contexto universitario. Norberto Fernández Lamarra (2003, p. 27) plantea:

> "Las universidades tuvieron legislación específica desde el año 1885, en que se sancionó la denominada Ley Avellaneda. Posteriormente se fueron dictando diversas leyes universitarias, la mayoría contradictorias entre sí, pero se hacía necesario una legislación para el conjunto de la educación superior".

El periodo democrático de 1990 a 1995 se caracterizó por la falta de una política universitaria definida (Mollis, 2001). En 1993 se sancionó la Ley Federal de Educación, que, por primera vez en la historia de la educación argentina, se refería al conjunto del sistema educativo desde nivel inicial hasta el posgrado universitario. Para el nivel superior y posgrado contiene ocho artículos y se establece que habrá una legislación específica. El 7 de agosto de 1995 se promulga, con gran disenso de parte del movimiento estudiantil, algunos rectores y profesores universitarios, e incluso de ciertos representantes del poder legislativo, la ley N° 24521 de educación superior. La misma comprende a las instituciones de formación superior, universitaria y no universitaria, nacional, provincial o municipal, tanto estatales como privadas, todas las cuales forman parte del Sistema Educativo Nacional. Consta de cuatro títulos, subdivididos en capítulos y secciones con un total de ochenta y nueve artículos. Introduce cambios sustantivos en lo que respecta a los históricos conceptos de autonomía, financiamiento y gobierno universitario (Mollis, 2001).

En relación a este encuadre socio-histórico, Norma Paviglianiti (1996) describe las características del contexto general en el cual se encontraba inserta la universidad pública y por lo tanto, la UBA. Al respecto, puntualiza que las políticas educativas, entre ellas las universitarias, están inmersas desde los noventa en la problemática de las propuestas neoconservadoras de recomposición de la economía y de la sociedad. En este contexto,

> "se refuerza la posición que sustenta el rol subsidiario del Estado y, por lo tanto, colocan la centralidad de la responsabilidad por el desarrollo de la educación en los individuos, las familias, las iglesias y las empresas como educadores; la responsabilidad originaria es la de las instituciones privadas. A través del libre juego del mercado se permite la libre competencia entre las instituciones y los individuos

y es el único modo posible para que el sistema funcione con eficiencia y calidad".

Es así como la educación superior deja de ser considerada una responsabilidad del Estado, pasa a ser una responsabilidad individual y un bien que se compra en el mercado como cualquier otro material, por lo tanto, el Estado se desliga de la responsabilidad del financiamiento del sistema público de educación superior. Su objetivo está dirigido a que las cuentas del sector público cierren con políticas de ajuste que se han elegido como las únicas para salir de la "crisis fiscal".

De esta manera, en la década del novente la educación superior oscila, a veces paradójicamente, entre el dictado de una ley, cuestionada y con bajo consenso, el desarrollo de nuevas formas de regulaciones internas y externas, pero también el reino de la irracionalidad, superposición de esfuerzos que han contribuido a complejizar la oferta, pero no a elevar su calidad en términos de conocimientos y respuestas a la realidad (Riquelme, 2003).

En esta época, las recomendaciones de organismos internacionales como el Banco Mundial y el Banco Interamericano de Desarrollo han venido promoviendo un nuevo modelo de universidad, que se manifiesta en la definición de su agenda de cambios. Se impusieron mecanismos regresivos de subvención estatal que generaron un desfinanciamiento progresivo, la participación cada vez más reducida del Estado en la financiación de las actividades de investigación, la tendencia a la vinculación de las instituciones de enseñanza superior con empresas, la implementación de políticas de evaluación externa y rendición de cuentas, y la modificación de las condiciones de trabajo de los académicos, entre otras consecuencias. La Argentina cumplió eficientemente los pasos propuestos por la "agenda internacional de la modernización de la educación superior" (Llomovatte, 2006, p. 87).

Sobre los puntos enunciados, Araujo (2003, p. 43) plantea que el Estado evaluador introdujo un nuevo lenguaje en el cual términos provenientes del mundo de los negocios han significado la transferencia al mundo universitario de la gestión de la calidad total utilizada como estrategia de innovación en la industria, erosionando las creencias y los valores más arraigados –libertad de cátedra y búsqueda desinteresada del conocimiento en la tradición universitaria. En efecto, la búsqueda de fuentes alternativas de financiación ante los límites impuestos a la inversión pública en educación, la necesidad de encontrar una mayor articulación entre los currículos y las demandas del mercado laboral, así como responder a economías basadas en el desarrollo científico tecnológico, redefinen la autonomía universitaria en la toma de decisiones, acentuando valores e ideales ligados a las cualidades extrínsecas en la educación superior.

Según Fernández Lamarra (2018), el sistema universitario argentino ha experimentado una notoria expansión institucional en el período 2000-2015. El estudio muestra que, a diferencia de lo que era el caso al año 2000, cuando el mayor dinamismo de este proceso radicaba en el sector privado, en los últimos años el papel más importante en la creación de nuevas universidades lo asume el Estado nacional. En este sentido, se verifica una tendencia a la creación de instituciones universitarias en provincias, ciudades y localidades pequeñas del interior del país y el conurbano bonaerense, donde no existía oferta local de educación universitaria o bien la demanda se cubría con la oferta de educación superior no universitaria. Otro factor que se señala en el mismo estudio y que sin duda ha tenido incidencia en el desarrollo acelerado del sistema universitario argentino entre 2000 y 2015 es el crecimiento de la educación a distancia, la cual, según algunos resultados, no estuvo orientada por políticas que planifiquen y articulen la oferta de las instituciones, lo que razonablemente se deduce de la superposición de la oferta académica que se verifica en las diferentes regiones (Fernández Lamarra, 2018, pp. 155-157).

Lo hasta aquí descripto: pérdida de legitimidad de la universidad, transición del paradigma moderno a la actualidad y las características político-educativas por las que viene atravesando nuestro país, nos muestra cuál es el contexto general que sirve de marco a la situación curricular existente en las universidades, situación que provoca repercusiones a nivel institucional. La universidad ha sido y es una de las instituciones más exigidas de la contemporaneidad. Sobre ella recaen expectativas muy intensas, exigiéndosele desde la formación profesional de calidad hasta la resolución de problemas sociales a través de la investigación y la extensión. Entre las demandas que acosan a nuestras instituciones universitarias, definidas por escenarios globales de incertidumbre y crisis, surge con mayor fuerza la búsqueda de respuestas apropiadas en términos curriculares, a las exigencias de un mercado laboral altamente selectivo y a la vez, empequeñecido, cambiante e indefinido. El avance tecnológico y las relaciones económicas globales, aunado a la intención de incorporar al conocimiento científico como dinamizador de esas relaciones, signan el campo del currículum universitario.

El currículum está en el corazón de la institución universitaria (Krotch, 2003), pues constituye el núcleo de contenidos de enseñanza que dan sentido a la institución como tal. Una característica del desarrollo curricular y disciplinario actual es su creciente especialización, mientras al mismo tiempo aumenta la importancia que adquiere lo interdisciplinario. Este doble movimiento es promovido en gran medida por los nuevos requerimientos de la ciencia y el papel que en su desarrollo tiene la aplicabilidad del conocimiento en el mercado.

Al respecto, Alicia de Alba (1993, p. 31) afirma: "utopía y posmodernidad se perfilan para nosotros como una forma de expresar la síntesis de múltiples retos que enfrenta actualmente el currículum universitario de cara al siglo XXI. Retos que nos permiten comprender algunos de los rasgos determinantes del momento actual y pensar en posibles y deseables contornos o perspectivas para un nuevo currículum". Así es como la autora, sintetiza a un conjunto de retos que caracterizan nuestro mundo actual y que por supuesto no quedan desvinculados de la educación superior y específicamente de la universidad. Entre ellos nombra: la pobreza, la crisis ambiental, el contacto cultural, los avances de la ciencia y la tecnología, los medios de comunicación e informática, las mayorías y minorías, la democracia... etc.

Lo hasta aquí planteado nos muestra cuál es el contexto general que sirve de marco a la situación curricular existente en las universidades y sin dudas podemos afirmar que provoca repercusiones a nivel institucional. Es así como a partir de los noventa la UBA plantea una Reforma.

Sobre el tema, se pueden encontrar dos documentos: uno, llamado "Acuerdo de Gobierno para la Reforma de la Universidad de Buenos Aires", realizado en Colón en mayo de 1995, y un material de discusión que formó parte del "Encuentro sobre el Programa de Reforma de la UBA-Reforma curricular" llevado a cabo en Mar del Plata en julio de 1996. En ellos se señala la necesidad de "producir una serie de cambios cualitativos que nos permitan atender con calidad y pertinencia las cambiantes necesidades de la sociedad y de las personas". Asimismo, se plantea, entre otras cosas, que la reforma curricular será considerada el eje de esta reforma. Así lo expresaba el entonces rector de la UBA, Oscar Shuberoff, en la convocatoria al encuentro de 1996:

> "...Debemos encarar prioritariamente, la reforma curricular. Se hace imprescindible entonces, iniciar una amplia discusión en la comunidad universitaria que asegure la activa participación de todos sus miembros en la búsqueda del consenso que será, en definitiva, el motor que dé vida y fuerza a la Reforma...".

Las posteriores gestiones encabezadas por el rector Etcheverry (2002 a 2006), el rector Hallú (2006 a 2013) y el rector Barbieri (2013 hasta la actualidad) han impulsado la actualización curricular y han apoyado los proyectos de reforma curricular propuestos por las diferentes unidades académicas. Específicamente en la Facultad de Filosofía y Letras (anclaje empírico del presente trabajo), se viene propiciando, en las nueve carreras que la conforman, un proceso de reforma de los planes de estudio que aún no ha concluido.

La unidad académica seleccionada, la Facultad de Filosofía y Letras, tiene una amplia trayectoria y tradición en la formación académica de investigadores y docentes en las diferentes disciplinas en las que prepara profesionales. La formación en investigación resulta central. En los siguientes cuadros que se extrajeron de los informes de Ciencia y Tecnología de la UBA, se observa el amplio número de becarios que tiene la Facultad y, por ende, un fuerte interés en la formación de futuros investigadores que se sostiene a lo largo de los años.

Becarios vigentes a mayo de 2010

UNIDAD ACADÉMICA	CULMINACIÓN	DOCTORADO	MAESTRÍA	ESTÍMULO	TOTAL
Agronomía	3	12	6	9	30
Arquitectura, Diseño y Urbanismo	1	5	6	1	13
Ciencias Económicas		5	1	6	12
Ciencias Exactas y Naturales	4	35	1	25	65
Ciencias Sociales	5	54	8	15	82
Ciencias Veterinarias		14	1	2	17
Derecho	1	5	2	3	11
Farmacia y Bioquímica	5	36	1	23	65
Filosofía y Letras	13	77	13	22	125
Ingeniería	1			8	9
Medicina	3	17	1	7	28
Odontología		4		2	6
Psicología	2	15	20	4	41
Ciclo Básico Común		1			1
Total	38	280	60	127	505

Becarios vigentes a febrero de 2019

UNIDAD ACADÉMICA	ESTÍMULO	MAESTRÍA	DOCTORADO	CULMINACIÓN	TOTAL POR UA
Agronomía	13	10	15	1	39
Arquitectura, Diseño y Urbanismo	4	20	9	1	34
Ciclo Básico Común			1		1
Ciencias Económicas	19	8	14	3	44
Ciencias Exactas y Naturales	68	1	51		120
Ciencias Sociales	20	28	53	8	109
Ciencias Veterinarias	15	8	2	1	26
Derecho	2	4	7	4	17
Farmacia y Bioquímica	42	1	55	2	100
Filosofía y Letras	23	17	101	4	145
Ingeniería	11	1	6		18
Medicina	18	1	16		35
Odontología	3		10	1	14
Psicología	15	28	3		46
Total	253	127	343	25	748

Como requisito para culminar la licenciatura, algunas carreras piden tesis o trabajos de investigación, pero otras no. No obstante, los dos campos laborales predominantes que se mencionan en las carreras de esta unidad académica son la docencia y la investigación. Asimismo, otra particularidad es tener como requisito para todas las carreras la aprobación de tres niveles de comprensión de un idioma latino y un idioma anglosajón. Según los resultados obtenidos en un estudio del año 2000[5] en esta facultad, más de la mitad de los alumnos encuestados en aquel entonces se encontraban disconformes con

5 Ver Calvo, G. Informe de Beca Orientada UBA 2000-2001. También se puede encontrar información en: Calvo, G: "La situación curricular actual de la Facultad de Filosofía y Letras (UBA) y las representaciones sociales de los actores involucrados". *Revista del*

la formación recibida en investigación, formación para la docencia e idiomas, por considerarla no suficiente.

Este descontento se identificó y se sigue identificando más fuertemente en el caso de la investigación (77% de los encuestados). Los alumnos demandan para mejorar su preparación en este campo una mayor participación en equipos de investigación (ya formados o en formación). La idea que tienen en su mayoría es que *se aprende a investigar investigando* y durante toda la carrera. En relación a la formación docente recibida para ejercer en el nivel medio o superior, el 55% consideró que es insuficiente y que sería necesaria mayor práctica en instituciones (60%) y mayor trabajo con los contenidos en función del nivel y destinatario al cual van dirigidos (60%), ya que consideran necesario saber hacer la transposición didáctica y la selección, organización y secuenciación de la mejor manera posible a la hora de enseñar su área disciplinar. En cuanto al aprendizaje de idiomas, el 51% opinó que la formación recibida no es suficiente y que sería importante aprender a hablar un idioma (82%) en primera instancia y a escribir en segunda (57%). Como se observa, hay una fuerte demanda de mayor relación con estas prácticas profesionales, la referida al licenciado como investigador y al profesor como docente (Calvo, 2000).

Asimismo, de la investigación anteriormente mencionada surgió que la relación teoría-práctica y la formación profesional (en docencia e investigación) aparecen como los ejes más importantes para tener en cuenta ante una reforma curricular. Es así, como este trabajo se propone llevar a cabo un análisis de uno de estos aspectos: los espacios curriculares de formación en investigación en las carreras de grado de la Facultad de Filosofía y Letras.

La formación en investigación resulta central para continuar con la producción de conocimiento científico que posibilita a la vez el desarrollo de estrategias que permitan accionar sobre la realidad social. Es sabido, aun desde el saber popular, que no resultan suficientes los cursos de metodología que otorga una carrera para formar a un investigador y que hay que propiciar otras modalidades de formación, tales como integración en equipos de investigación, participación e involucramiento en todas las tareas de investigación, así como la realización de seminarios y talleres de objetivación de la práctica cotidiana en una articulación continua entre teoría y práctica. Tanto los planteos

---

Instituto de Ciencias de la Educación (IICE). Nº 20, diciembre de 2002. Facultad de Filosofía y Letras, UBA/Miño y Dávila editores, Buenos Aires (pp. 48 a 56).

teóricos (Geltman y Hintze, 1987; Gibaja, 1987; Borsotti, 1989) como la demanda de los estudiantes coinciden en la necesidad de aprender a investigar investigando. En este sentido, resulta de interés, a través de este trabajo, conocer cuáles son y qué características presentan a nivel didáctico, las instancias curriculares que se proponen en el nivel de grado para la formación en investigación en nuestra facultad. A su vez, conocer este punto permitirá tener en cuenta nuevos aspectos que se podrán considerar en futuras reformas de planes de estudio con la perspectiva de mejorar la calidad académica.

Entre las concepciones de la universidad, Tardif (2002) nos recuerda nuestro compromiso con la formación de investigadores, aquella que remite a la Universidad de Humboldt sobre la cual se asentaron las bases de nuestra universidad, a saber: (a) la misión de una formación general y universal; (b) centro de investigación, hegemonizada por la búsqueda de la verdad científica, y (c) formación que articula cultura general y ciencia, la enseñanza y la investigación.

Como se observa, desde las más significativas concepciones sobre la universidad se reconoce, como un gran pilar institucional a la investigación. En este sentido la producción de conocimiento científico se constituye como uno de los ejes que dan identidad al quehacer universitario junto con la docencia y la extensión.

Rojas Soriano (2008, pp. 21-34) afirma, desde su contexto y perspectiva teórica, que la docencia ocupa un sitio privilegiado dentro de las actividades que realizan las instituciones de nivel superior, debido al reconocimiento que tiene en el conjunto de la sociedad, por lo que la mayor parte del presupuesto se destina a salarios de quienes sostienen esta actividad. Por ello, se ha señalado por parte de quienes forman parte de tendencias emergentes como necesaria la elaboración de políticas y estrategias para la formación de profesores, así como la organización e instrumentación de programas específicos tendientes a la preparación didáctica-pedagógica de las personas que se dedican a la enseñanza. En cambio, sobre la investigación, el mismo autor plantea que en el proyecto académico no se ha hecho tanto énfasis en la formulación de políticas orientadas a la preparación de investigadores a pesar de la insistencia en el discurso oficial de impulsar la ciencia y la tecnología a través de la política de incentivos y de estímulo a los posgrados.

> "La falta de una política integral de investigación ha dificultado establecer programas para la formación de investigadores. Por lo mismo, son pocos los elementos teóricos o éstos se encuentran dispersos sobre dicha formación, considerada como un proceso objetivo que se inserta

en una realidad más amplia como es la educativa y la social en general" (Rojas Soriano, 2008, p. 34).

Por lo tanto, preguntarnos en torno a la formación de los investigadores en la universidad resulta de interés ya que problematiza y busca aportar conocimiento sobre un tema de relevancia académica y social, ya que no sólo implica a la institución productora de ese conocimiento sino también a la sociedad que aparece como destinataria de ese conocimiento producido.

Es en función de lo expuesto que surgen preguntas tales como: ¿Cómo se forma en investigación en la universidad? ¿Cómo actuará la relación teoría y práctica en la formación de los licenciados y específicamente en su formación en investigación? ¿Cómo se articula este eje didáctico (la relación teoría y práctica) en estas instancias curriculares de formación, con las características propias y específicas de lo que implica investigar? ¿Cómo se articula el interjuego entre teoría y empiria propio del proceso investigativo y el interjuego teoría y práctica propio del proceso de la formación en las profesiones? ¿Cómo juega en todo esto el contenido con el que se trabaja? ¿Cómo atraviesa estas relaciones las características particulares de la profesión para la cual se está formando en el área de investigación?

Así el hecho social en el cual se centra este trabajo es: *la articulación teoría y práctica en los espacios de formación en investigación en las carreras de grado que se cursan en la Facultad de Filosofía y Letras (UBA)*. El problema general indagado es: *¿Cómo se manifiesta la articulación teoría y práctica en los espacios curriculares de formación en investigación de las carreras de grado que se cursan en la Facultad de Filosofía y Letras (UBA)?* Esta pregunta general puede comprenderse mejor a través de dos preguntas más concretas: *¿De qué modo el lugar que ocupan los espacios de formación en investigación en las carreras de grado facilita o inhibe la articulación teoría y práctica?*, y *¿de qué modo las características didácticas (en cuanto a contenidos y estrategias de enseñanza) presentes en los espacios de formación en investigación en las carreras de grado facilitan o inhiben la articulación teoría y práctica?* Cabe señalar, que para poder cumplir con los objetivos y responder al problema planteado, se organizó a nivel metodológico (ver capítulo 4), un diseño cualitativo o de generación conceptual con instancias participativas ya que se formularon preguntas abiertas que buscan la comprensión profunda y compleja del hecho social estudiado.

Capítulo II

El caso a estudiar: breve historia de la UBA y la Facultad de Filosofía y Letras

a) La Universidad de Buenos Aires

Durante el siglo XVIII el mundo cambiaba rápidamente: se transformaban los métodos de producción y, al mismo tiempo, los conocimientos sobre la naturaleza, el modo en que los hombres se veían a sí mismos, a la sociedad y a los gobiernos. Esta revolución del pensamiento se conoce con el nombre de ilustración o iluminismo y la época pasó a la historia como el *Siglo de las Luces*. Ya a finales del siglo XVIII un movimiento de reforma buscó separar a la universidad de la dominación escolástica y de la influencia de la Iglesia en términos generales. Esta tendencia adquirió diferentes expresiones en distintos Estados europeos.

Pero, en líneas generales, todos estos cambios aspiraban a modificar las características de la universidad transformándola en una institución de la que se esperaba la generación de un conocimiento *útil* para la sociedad, orientada en muchos casos a la acción y a la resolución de problemas concretos. Este clima, dejará su impronta en el origen de la Universidad de Buenos Aires, fundada en el año 1821. La UBA es la segunda universidad creada en nuestro país, luego de la Universidad de Córdoba.

En 1820 –siguiendo el recorrido histórico desarrollado por Buchbinder (2010, p. 44)– luego de la caída del gobierno central de las Provincias Unidas del Río de la Plata, la ciudad de Buenos Aires ingresó en una nueva etapa de su historia. Se convirtió en la capital de un Estado Autónomo: el de la provincia de Buenos Aires. Las nuevas autoridades, lideradas por el gobernador Martín Rodríguez y su ministro de Gobierno, Bernardino Rivadavia, procuraron llevar a cabo una reorganización del aparato del Estado para modernizarlo y adecuarlo a las circunstancias políticas. La renovación del sistema de enseñanza pública se encontraba también entre los objetivos del gobierno. En este contexto fue creada, por un decreto del gobierno provincial del 9 de agosto de 1821, la Universidad de Buenos Aires.

Al respecto de la creación de la UBA, Fernández Lamarra (2003, p. 24) señala que fue concebida como una instancia educativa suprema del territorio de la naciente Argentina y como un instrumento de formación de dirigentes y de conciencias al servicio del proyecto de carácter capitalista y centralista que inspiraba a los gobernadores de Buenos Aires en esa época. Su primer rector, Antonio Sáenz, le otorga un cierto equilibrio entre los enfoques tradicionales escolásticos y las concepciones iluministas en pugna con ellas.

La UBA en sus orígenes adoptó una organización por departamentos. El proyecto de Sáenz contemplaba la existencia de seis departamentos: el de Primeras Letras, que tenía a su cargo la educación básica; el de Estudios Preparatorios; el de Medicina; el de Ciencias Exactas; el de Jurisprudencia y el de Ciencias Sagradas. Durante los primeros años los principales esfuerzos organizativos se concentraron, en los departamentos de Primeras Letras y Estudios Preparatorios. El principal problema de los otros departamentos radicó en la escasa cantidad de alumnos que recibían. El departamento de Ciencias Sagradas, por ejemplo, no pudo comenzar a funcionar por falta de alumnos.

En julio de 1825, Antonio Sáenz falleció y el rectorado de la Universidad fue asumido por José Valentín Gómez. Este último debió afrontar un conjunto de tareas que hasta entonces no habían sido resueltas: por ejemplo, la institución todavía no contaba con un reglamento interno que delimitara las atribuciones de los distintos funcionarios y órganos de gobierno o la expedición de títulos y grados. Todo esto, trajo nuevos cambios en la organización de los departamentos.

Hacia mediados de 1830 la universidad comenzó a experimentar las consecuencias del proceso de aguda politización impulsada por el gobierno de Juan Manuel de Rosas. Señala Buchbinder (2010, p. 49) sobre esta época:

> "La universidad, a pesar de su indudable declive académico y científico, continuó desempeñando el papel de instancia de formación y sociabilidad para todos los que aspiraban a ejercer un rol relevante en la vida política de la provincia. Gran parte de la dirigencia política del estado provincial de la etapa posrosista adquirió su instrucción formal durante la década de 1840 en los claustros de la universidad".

La universidad experimentó una nueva etapa de transformaciones luego de la caída de Juan Manuel de Rosas. En 1853, señala Fernández Lamarra (2003, p. 27), se dictó la Constitución Nacional y en su texto se incluyó referencia explícita a las universidades, otorgándole al Congreso, como una de sus atribuciones, el dictar la legislación sobre universidades. Según Buchbinder (2010, p. 53), después de 1852 se le restituyeron entonces a la UBA las partidas que el gobierno de Rosas, derrocado en Caseros, le había sustraído en 1838. La actividad universitaria se concentró en los cursos preparatorios y en los de jurisprudencia, ya que los estudios de medicina fueron separados de la universidad. Las nuevas autoridades introdujeron innovaciones significativas. Particularmente importante fue la decisión de proveer los cargos de catedráticos a través de concursos de oposición. Sin embargo, durante toda la década de 1850 los planes de estudio y la organización de la universidad se mantenían según las disposiciones estructuradas en 1833 y la casa de estudios continuaba subordinada estrechamente al poder político.

Los rectores de la UBA durante el Período de Organización Nacional (1862-1880) fueron importantes personalidades político-intelectuales de este proyecto conducido por la denominada *generación del '80*: Juan María Gutiérrez estuvo entre 1861 y 1873, Vicente Fidel López entre 1873 y 1877, Manuel Quintana entre 1877 y 1881, y Nicolás Avellaneda –simultáneamente Senador Nacional– entre 1881 y 1885. Se incorporaron –aunque sea parcialmente– las áreas científicas y de humanidades, se intentaron modernizar los estudios jurídicos y se propusieron reformas pedagógicas. En 1874 la Facultad de Medicina fue reincorporada a la Universidad de Buenos Aires y se implementaron una serie de reformas en los planes de estudio. A través de un decreto del Poder Ejecutivo firmado en marzo de 1874, la universidad dejó de ser concebida como un organismo unitario y se transformó en una suerte de federación de facultades, presidido por un Consejo Superior encabezado por el rector e integrado por decanos y dos delegados por cada una de las facultades. La UBA quedaba entonces organizada en cinco Facultades: la de Humanidades y Filosofía, concebida nuevamente como departamento de estudios preparatorios, la de Ciencias Médicas; la de Derecho y Ciencias Sociales; la de Matemática y la de Ciencias Físico-Naturales. Sin embargo, las profesiones liberales siguieron siendo el centro de interés. En cuanto a lo organizativo, la UBA estableció la autonomía docente y el sistema de concursos a través de la preparación de las ternas para la provisión de las cátedras.

En 1880, luego de la federalización de la ciudad de Buenos Aires, un conjunto de instituciones culturales de la ciudad fue transferido al Estado Nacional. Se imponía la necesidad de conformar un nuevo marco legal que abarcase las dos grandes casas de estudios superiores dependientes de la Nación (la UBA y la Universidad de Córdoba). En mayo de 1883, el entonces rector de la UBA y senador, Nicolás Avellaneda, presentó un proyecto de ley universitaria, que se sancionó en 1885. Esta primera Ley Universitaria (Ley 1.597), que consta de cuatro artículos, fijó las bases a las que debían ajustarse los estatutos de las universidades nacionales; se refería fundamentalmente a la organización de su régimen administrativo, y dejaba los otros aspectos liberados a su propio accionar. Los artículos se centraban fundamentalmente en la forma de integración de los cuerpos directivos, en las atribuciones de esos mismos cuerpos, en el modo de designación de los profesores y en el origen de los recursos presupuestarios. En 1886 se modificaron los estatutos de la Universidad para adaptarlo a las prescripciones de la Ley Avellaneda.

Según Fernández Lamarra (2003, p. 28), a partir de 1885 y con la sanción de la Ley Avellaneda, se inicia el período de *la universidad oligárquica y liberal* que se extendió hasta 1918, año en que se produjo en Córdoba el pronunciamiento de la Reforma Universitaria. En estos años, existió una fuerte homogeneidad ideológica y política entre gobierno y universidad. Así los funcionarios políticos y legisladores alternaron el desempeño de estos cargos con los profesores universitarios y formaron a sus alumnos como futuros herederos en el campo político y universitario. Buchbinder (2010, p. 67) también lo plantea diciendo:

> "las universidades se concentraban así en la formación de profesionales liberales y cumplían, además, un rol esencial en la generación y socialización de las elites políticas. El acceso al empleo público y a los círculos políticos dirigentes se asociaba en forma estrecha a la posibilidad de ingresar a la universidad".

Destaca el mismo autor, que en la UBA fue probablemente *la fundación de la Facultad de Filosofía y Letras en 1896*, la principal manifestación de este intento de comenzar a modificar el perfil de la universidad introduciendo aspectos relacionados con la práctica de la ciencia pura y la investigación desinteresada. Incluso las dos facultades creadas en Buenos Aires luego de la organización de la de Filosofía y Letras fortalecían las tendencias profesionalistas. La de Agronomía, fundada en 1909 se consagraría a la formación de ingenieros en su especialidad y la de Ciencias Económicas, que inauguró sus cursos en 1914, se orientaría a la instrucción de contadores.

Frente a este centralismo del gobierno nacional, algunos grupos del interior del país se plantearon el tema del control de la educación superior en sus territorios, por lo que se crearon en 1889/1890 la Universidad de la Provincia de Sante Fe y en 1890, la Universidad de La Plata (aunque se puso en funcionamiento en 1897). Posteriormente, en 1912, se creó la Universidad de la Provincia de Tucumán. Los autores que han estudiado este período coinciden en que los proyectos de las universidades de La Plata y Tucumán anticiparon algunos de los principios y lineamientos políticos que años más tarde serían consagrados por la Reforma Universitaria de 1918.

La Reforma introdujo modificaciones sustanciales en la vida académica. La gran mayoría de los investigadores coinciden en afirmar que la Reforma democratizó el gobierno de las instituciones académicas y abrió las posibilidades de los sectores medios de acceder a un título universitario. Sin embargo, existen otros aspectos relevantes como la nueva relación entre la investigación científica y la universidad, la generación de una intensa vida política en las casas de estudio, la creación de una carrera académica y la conformación de una nueva dirigencia. Gran parte de los protagonistas de la Reforma cuestionaban el modelo profesionalista imperante en las casas de estudios. En algunas carreras, particularmente en las humanísticas, la Reforma del 18 se asoció estrechamente a un cambio de perspectiva que impactó en los planes de estudio y en la orientación general de las carreras. La voluntad de otorgar un lugar de privilegio a la práctica de la ciencia impregnó también los debates sobre las modificaciones curriculares. También la extensión fue incorporada como en la mayor parte de los estatutos de la Reforma como una tarea central de la universidad.

Entre 1918 y 1943, señala Buchbinder (2010, p. 109), con una breve interrupción entre finales de 1930 y principios de 1932, cuando el Poder Ejecutivo fue ejercido por el general José Félix Uriburu, la administración de la universidad argentina se rigió por los postulados reformistas.

En la etapa comprendida entre 1943 y 1946 –iniciada por el golpe militar del 4 de junio– se produjeron importantes cambios en la situación política y social de nuestro país. Las autoridades del nuevo gobierno se proponían llevar a cabo una transformación profunda de la sociedad y, particularmente, del sistema de instrucción pública. Las universidades no podían quedar fuera de la transformación. Sin embargo, en las universidades sólo podía llevarse a cabo en la mayoría de las casas de estudio imponiéndose por la fuerza sustituyendo a los rectores por interventores. Las protestas contra la nueva situación universitaria se hicieron sentir prácticamente de manera inmediata.

En mayo de 1946, luego de las elecciones y un mes antes de que Perón asumiese la presidencia, las universidades fueron nuevamente intervenidas y se produjeron las cesantías de la mayor parte de los profesores opositores. En 1947 se aprobó la ley 13.031, que estableció un nuevo régimen para las universidades nacionales donde se limitó fuertemente la autonomía universitaria. El objetivo de esta ley era el control político de las universidades. Entre 1946 y 1955 –año en que fue derrocado Perón– se desarrolló una política de fuerte expansión del sistema educativo en todos sus niveles, incluido el universitario. En 1949 se estableció el ingreso libre a la universidad y su gratuidad, lo cual aumentó en un muy alto porcentaje la matrícula. Posiblemente, la mayor innovación de este período haya sido la creación en 1948 de la Universidad Obrera Nacional, que luego del derrocamiento de Perón, en el año 1959, se transformó en la actual Universidad Tecnológica Nacional.

En septiembre de 1955, un golpe militar derrocó al presidente Perón. El nuevo gobierno intervino a las universidades y declaró cesantes a la mayor parte de los profesores que habían participado de la etapa peronista. Se derogaron las leyes de la etapa peronista y se restableció la ley Avellaneda. La aprobación de la ley 14.557/58 sancionada por el Congreso de la Nación, posibilitaba la creación de universidades privadas y dio lugar a fuertes enfrentamientos y manifestaciones públicas entre quienes estaban a favor y en contra de esta ley.

Según Fernández Lamarra (2003, p. 34), este proceso de *restauración reformista* permitió la inmediata normalización organizativa de las universidades nacionales y el inicio de un proceso de crecimiento cualitativo muy significativo que se extendió hasta el año 1966, en que el gobierno constitucional de Arturo Illia fue derrocado por otro golpe militar. Este período es considerado por muchos especialistas como el más floreciente, en términos de avances científicos y académicos, de la historia de las universidades nacionales. Surgieron nuevas carreras y los planes de estudios fueron reformados tratando de actualizarlos. Este proceso se observa fuertemente en la Facultad de Filosofía y Letras de la UBA, donde se crean nuevas carreras, se avanza en nuevas modalidades de los cursos y se busca la flexibilización y actualización curricular. El 5 de febrero de 1958, mediante el decreto Ley 1291, el gobierno nacional dispuso crear el CONICET –Consejo Nacional de Investigaciones Científicas y Técnicas– en respuesta a la necesidad de estructurar un organismo académico que promoviera la investigación científica y tecnológica en la Argentina. Su primer presidente fue el Dr. Bernardo A. Houssay (1887/1971), médico, Premio Nobel de Fisiología de 1947.

Buchbinder (2010, p. 192) plantea que *la intervención de 1966 cerró la etapa de renovación universitaria*. El gobierno intervino a todas las universidades nacionales y se protagonizó la Noche de los Bastones Largos en la UBA. A partir de ese hecho, un número relevante de docentes e investigadores abandonó la actividad académica y muchos de ellos partieron hacia el exilio. El régimen de Onganía no logró limitar la politización creciente de la vida académica. Desde entonces, las fuerzas policiales se instalaron en las facultades, sobre todo en Buenos Aires. Pero la resistencia de los estudiantes fue aumentando progresivamente. Esa situación desembocó en *el Cordobazo*, que provocó cambios y, tiempo más tarde, la caída de Onganía. La movilización de los universitarios se acentuó al comenzar la década del setenta. La diversificación del sistema universitario constituyó uno de los principales instrumentos con que el régimen militar procuró frenar los efectos políticos de la movilización estudiantil. Durante los últimos años de la década de 1960 y los primeros de 1970 se llevó a cabo, a partir del denominado Plan Taquini (cuyo autor, Alberto Taquini, era decano de la Facultad de Farmacia y Bioquímica de la UBA), la creación de doce nuevas universidades nacionales. Estas creaciones ampliaron fuertemente la red de universidades nacionales de 10 a 25.

Fernández Lamarra (2003, p. 36) destaca que

> "ya desde la década del '70, el peronismo fue creciendo y desafiando al gobierno militar, en especial en las universidades. Por ello, al iniciarse el período del Presidente Cámpora, se designaron como rectores en las universidades nacionales a intelectuales y profesores vinculados política e ideológicamente con la Juventud Peronista".

En la UBA, rebautizada Universidad Nacional y Popular de Buenos Aires, fue designado el historiador Rodolfo Puiggrós. La universidad del '73 estuvo fuertemente signada por un clima de efervescencia política y por el peso de las utopías de los setenta. Destaca Buchbinder (2010, p. 205) que a partir de julio de 1974 el giro conservador y autoritario del gobierno conducido por María Estela Martínez de Perón forzó cambios sustanciales en los cuerpos directivos de las casas de estudios. En la UBA, Puiggrós fue obligado a renunciar a su cargo de rector sólo cuatro meses después de asumir. Durante todo 1975 se llevaron a cabo cesantías masivas de docentes y expulsiones de alumnos. La represión en la Universidad, iniciada en 1974, se acentuó en marzo de 1976, cuando un nuevo régimen dictatorial procuró acallar los reclamos y la protesta social a través de una feroz política represiva. Pocos días después del golpe militar se dictó una nueva ley llamada *ley de facto*, la 21.276, que dispuso que las universidades quedasen bajo el control del Poder Ejecutivo. El número de estudiantes en las universidades nacionales se redujo. En la UBA, las vacantes disminuyeron un 59% debido a un sistema de exámenes basado en la fijación estricta de cupos por carreras y facultades, y posteriormente la implementación de aranceles a los cursos universitarios. Al terminar la dictadura, el panorama universitario se había modificado de manera sustancial. El sistema privado, a raíz de las limitaciones impuestas al sector público, había incrementado considerablemente su participación en la matrícula universitaria.

En 1983 se inició un proceso de recuperación democrática en nuestro país. Las universidades fueron intervenidas y se otorgó un año de plazo para la normalización de los diferentes claustros. El Consejo Interuniversitario Nacional (CIN) fue creado por decreto del Presidente de la República Argentina, Dr. Raúl Alfonsín, el 20 de diciembre de 1985. El CIN tiene funciones, esencialmente, de coordinación y promoción de políticas y actividades de interés para el sistema universitario. Los requerimientos para normalizar la universidad obligaron a implementar un masivo proceso de concursos. Las instituciones universitarias asumieron, prácticamente desde los inicios del período democrático, diferentes tipos de desafíos.

En 1985, el rector normalizador Delich inaugura el Ciclo Básico Común (CBC), unidad académica dependiente de Rectorado en la cual los ingresantes cursan materias comunes e introductorias antes de su incorporación a la facultad de la UBA elegida. Sus objetivos generales son brindar una formación básica integral e interdisciplinaria, desarrollar el pensamiento crítico, consolidar metodologías de aprendizaje y contribuir a una formación ética, cívica y democrática.

Cuenta Buchbinder (2010, p. 215) que el rector normalizador de la Universidad de Buenos Aires, Francisco Delich, al señalar poco tiempo después de asumir su gestión los principales problemas que debía afrontar, manifestaba que se encontraba con una universidad de masas, prácticamente sin investigación, con sus orientaciones profesionalistas profundamente acentuadas, inmersa en un proceso de deterioro de la formación de sus docentes y con graves problemas edilicios, agravados por la explosión que había experimentado la matrícula durante ese mismo año 1984 ya que en la mayoría de las casas de estudios las restricciones al ingreso habían sido suprimidas. Por otro lado, se fue conformando una nueva relación entre Estado y universidad que aseguraba la vigencia de la autonomía. La investigación científica volvió a ser considerada como una función esencial de la universidad y se procuró apoyarla a través del impulso al sistema de dedicación exclusiva a la docencia y de un conjunto de becas y subsidios para la formación de jóvenes científicos. El optimismo que acompañó a los universitarios durante los primeros años de la normalización fue reemplazado por un creciente desencanto dado que en 1988 el deterioro de la situación económica y las carencias presupuestarias generaron un crecimiento notable de la conflictividad en las instituciones universitarias.

En julio de 1989 se inicia el gobierno de Menem implementando una política que incluyó la privatización de las principales empresas en manos del Estado y la concesión de los servicios públicos a firmas, en su mayoría extranjeras. Comenta Buchbinder (2010, p. 219) que la prédica que veía en un sector público sobredimensionado la causa de la crisis económica alcanzó también a las universidades. La UBA fue blanco de estos ataques, que se prolongaron a lo largo de toda la década del noventa, señalándose su ineficiencia, los altos costos y la magnitud de su gasto político. En el contexto privatizador y conservador de la década de 1990 se pusieron en cuestión el sentido social, la prioridad y la naturaleza de la inversión en educación superior. Aparecieron en debate temas en torno al financiamiento, arancelamiento, la calidad y la evaluación. Dos hitos en este proceso de planificación de cambios fueron la creación en 1993 de la Secretaría de Políticas Universitarias y la sanción, en 1995, de la ley 24.521 de educación superior. A partir de esta ley, en 1996 comenzó a funcionar la Comisión Nacional de Evaluación y Acreditación Universitaria (CONEAU), que es un organismo público argentino dependiente de la Secretaría de Políticas Universitarias del Ministerio de Educación, encargado de la evaluación de las universidades públicas y privadas y la acreditación de sus respectivas carreras de grado y posgrado y de sus correspondientes títulos. El sistema sobrevivió durante la última etapa de los noventa en un contexto de fuertes restricciones y presiones para disminuir el presupuesto del sector.

Después de la crisis de 2001, aunque la cuestión presupuestaria no mejoró sustancialmente, el discurso oficial abandonó la prédica del ajuste en el sector estatal y consecuentemente en las universidades. En 2003 comienza el gobierno de Néstor Kirchner que promulga una nueva Ley de Educación Nacional, que en su capítulo V dedica cuatro artículos (del 34 al 37) a la educación superior.

Hoy día, en los inicios del siglo XXI, una de las fuertes demandas que aparecen en la mayoría de los documentos sobre educación superior es la necesidad de una relación más estrecha con los sectores productivos, especialmente en las áreas de ciencia y tecnología. Esto se refleja claramente en los hechos, ya que, por primera vez en la historia, Argentina cuenta con un Ministerio de Ciencia, Tecnología e Innovación Productiva. Creado en diciembre de 2007 por la presidenta Cristina Fernández de Kirchner; es el único en Latinoamérica que contempla a la Innovación Productiva asociada a la Ciencia y la Tecnología. Desde la página web del Ministerio se plantea que:

> "Su misión es orientar la ciencia, la tecnología y la innovación al fortalecimiento de un nuevo modelo productivo que genere mayor inclusión social y mejore la competitividad de la economía argentina, bajo el paradigma del conocimiento como eje del desarrollo".

En este sentido, cabe destacar algunas ideas de Camilioni (1995) en las cuales plantea que, si bien la universidad puede asumir algunas facetas empresariales, esto no significa que deba renunciar a su proyecto social de formar personas y producir conocimientos. Como se puede observar, este punto nos introduce en nuevos debates sobre las instituciones universitarias de los cuales la UBA no permanece ajena.

Por último, en los últimos años, podemos señalar algunos sucesos que la siguen identificando como una institución destacada y en continuo crecimiento: en 2008 comenzó la construcción del nuevo anexo para el edificio de la Facultad de Ciencias Económicas, inaugurado el 9 de marzo de 2011 por la presidenta Cristina Fernández de Kirchner. En 2011 fue inaugurado el edificio único de la Facultad de Ciencias Sociales en el barrio porteño de Constitución, con capacidad para quince mil alumnos. Desde ese entonces, se fueron mudando e incorporando las distintas carreras impartidas por la Facultad a la nueva sede hasta que finalmente el primer cuatrimestre del año 2015 encuentra a las cinco carreras funcionando en un mismo lugar. En 2014, la UBA quedó primera en un ranking universitario, que evalúa la calidad de la educación, por distinciones obtenidas por los estudiantes, calidad de los docentes, en la categoría de países hispanoparlantes. En 2018 recibió un Premio Konex-Diploma al Mérito otorgado por la Fundación Konex como una de las Instituciones Educativas más importantes de la última década en la Argentina. Por último, cabe destacar que en 2021 la UBA celebra su bicentenario.

b) La Facultad de Filosofía y Letras

La Facultad de Filosofía y Letras tuvo como antecedente la Facultad de Humanidades y Filosofía, fundada por decreto en 1874, siendo su decano José Manuel Estrada. Como ya se señaló, través de un decreto del Poder Ejecutivo firmado en marzo de 1874, la universidad dejó de ser concebida como un organismo unitario y se transformó en una suerte de federación de facultades, presidido por un Consejo Superior encabezado por el rector e integrado por decanos y dos delegados por cada una de las facultades. La UBA quedaba entonces organizada en cinco Facultades: la de Humanidades y Filosofía, concebida como departamento de estudios preparatorios que solo extendía el título de bachiller, la de Ciencias Médicas; la de Derecho y Ciencias Sociales; la de Matemática y la de Ciencias Físico-Naturales. Las profesiones liberales siguieron siendo el centro de interés. En cuanto a lo organizativo, la UBA estableció la autonomía docente y el sistema de concursos a través de la preparación de las ternas para la provisión de las cátedras (Fernández S., 1996).

A principio de la década de 1880, la Universidad de Buenos Aires fue nacionalizada. Comenzó entonces un intenso proceso de reorganización interna que culminaría cinco años más tarde con la sanción de sus estatutos. La voluntad de crear bases jurídicas para el funcionamiento de las casas de altos estudios se cristalizó a partir de la promulgación de la Ley Avellaneda en 1885, constituyéndose en la primera ley universitaria del país. Señala Fernández Lamarra (2003, p. 28) que esta ley de solo cuatro artículos estableció las normas para la consolidación jurídica del modelo de vinculación entre gobierno y universidad. Fijó de manera taxativa las reglas a las que subordinarían las universidades al elaborar sus estatutos y determinó que la cobertura de las cátedras y la destitución de los profesores fuese una atribución del Poder Ejecutivo Nacional.

Las casas de altos estudios desempeñaban una función importante como centro de socialización de elites y alguno de sus institutos, como su Facultad de Derecho y Ciencias Sociales, cumplían un papel esencial como ámbito de reclutamiento del personal político en la década de 1880.

En esta época, las funciones profesionales de la universidad pasaron a un primer plano. El propósito cerradamente profesional pasó a ser considerado el primero y el casi único de la enseñanza universitaria. Esta función profesionalista generó varios cuestionamientos que se mantuvieron por décadas. Los mismos se centraban en la idea que orientar la universidad exclusivamente hacia su finalidad práctica constituía un verdadero atraso, pues contrastaba con lo que se consideraba era la esencia de la institución universitaria: formar en la cultura científica desinteresada y sin un exclusivo objetivo utilitario. Por este motivo la práctica y el ejercicio de las humanidades permanecían en manos de autodidactas, fuera del ámbito universitario, en círculos privados.

En este contexto la creación de la Facultad de Filosofía y Letras puede percibirse como la culminación de una serie de intentos por conformar un ámbito público para la práctica de las humanidades. Representaba una expresión de los nuevos rumbos, constituyéndose en un contrapeso del utilitarismo profesional propio de la enseñanza universitaria de la época.

El proceso que llevó a la fundación de la Facultad se vincula con la intención de transformar al sistema educativo otorgando a la enseñanza de las humanidades, del idioma nacional, y de la historia un lugar central en la educación primaria. Señala Buchbinder (1997, p. 27) que la creación de la Facultad de Filosofía y Letras no puede aislarse de la aspiración de generar un cuerpo de conocimientos sobre la realidad nacional. Asimismo, el debate sobre la función científica o profesional de la UBA impregnó la discusión en torno a la fundación de esta facultad y su rol en la sociedad.

A comienzos de 1888, una disposición del Consejo Superior de la UBA daba origen a esta facultad, pero finalmente la Facultad de Filosofía y Letras de la UBA se fundó el 13 de febrero de 1896 por un decreto presidencial de José Evaristo de Uriburu. El decreto presidencial fundamentó la creación en la necesidad de completar el grupo de las diversas ramas que forman parte de la enseñanza superior, incorporando definitivamente a nuestra universidad un departamento de estudios destinado a mantener la más alta cultura científica y literaria. Se buscaba de ese modo, lograr un desenvolvimiento completo y armónico del país, en un momento de sensible acrecentamiento de los intereses materiales y cuando el pensamiento positivista dominaba los campos de la ciencia y la educación.

Su primer decano fue Lorenzo Anadón, por entonces senador nacional por la provincia de Santa Fe; en 1900 lo reemplazó Miguel Cané y en 1904, el cargo fue asumido por Norberto Piñero.

La primera ordenanza sobre plan de estudios fue sancionada en marzo de 1896 y dispuso que los estudios se distribuyeran en cuatro años, los tres primeros constituían el período de la licenciatura y el cuarto el del doctorado. El mismo contenía un núcleo esencial de asignaturas de Filosofía, Historia y Literatura, más algunas de Geografía, Ciencia de la Educación y Sociología. Este primer plan fue reformado en 1899, en el cual los cursos se dividían en generales o especiales. En el primer caso se respetaban básicamente los principios del plan anterior, agregándose un año de estudios para incluir la enseñanza de las Lenguas Clásicas y un curso de Arqueología. Los alumnos de los cursos especiales, en cambio, podían elegir un grupo de asignaturas en el área de Filosofía, Historia o Literatura, más el curso de Ciencias de la Educación. En todos los casos debían ser aprobados los exámenes generales y de tesis. Al finalizar los cursos los alumnos regulares accedían al título de Doctor en Filosofía y Letras, en cambio aquellos de los cursos especiales conducían a la obtención de un título de Profesor en el área elegida (Fernández S., 1996).

La Facultad fue definida, así, como el lugar central de las ciencias y la investigación desinteresada en la Universidad de Buenos Aires y como un sitio privilegiado para la formación de profesores para la enseñanza media. Esto generó tensión en la facultad, ya que las autoridades se resistían al creciente peso de la orientación docente en los estudios, debido a que, en cierta medida, esto equivalía a otorgar a la facultad una función profesionalista. Pero tampoco, en la cuestión referente a la formación de docentes de enseñanza media, la Facultad logró erigirse en la institución rectora en la materia como deseaban muchos de sus estudiantes. El 16 de diciembre de 1904, Joaquín V. González, Ministro de Justicia e Instrucción Pública, refrenda el decreto de creación del Seminario Pedagógico, base de lo que es hoy día el Instituto de Enseñanza Superior "Joaquín V. González". En un principio, sólo ingresaban al Instituto Superior del Profesorado los profesionales universitarios que querían obtener el título de profesor. Al extenderse la formación a cuatro años, se permitió el ingreso a los alumnos que habían completado el nivel medio. Ya a mediados de la década del veinte, el Instituto ofrecía la mayor parte de las disciplinas que formaban parte de los planes de estudio del nivel medio. La disputa entre la Facultad y el Instituto para hacer prevalecer los derechos de sus egresados en la provisión de cargos en la enseñanza media duró varias décadas.

Los primeros tiempos no fueron fáciles para la Facultad recientemente creada. La precariedad de los recursos que contaba y de las instalaciones en que funcionaba, la escasez de alumnos y la indiferencia casi total del gobierno y de la misma universidad, perturbaron la vida de la Facultad desde su creación hasta el año 1913.

Como menciona el Doctor Rodolfo Rivarola en el discurso pronunciado con motivo de su designación como Decano en 1913,

> "La Facultad luchó en otros tiempos contra muchos prejuicios, dentro y fuera de la Universidad. La exageración de lo que se llamó criterio científico y práctico no fue propicio para la designación de Filosofía y Letras. Encaminadas las otras facultades hacia profesiones lucrativas, no se descubría el rendimiento que pudieran dar la de filósofo y literato" (en Fernández S., 1996, pp. 8-9).

Así, Rivarola intentó definir nuevos perfiles y funciones para la facultad. Buchbinder (1997, p. 99) plantea que la Reforma Universitaria de 1918 generó transformaciones profundas en la vida y dinámica interna de la facultad. El crecimiento de la Facultad se puso de manifiesto en el aumento gradual, pero siempre continuo, del número de alumnos, en la adecuación cada vez mayor de los planes de estudio a los principios científicos y pedagógicos más avanzados de la época y a los requerimientos reales del país y de sus futuros graduados. También creció en el establecimiento de una organización más adecuada a sus ofertas educativas, científicas y culturales, en el afianzamiento de la investigación como quehacer ineludible del orden universitario, en la ejecución de tareas de extensión universitaria y en el prestigio nacional e internacional que alcanzó a partir de los años veinte.

En diciembre de 1920, el Consejo Directivo de la Facultad aprobó un nuevo plan de estudios que no introdujo grandes cambios. Sólo se incrementó el número de materias incorporándose un curso más de lenguas clásicas en todas las secciones. También adquirieron una importancia cada vez mayor las tareas de investigación científica en la universidad con posterioridad a la Reforma. Los Institutos de investigación que a partir de esa época fueron fundados en el ámbito universitario se proponían canalizar dichas tareas y contribuir a la difusión de sus resultados. En Filosofía y Letras, entre 1921 y 1942, fueron creados dieciséis Institutos a través de los cuales la Facultad se proponía canalizar la investigación y la producción científica (Fernández S., 1996).

El discurso inaugural del entonces decano Alberini en 1927, permite confirmar la intención manifiesta de conservar e intensificar la unidad humanística de los estudios. La unidad de los estudios y la resistencia a la especialización fueron, desde entonces, rasgos esenciales de la enseñanza en la Facultad. En ese año se efectuaron leves modificaciones que no afectaron sustancialmente los planes de las tres secciones principales de la facultad (Historia, Filosofía y Letras).

Durante este período se crearon dos nuevas carreras: en 1923 la de archiveros, bibliotecarios y técnicos para el servicio de museos y en 1936 la de Pedagogía.

La década del treinta –destaca Buchbinder (1997, p. 147)– no conllevó una fractura demasiado significativa en el funcionamiento institucional de la facultad. La carrera académica no sufrió modificaciones y se desenvolvió sobre las mismas pautas que en los años veinte. El cuerpo de autoridades fue sustancialmente el mismo y el plantel docente tampoco se transformó en forma significativa. La actividad científica, si bien experimentó los problemas derivados de la crisis presupuestaria, hacia mediados de la década había recuperado el vigor que la había caracterizado años atrás, fundándose incluso nuevos Institutos. La política de extensión universitaria, nexo por excelencia de la Facultad con el mundo cultural del Buenos Aires de los años veinte y treinta, fue perdiendo impulso durante esta última década. Es imposible desligar esta situación de los cambios en el clima político que se caracterizó por el derrocamiento del presidente constitucional Yrigoyen por un golpe militar en 1930 y la asunción de Uriburu como presidente provisional, quien decretó la intervención de la UBA y nombró a Benito Nazar Anchorena como Interventor, con el objeto de que aplicara las determinaciones del gobierno de facto en el ámbito universitario.

Desde la mirada del mismo autor (Buchbinder, 1997), a pesar de los cambios que habían afectado el clima político y cultural de la época, hacia principios de los cuarenta la vida académica de la Facultad aún se desenvolvía de acuerdo a las pautas impuestas por la Reforma de 1918. Pero en noviembre de 1943 se inició un proceso en el ámbito de la UBA que, a mediano plazo, introducía transformaciones sustanciales en el funcionamiento de la institución. Ellas fueron expresión en la Universidad del proceso que, a nivel nacional, comenzó con el golpe militar de junio de 1943. Un alto porcentaje de profesores había sido cesanteado u obligado a renunciar, la estructura de investigación fue modificada y los planes de estudio se encontraban en un proceso de revisión y reforma. Entre 1946 y 1950, estando el peronismo en el poder, el gobierno de la Facultad quedó en manos de un interventor.

Al asumir en 1946, Enrique Francois como interventor, impulsó una reestructuración de la planta de institutos que llevó a ésta a quedarse conformada por cinco grandes organismos divididos a su vez en secciones: Literatura, Antropología, Geografía, Investigaciones Históricas y Filosóficas.

El ordenamiento que el gobierno nacional concebía para la vida universitaria se cristalizó en la ley 13.031, sancionada durante 1947, y que desplazó los principios reformistas que habían regido a la vida universitaria desde 1918. La nueva ley no contemplaba el principio de autonomía universitaria y prácticamente suprimía la participación estudiantil en los órganos de gobierno de las casas de altos estudios. El movimiento estudiantil, que hasta principios de 1947 siguió oponiéndose a la intervención con huelgas y movilizaciones, fue desarticulado.

Sigal (1991, p. 49) señala que, bajo el peronismo, la Universidad no fue sometida por completo al poder político, sino que el gobierno se contentó con recibir signos exteriores de lealtad, requiriendo la *pasividad* en el plano estrictamente político. Por otro lado, también se observa que ni el contenido de la enseñanza, ni los planes de estudio sufrieron modificaciones importantes, a pesar de los cambios en el plantel.

A partir de diciembre de 1950, una vez finalizado el período de intervención y normalizada la Facultad, el Consejo Directivo se abocó a la discusión de un nuevo plan de estudios que fue aprobado casi dos años más tarde. La mayoría de los docentes se oponía a realizar grandes modificaciones. Seguían defendiendo la homogeneidad de los estudios, basada en la cultura clásica y se pronunciaban por el mantenimiento del primer año en común. Ya en marzo de 1950, la comisión de enseñanza recomendaba a los profesores una mayor inclusión de temas nacionales. Se señalaba que la Facultad debía ocupar un primer plano en el conocimiento e investigación de los problemas históricos y culturales argentinos que guardasen vinculación con las asignaturas que dictaba.

Después de 1950 se establecieron las Licenciaturas, que se alcanzaban con la aprobación de todas las asignaturas establecidas en el respectivo plan de estudios y el cumplimiento de las reglamentaciones sobre los trabajos exigidos en relación con ese título. Comenta Buchbinder (1997, p. 173) que su implantación tuvo por objeto llenar el vacío de las disposiciones existentes, dando al alumno un comprobante formal de sus estudios entre la finalización y aprobación de las asignaturas de sus carreras y la presentación de la tesis doctoral. Esta creación contribuía también a definir con mayor claridad una línea diferente a los estudios que conducían a la obtención del título de profesor. La licenciatura era concebida como el primer paso en la vida académica de la Facultad.

A partir de mediados de la década del cincuenta, la sociedad experimentó un proceso de renovación cultural que tuvo diferentes expresiones y en el que la Universidad desempeñó un papel fundamental. Son los cambios políticos acaecidos con el derrocamiento de Perón y la instalación de la llamada Revolución Libertadora los que introducirán transformaciones en la dinámica universitaria a partir de setiembre de 1955. El 1° de octubre de 1955, José Luis Romero asumió la intervención de la UBA. A pesar de que su gestión fue relativamente breve, durante su período como interventor comenzaron a diseñarse algunas de las líneas que caracterizarían la vida universitaria hasta 1966. La normalización de la UBA programada para diciembre de 1955 se proyectó sobre la base de los principios de la Reforma. El 4 de octubre de 1955, Romero designó interventor de la Facultad de Filosofía y Letras a Alberto Salas. Su gestión también presenció el desplazamiento por cesantías y renuncias de un vasto sector del profesorado de la Facultad. El proceso de normalización comenzó en esta unidad académica, en setiembre de 1957, cuando se reglamentó el funcionamiento de los padrones electorales y se convocó a elecciones de Consejeros.

Desde la mirada de Buchbinder (1997, p. 193) a partir de 1955, la UBA, y en particular la Facultad de Filosofía y Letras, volvieron a ocupar, como en los años veinte, un lugar central en el mundo académico. La facultad no habría logrado ocupar el lugar central que desempeñó en este proceso de modernización cultural sin la transformación de la estructura curricular y académica que se verificó a partir de 1956.

En agosto de 1956, la Junta Consultiva de la Facultad se abocó al estudio de los proyectos de creación y reforma de los planes. En noviembre de 1956 se creó una comisión para la elaboración de una propuesta para la carrera de Geografía. En mayo de 1957 se aprobó el plan de Ciencias de la Educación, que reemplazaba a la antigua carrera de Pedagogía. En noviembre de 1957 fueron creadas las carreras de Psicología y Sociología. Un mes antes había sido aprobado un nuevo plan para Filosofía. En septiembre de 1958 fue creada la carrera de Ciencias Antropológicas y en diciembre se aprobó un nuevo plan para la carrera de Historia. En 1959 se crea la carrera de Bibliotecología con jerarquía universitaria. Finalmente, a mediados de 1962, fue creada la carrera de Historia de las Artes.

El aspecto más significativo que tuvo esta reforma de la estructura curricular fue la ruptura con el modelo fuertemente antipositivista impuesto durante los años veinte. Por otro lado, también rompió con una concepción que había imperado desde los orígenes de la institución y que presuponía que los estudios debían conservar base común que consistía en la cultura clásica. Así, las nuevas carreras fueron una apertura a los desarrollos de las ciencias sociales en el ámbito internacional que impactaron en la Facultad.

Otra innovación de este período fue en 1958 la creación de los Departamentos en vistas al ordenamiento de las actividades académicas. Los Departamentos se crearon con la aspiración de proceder a coordinar los programas de enseñanza de las diferentes materias, evitar la superposición y la falta de articulación en programas de cátedras de una misma disciplina, solidificar los vínculos entre docencia e investigación a partir de la inclusión de los Institutos en los Departamentos. En la facultad fueron creados los Departamentos de Filosofía, Lenguas y Literatura Modernas, Historia, Antropología, Geografía y Arqueología, Psicología, Ciencias de la Educación y Literaturas Clásicas.

Junto a la departamentalización, se produjeron otras modificaciones significativas en la estructura y organización de los estudios. El ordenamiento tradicional de las carreras por años fue reemplazado por otro que privilegiaba una organización a partir de ciclos. También se aprobó otra disposición que sustituyó el régimen anual de organización de los cursos por el cuatrimestral.

Las nuevas carreras, el régimen de concursos, el nuevo régimen de trabajo basado en la dedicación exclusiva, la departamentalización y el sistema de becas, estaban prácticamente definidos a mediados de 1958.

En noviembre de 1965, luego de una serie de conflictivos episodios, José Luis Romero renunció a su cargo de Decano, el cual había asumido en 1962. El proyecto renovador también encontró límites y resistencias. Comenzó a ser tildado de cientificista a principios de los sesenta (Buchbinder, 1997, p. 221). Por esta denominación se entendía la promoción de una actividad científica y de reflexión ajena a los intereses y a la realidad nacional. También el sistema de becas y el mercado laboral que se creó para muchos de los egresados de la Facultad, entraron en crisis a mediados de los setenta. El tema de los subsidios y el cientificismo constituyó uno de los ejes del enfrentamiento entre los sectores del claustro de profesores y estudiantil.

Destaca Buchbinder (1997, p. 221) que el 29 de julio de 1966, tan solo un mes después del derrocamiento del Gobierno constitucional de Arturo Illia, el régimen *de facto* presidido por el general Juan C. Onganía suprimió la autonomía universitaria a través de la sanción de una ley, que dispuso que las Casas de altos estudios pasasen a depender del Ministerio de Educación y que los rectores se convirtiesen en Interventores. Cinco facultades de la UBA fueron ocupadas por docentes y sobre todo por estudiantes, que resistían la disposición oficial. El desalojo de las facultades por parte de la policía provocó serios incidentes. Los episodios son conocidos con el nombre de *La Noche de los Bastones Largos* y solo unas horas después de este acontecimiento un amplio sector del cuerpo de profesores resolvió renunciar a sus puestos. En la Facultad de Filosofía y Letras abandonaron sus cargos unos trescientos docentes, poco más del veinte por ciento del cuerpo de profesores.

En esta época, varios de los más calificados equipos de investigación fueron desmantelados. La pérdida de investigadores impactó sobre todo en aquellas áreas donde el reemplazo de los grupos era difícil ya que representaban el trabajo colectivo de muchos años. Buchbinder (2010, p. 191) señala que particularmente graves fueron las consecuencias en las áreas más vinculadas con la investigación científica independiente, como en Ciencias Exactas y Filosofía y Letras de la UBA.

Según plantea Buchbinder (2010, p. 197), los acontecimientos de 1966 en las universidades nacionales desembocaron en un proceso en el cual la hegemonía de las antiguas tradiciones reformistas fue reemplazada por otra vinculada directamente por el peronismo. En este contexto, aparecieron en la UBA las llamadas cátedras nacionales, que llevaban a cabo fuertes cuestionamientos a la forma en la que se había desarrollado las ciencias sociales en el período reformista abierto en 1955. Las cátedras nacionales reconocen así su origen en la decisión de reemplazar a los docentes *cientificistas* renunciantes en 1966 con jóvenes sociólogos. Este movimiento alcanzó su auge entre 1967 y 1970 (Buchbinder, 2010). La dictadura, hostigada por la movilización popular y la presión de las organizaciones armadas, debió abandonar el poder en 1973 y el breve período democrático que se inició ese año estuvo acompañado por un agitado proceso de debate y movilización universitarios.

La dictadura de 1976 se propuso llevar a cabo una profunda reestructuración del conjunto del sistema universitario que, como en otros ámbitos de la política y la cultura argentina, sólo era posible mediante represión y desarticulación de las organizaciones políticas y gremiales. La política universitaria de la dictadura incluyó también, la modificación de los planes de estudio de casi todas las carreras, pero afectó especialmente a algunas disciplinas que los militares identificaban como lugares de *penetración ideológica subversiva*. En particular, esta política involucró a carreras del ámbito de las ciencias sociales como Psicología, Sociología y Antropología.

Luego de 1983, y con la vuelta a la democracia, se inició un período de normalización donde nuevamente se dispuso que funcionasen los estatutos suspendidos en 1966 y se volvieron a modificar los planes de estudio de todas las carreras. El régimen militar dejaba como herencia una universidad y una facultad de limitada significación desde el punto de vista académico. La reconstrucción universitaria iniciada desde 1983, implicaba también volver a considerar a la investigación científica como una función esencial de la universidad y se procuró apoyarla a través del impulso de becas y subsidios. Específicamente, en la Facultad de Filosofía y Letras entre 1984 y 1986 se dio un proceso de reforma curricular en todas las carreras, y en 1988 inauguró su nuevo edificio en la calle Puán 480, en la zona de Caballito.

En la década de los noventa, la facultad también se vio inmersa en las políticas neoliberales imperantes en la época. En 1991 nace la carrera de Edición. Fueron frecuentes las reuniones y asambleas para discutir y movilizarse en contra de la Ley de Educación Superior de 1995. La política universitaria avanzó así en dos direcciones durante aquellos años. En primer término, en un proceso de descentralización que involucró, entre otros aspectos, a las políticas salariales y laborales de docentes y no docentes. Por otra parte, mecanismos como el FOMEC (que se inició en 1995 y fue dejado sin efecto por la crisis del 2001) o el Programa de Incentivos (que sigue vigente) se constituyeron en instrumentos en manos del gobierno nacional para incidir en el desarrollo interno de las universidades. Estos programas fueron fuertemente cuestionados, ya que se los consideró instrumentos que afectaban la autonomía universitaria. El hecho de que, a menudo, dependiesen de la disponibilidad de fondos provenientes de organismos internacionales no fue un elemento menor en las críticas que se formularon. Pero, sin duda, el aspecto que introdujo mayores condicionamientos en el funcionamiento interno en las universidades y que fue, el más resistido, se vincula con la política de evaluación y acreditación.

Estos puntos siguen siendo parte de los temas de discusión y debate. Como ya fue señalado, los reclamos de diferentes sectores de la sociedad hacia el rol de la universidad han generado, desde fines de los noventa, una nueva revisión de los planes de estudio de la UBA. La Facultad de Filosofía y Letras no ha quedado al margen de estos acontecimientos y desde el año 2000 existen en los Departamentos discusiones en torno a reformas curriculares de las nueve carreras de grado (Filosofía, Letras, Historia, Artes, Ciencias de la Educación, Geografía, Ciencias Antropológicas, Bibliotecología y Ciencia de la Información y Edición) que se dictan en esta unidad académica.

Capítulo III

Una mirada Didáctica sobre la institución universitaria

La problemática universitaria descripta en esta obra es analizada desde la perspectiva Didáctica Fundamentada Crítica (Lucarelli, 2001); la misma parte de la afirmación de que los procesos de enseñar y aprender se entienden considerando la confluencia de factores técnicos, humanos, epistemológicos, políticos en la producción de dichos procesos. Es así como la contextualización de las acciones relativas a la institución y a la sociedad en que se desarrollan, a los sujetos que las realizan y al contenido de la enseñanza y del aprendizaje, se constituye en el segundo pilar de esta perspectiva.

> "Las líneas que identifican esta corriente crítica y fundamental de la Didáctica pueden fundamentarse, en estas características:
>
> - multidimensionalidad del proceso de enseñanza y aprendizaje, afectado por variables técnicas, humanas, políticas y epistemológicas, y que se deriva, consecuentemente, en la contextualización de la práctica concreta;
> - contextualización en la que incide el entorno social junto al institucional, el contenido y los factores peculiares que caracterizan a los actores involucrados en el enseñar y aprender;
> - la explicitación de los presupuestos a partir de los cuales define sus abordajes metodológicos;
> - la elaboración de reflexiones sistemáticas que surgen del análisis de experiencias concretas del enseñar y aprender, y
> - la búsqueda de la eficiencia como base del reconocimiento de las condiciones reales en que se desarrollan esos procesos y con el propósito de ampliar y mejorar las metas educativas.
>
> El papel protagónico del docente y la importancia de la articulación teoría y práctica imprimen un cariz definitorio a esta perspectiva" (Lucarelli, 2001, p. 7).

Como plantea Candau (2001), esta perspectiva permite superar la visión instrumental de la Didáctica, desde donde dicha disciplina es concebida como un conjunto de conocimientos técnicos sobre el "cómo hacer" pedagógico, conocimientos presentados de una forma universal y consecuentemente desvinculados de los problemas relativos al sentido y los fines de la educación, de los contenidos específicos, así como del contexto socio-cultural concreto en el que fueron generados. Por eso, sostiene la misma autora: "Es pensando la práctica pedagógica concreta, articulada con la perspectiva de la transformación social, que emergerá una nueva configuración para la Didáctica" (Candau, 2001, p. 16).

Esta perspectiva didáctica, siguiendo a Contreras Domingo (1994), destaca la enseñanza como una práctica humana que compromete moralmente a quien la realiza y una práctica social ya que responde a necesidades, funciones y determinaciones que están más allá de las intenciones y previsiones individuales de los actores directos de la misma, necesitando atender a las estructuras sociales y a su funcionamiento para poder comprender su sentido total.

Siguiendo esta línea, Lucarelli (2001) nos introduce en las características de una Didáctica de Nivel Superior en la cual se identifican tres estructurantes centrales: *el curriculum* (considerando su complejidad en términos de diversificación y especificidad); *la profesión* (hacia la cual se orienta la formación) y *la institución* de nivel terciario universitario. Desde el punto de vista institucional, las universidades son, por definición histórica, centros con un grado total o relativamente alto de autonomía en el gobierno y la gestión y en la definición de su oferta curricular. Instituciones donde las acciones de docencia se conjugan con procesos de producción de conocimiento a la vez de transferir los resultados al entorno social. Las prácticas del enseñar y el aprender se ven condicionadas por estas peculiaridades institucionales y demandan configuraciones didácticas particulares que las contemplen. Por lo tanto, desde este encuadre

> "(...) la Pedagogía Universitaria se define como un espacio de conocimiento orientado a la comprensión de los procesos de formación que se dan en la institución, a partir de la consideración de los sujetos involucrados, su relación con el contexto y con los otros procesos que se desarrollan en ese ámbito" (Lucarelli, 2008, p. 1).

Además de sus particularidades, es posible reconocer problemas que atraviesan el campo de la Didáctica de Nivel Superior. Algunos de ellos son (Lucarelli, 2001):

- el proceso histórico de las profesiones, en su incidencia en la resolución de propuestas curriculares;
- los abordajes multidisciplinarios y de la especialidad en el currículum del nivel;
- la articulación entre lo macro y lo micro en los proyectos didáctico-curriculares;
- la relación teoría-práctica y su resolución en el aula universitaria y de instituciones superiores;
- el origen y desarrollo de las innovaciones en el aula de nivel superior;
- los desafíos de la articulación docencia-investigación en el aula universitaria;
- los procesos de formación docente en el nivel superior y en la universidad en especial, en la búsqueda de modalidades apropiadas de resolución didáctica.

En este contexto, la articulación teoría y práctica surge como eje articulador en la construcción de una Didáctica que pretenda superar la visión instrumentalista del enseñar y el aprender, que posibilita la vinculación de cada acción que se desarrolla en el aula con propósitos y fundamentos, permitiendo someterla a procesos de reflexión que pueden a su vez, conformar conocimientos más sistemáticos y orgánicos.

a) La articulación teoría y práctica como eje dinamizador del currículum universitario

La articulación teoría y práctica puede ser considerada a partir de dos enfoques diferentes (Lucarelli, 2004) que muestran diferentes maneras de pensar esta relación y que implican dos posiciones frente al conocimiento:

- una concepción dicotómica que visualiza de manera estática y compartamentalizada, el papel que juegan la teoría y la práctica en la configuración del objeto y en el acceso al conocimiento;
- otra concepción, de sentido dinámico que hace referencia a una articulación dialéctica entre ambos elementos, a los que considera partes inseparables de una misma identidad.

El presupuesto de la autora es que la cotidianeidad pedagógica muestra, como situación habitual, la separación entre la teoría y la práctica, entendidas como tareas excluyentes, desarrolladas al margen una de la otra, con una ubicación institucional desconectada y con diferente reconocimiento intelectual y social (Lucarelli, 1994). Da Cunha (2001) comenta al respecto:

> "La idea de práctica, en la enseñanza universitaria, ha acompañado la equivocada perspectiva de que ella es apenas la comprobación de la teoría. Es así, que se configuran prácticas en la mayoría de los ejercicios académicos. (...) Esta concepción de práctica es nada más que la organizada forma de consolidar teoría (...) y por eso, no consiguen lo que se proponen" (da Cunha, 2001, p. 25).

Esta imagen de independencia antinómica remite, pues, a la necesidad de indagar sobre los paradigmas del conocimiento y del aprendizaje a los que responde esa configuración, a la vez que plantea el interés de considerar otras posturas más dinámicas que, utilizando un encuadre dialéctico, permita abordar con estrategias superadoras esta situación de base. Esta concepción sería la postura dialéctica que entiende que la teoría y la práctica, aunque diferentes entre sí, se compenetran e interactúan interdependientemente como dos fases o momentos en la construcción del conocimiento.

Desde una perspectiva dialéctica, ambos términos, teoría y práctica, se sintetizan en la *praxis* y se manifiestan como modo específico de ser del hombre (Kosik, 1967). En su dimensión epistemológica, la *praxis* muestra el conocimiento no como contemplación sino como apropiación del mundo; el hombre toma contacto con él a través de la práctica y conoce en la medida que crea. Esta actividad primaria de toma de contacto a través de la práctica con las cosas externas a él, permite luego al hombre comprenderlas a través de otros mecanismos posibilitadores de la captación del todo. Lo concreto y lo abstracto se complementan y explican mutuamente, de la misma manera que se articulan el todo y las partes para una mejor comprensión de la realidad (Lucarelli, 2009a).

La afirmación de la praxis como eje de la teoría del conocimiento de la realidad social se opone a la comprensión de la relación entre sujetos y objetos como entes abstractos en los que se centraron las explicaciones basadas en el positivismo. Estas perspectivas opuestas, tienen consecuencias explícitas en todas las acciones del hombre, y en especial repercusiones muy claras en educación.

Así es que ambas concepciones coexisten en las prácticas educativas cotidianas de las universidades y tienen derivaciones en la organización curricular y didáctica. Y es en este plano, didáctico curricular, donde se reconoce y evidencian con mayor facilidad (plan de estudios, programas de asignaturas...).

Al respecto, Elisa Lucarelli (1994) señala que se pueden distinguir dos formas más generales de manifestación de la articulación teoría y práctica: una como práctica profesional y otra como estrategia metodológica en el desarrollo de toda situación de enseñanza y aprendizaje. En el primer caso, la práctica profesional aparece como un elemento definitorio en la incorporación de los problemas significativos que afectan al ejercicio profesional vigente en un campo determinado. Es así como pueden preverse en el plan de estudios: pasantías, residencias, trabajos de campo y otras formas que acerquen al alumno al ejercicio de su rol profesional. En el segundo caso, como proceso general y genuino de aprendizaje, entendiendo a la construcción del conocimiento como proceso dialéctico de apropiación del conocimiento, como aprendizaje significativo. Esta comprensión del proceso de aprendizaje supone la alternancia, sucesión y predominio de momentos teóricos y prácticos en las actividades previstas en la propuesta de enseñanza.

Las investigaciones llevadas a cabo por la citada autora (Lucarelli, 2009a) y su equipo sobre la innovación educativa y sobre la relación teoría y práctica en cátedras de nuestra universidad, ha permitido establecer algunas formas específicas en las que se manifiesta:

- como estrategia de entrenamiento en el rol profesional;
- como núcleo articulador de la organización curricular;
- en la innovación metodológica;
- en la búsqueda del aprendizaje de la creatividad;
- en la construcción del objeto de estudio.

Asimismo, ha podido identificar modalidades particulares en que se expresa la articulación teoría y práctica. Estas son formas de la más baja generalidad, portadoras de situaciones didácticas que desarrollan la articulación teoría y práctica, definidas en función de cómo son percibidas por los sujetos que intervienen en esas situaciones y que se concretan en actividades que integran las estrategias de enseñanza. Incluye como modalidades particulares de la articulación teoría y práctica desde aquellas con un grado bajo de orientación hacia el aprendizaje significativo y en las que la acción desarrollada por el estudiante hacia el aprendizaje significativo es restringida (tal es el caso de la ejercitación o la ejemplificación), hasta otras, como la resolución de problemas, la producción, el trabajo crítico, en las que las actividades emprendidas por el alumno son de mayor grado de complejidad y autonomía en la construcción de conocimiento.

Por supuesto, el planteo de este tema es mucho más amplio ya que, como señala Susana Celman de Romero (1994), la problemática de la teoría y la práctica en educación no puede considerarse como un ámbito independiente y autónomo. Por el contrario, las posturas adoptadas al respecto a lo largo de la historia, se encuentran profundamente enraizadas en los conceptos de ciencia y conocimiento; enseñanza y aprendizaje e institución educativa, para mencionar sólo algunos entre los más relevantes.

En los estudios realizados en el Programa de Investigación que dirigió la Dra. Elisa Lucarelli (1994; 2004) en el IICE: "Estudios sobre el aula Universitaria", el trabajo desde una perspectiva Didáctica Crítica en cátedras de la UBA, que implica el análisis de las instancias curriculares tanto a nivel de los planes de estudio como en su puesta en práctica, indican a la relación dialéctica entre teoría y práctica como uno de los dinamizadores centrales de las propuestas didácticas y como un eje central para la innovación y la investigación.

Como explica Lucarelli (2005), en la universidad, la articulación entre teoría y práctica se da a través de la inclusión de la profesión y sus prácticas anticipatorias del campo profesional para el que se forma. Tradicionalmente, en las universidades hay una supremacía de la teoría en detrimento de la práctica, y esta segmentación origina el empobrecimiento del conocimiento. La articulación entre teoría y práctica constituye uno de los aspectos claves de la relación entre el curriculum y la profesión. Hay espacios en el plan de estudio que están destinados a disminuir la distancia entre la formación teórica y la práctica del campo profesional.

Andreozzi (1998, p. 2) distingue modalidades básicas de experiencias de práctica profesional en la formación de universitarios. Por un lado,

> "(...) experiencias de práctica profesional que, si bien no suponen un régimen de alternancia entre el ámbito de formación académica y el mundo del trabajo, cumplen el propósito de desarrollar aprendizajes que están en la base de futuros desempeños".

Por otro lado,

> "(...) experiencias de práctica profesional que suponen un régimen de alternancia entre el ámbito de la formación académica y las instituciones laborales del mundo del trabajo".

Estas últimas son experiencias de contacto directo con diversos aspectos del campo profesional. Estas instancias aparecen como un espacio protegido que permite la transición de teoría a práctica, de estudiante a profesional, de universidad a mundo laboral. Facilitan la experiencia de formación en la práctica profesional.

Según Lucarelli (2005, p. 18), la articulación teoría y práctica es parte del proceso de formación en la profesión, permite preparar al alumno universitario para adquirir habilidades propias de la práctica profesional para el que se forma, considerando las

> "(...) zonas indeterminadas de la práctica que se caracterizan por la incertidumbre, la singularidad de la situación y el conflicto de valores".

Como explica Schön (1992, p. 37), es necesario un aprendizaje de la práctica profesional supervisada para que el alumno pueda adquirir los conocimientos, procedimientos y actitudes propias del campo profesional. En este sentido, se deben promover estrategias que fomenten la reflexión en la acción, las cuales

> "(...) aluden a la posibilidad de pensar en lo que se hace mientras se está haciendo, tal como la realiza el profesional en la resolución de situaciones cotidianas en las que debe encarar la incertidumbre (...) Esta forma de reflexión se diferencia de la reflexión sobre la acción en la que la reflexión carece de una conexión directa con la acción presente".

Se busca una reflexión sobre la acción, ya que los futuros profesionales reflexionan sobre su actuación en la práctica, esto les permite buscar soluciones a los problemas y una mejor comprensión de los mismos. La reflexión sobre la práctica no solo les permite modificar su acción futura, sino también mejorarla.

Desde esta perspectiva, la articulación entre teoría y práctica no se circunscribe a una simple aplicación de teoría sobre cuestiones prácticas. Por el contrario, los conceptos sirven de herramientas para comprender y reflexionar sobre la práctica y, a su vez, esta última también permite reflexionar sobre la teoría, es decir, se da una relación dialéctica de ida y vuelta entre ambas.

La articulación entre teoría y práctica se evidencia, en primer lugar, en el plano curricular, ya que hace presente la concepción del conocimiento en la que se fundamenta la formación, constituyéndose en un eje a ser considerado al momento de diseñar, analizar o emprender un cambio curricular.

En una investigación realizada sobre la situación curricular en la Facultad de Filosofía y Letras, UBA, (Calvo, 2002) los actores del currículum, en su mayoría reconocen que en los planes de estudio no se identifican asignaturas o instancias curriculares obligatorias que explícitamente impliquen el ejercicio de aspectos ligados a la práctica profesional. Asimismo, destacan que aquellos planes donde se presenta algún espacio de articulación con la práctica está ubicado al final de sus estudios como una forma de aplicación de la teoría previamente aprendida (Calvo, 2000). Un alto porcentaje considera que este lugar de la práctica no es adecuado. Es decir, encarar una reforma curricular implicaría, en este sentido, pensar en la práctica como eje de los planes de estudio, y al análisis de la realidad como punto de partida. A la vez implicaría definir que cada instancia de enseñanza y aprendizaje (cualquiera sea la modalidad pedagógica que adquiera) busque establecer una relación dinámica y dialéctica entre la teoría y la práctica.

Siguiendo la misma investigación y tomando en cuenta la relación teoría y práctica como formación para el rol profesional, los actores del currículum aparecen disconformes específicamente con la formación en investigación, la formación en docencia y las instancias que existen en el plan que acercan a la práctica profesional. Todo esto nos muestra, una fuerte demanda por una formación profesional que posea un mayor acercamiento a la realidad y a la práctica concreta del rol en situaciones más o menos cercanas a las que en un futuro tendrán que desempeñarse y que les permita integrar y poner en juego los conocimientos adquiridos en el transcurso de los años (Calvo, 2000).

Si tomamos en cuenta la descripción que realiza Carlos Ornelas Navarro (1982) sobre la enseñanza universitaria, la caracterización que realiza Elisa Lucarelli (1993b), sobre las universidades latinoamericanas y las tensiones identificadas por da Cunha (1997; 2007) en la práctica pedagógica universitaria, podemos observar que las concepciones sobre la enseñanza universitaria aún no se han modificado en gran medida en la actualidad. Características tales como: reproducción fragmentada del saber, estilo de enseñanza verbalista, poca relación con la investigación y producción del conocimiento, poca vinculación con la reflexión y el estudio de problemas concretos, visión dicotómica de la relación teoría y práctica, profundización de la distancia entre trabajo intelectual y trabajo productivo; son aspectos que desde hace tiempo son criticados por diferentes sujetos (inclusive desde los propios actores) y aún persisten en las representaciones sociales como "núcleos problemáticos" que necesitan una solución. Es, en este sentido, hacia donde es preciso encarar una reforma curricular.

b) El currículum en la universidad

Alicia de Alba (1998) define al currículum como una síntesis de elementos culturales a lo que diferentes grupos con distintos intereses llegan en la elaboración de la propuesta a través de diferentes mecanismos de negociación e imposición.

En su análisis, considera especialmente qué tipos de prácticas se dan y quiénes son los sujetos de esas prácticas. Cuando habla de sujetos del currículum, se refiere a sujetos como sujetos sociales que tienen un proyecto en común. Estamos considerando las prácticas que desarrollan los diferentes grupos teniendo un mismo proyecto educativo. Alicia de Alba habla de tres clases de sujetos:

- sujetos de la determinación curricular;
- sujetos de la estructuración formal del currículum;
- sujetos del desarrollo curricular.

Sujetos de la determinación curricular: Está representado por el Estado, las comunidades religiosas, las asociaciones profesionales que determinan las grandes aspiraciones y van definiendo qué se debe o no enseñar. En este proceso se hace referencia a valores, contenidos básicos y conocimientos deseables de una propuesta curricular. Estos sujetos reflejan sus intereses al interior de la institución, pero no necesariamente están dentro de ella.

Sujetos de la estructuración formal del currículum: Son los responsables de la dimensión técnica y tienen la tarea de construir una propuesta posible de aprendizajes deseables. Los equipos políticos administrativos estructuran la propuesta, mientras que los equipos técnicos en currículum desarrollan el documento curricular.

> "Son aquellos que en el ámbito institucional escolar le otorgan forma y estructura al currículum de acuerdo a los rasgos perfilados en el proceso de determinación curricular" (de Alba, 1998, p. 93).

Sujetos del desarrollo curricular: Son los docentes y alumnos de una institución que convierten en práctica cotidiana el documento curricular.

> "Son los sujetos del desarrollo curricular los que traducen a través de la práctica, la determinación curricular, concretada en una forma y estructura curricular específica, imprimiéndole diversos significados y sentidos y, en última instancia, impactando y transformando, de acuerdo a sus propios proyectos sociales, la estructura y determinación curricular iniciales" (de Alba, 1998, p. 93).

La autora nos señala que los procesos por los que se define el currículum implican la lucha de estos sujetos sociales por espacios de poder. El currículum es una arena de definición política donde estos diferentes proyectos sociales se dirimen a través de la negociación u oposición. En este sentido, es pertinente citar a de Alba (1998, p. 59) que concibe al curriculum como una propuesta político-educativa, es decir,

> "(...) una síntesis de elementos culturales (conocimientos, valores, costumbres, creencias, hábitos) que conforman una propuestas político educativa pensada e impulsada por diversos grupos y sectores sociales cuyos intereses son diversos y contradictorios; aunque algunos tiendan a ser dominantes o hegemónicos, y otros tiendan a oponerse y resistirse a tal dominación o hegemonía... a la cual se arriba a través de diversos mecanismos de negociación e imposición social".

Esta autora propone campos de conocimiento que no deben faltar en una propuesta curricular, independientemente de la estructura que sostenga la misma. Habla de "campos de conformación estructural curricular" que hacen a la formación de los futuros profesionales. Se entiende "por campo de conformación estructural, a un agrupamiento de elementos curriculares que pretenden propiciar determinado tipo de formación en los alumnos" (de Alba, 1998, p. 105). Estos campos son: epistemológico-teórico, crítico-social, incorporación de los avances científicos y tecnológicos, y la incorporación de elementos centrales de las prácticas profesionales. Esta propuesta requiere de una estructura curricular diferente a la tradicional.

La propuesta de De Alba está en relación con el enfoque dinámico de Bourdieu sobre campo, en este caso académico y profesional:

> "El campo de producción y circulación de los bienes simbólicos se define como un sistema de relaciones objetivas entre diferentes instancias, caracterizadas por la función que cumplen en la división del trabajo de producción, reproducción y difusión de los bienes simbólicos". (Bourdieu, 1973, pp. 49-126)

El concepto teórico de *campo* permite reflexionar sobre las posiciones organizadas jerárquicamente que hay en su interior. Desde esta perspectiva se pueden analizar la dinámica de las profesiones. En este sentido, las profesiones no se inscriben en campos con posiciones homogéneas, sino que hay luchas en función de las relaciones de poder, que se generan entre posiciones hegemónicas y no hegemónicas en el interior del campo. Si la profesión es un campo, entonces, posee un límite que define quién está adentro y quién se encuentra afuera de ese campo profesional, como así también, quién tiene poder y quién no para imponer en él determinadas prácticas.

Siguiendo la línea de la Didáctica Fundamentada Crítica, Díaz Barriga (1997; 2003) también reconoce la importancia de considerar a la práctica profesional y el principio de contextualización del curriculum en la exposición de la propuesta curricular modular por objetos de transformación, como caso de una experiencia innovadora mexicana. En su planteamiento, concreta la intención de desarrollar lineamientos estratégicos con incidencia institucional, junto a los principios de un marco teórico valorativo que incluye el análisis histórico de una práctica profesional específica como eje estructurante de la planificación del curriculum universitario. En este sentido, la construcción del plan de estudio se da a partir de la determinación de una práctica profesional concebida como una práctica social situada en determinado contexto socio histórico.

En síntesis, la propuesta curricular requiere la elaboración de planes de estudio que estén acordes a las especificidades del nivel, a las características de la institución, de los actores, y al campo de la profesión para la que se está formando. En este sentido, el plan de estudio es una hipótesis con fundamentos teóricos y empíricos que debe ser contrastado con la realidad.

Por su parte, Elisa Lucarelli (2002) considera que el curriculum puede ser pensado desde diferentes dimensiones en función de dos ejes: acciones y actores

El curriculum no sólo es un producto institucional al elaborar una propuesta, sino que también es una forma de definir la manera en que la institución elabora esa propuesta; a este proceso la autora lo denomina: *el hacer institucional* entendiendo que importa considerar cómo fue construido el curriculum, cuándo se llevó a cabo y quiénes intervinieron en su realización.

Asimismo, hay que considerar el currículum en acción, *el desarrollo curricular*, la puesta en práctica donde se insertan los procesos del enseñar y el aprender. Aquí es necesario tomar en cuenta los resultados personales que hacen referencia a qué es lo que se logró como producto del aprendizaje.

Así es como se pueden reconocer y definir conceptualmente al currículum desde cuatro dimensiones (Lucarelli, 2002):

- *El recurso material:* documentos básicos instrumentales que, como resultado del planeamiento, norman y orientan los procesos educativos.
- *El hacer institucional:* conjunto de los procesos políticos y también técnicos que desarrolla la institución a través de los sujetos que intervienen. El hacer institucional deriva, como resultado, en la propuesta curricular institucional. La propuesta se entiende como el conjunto de actividades que ofrece la institución educativa para el logro de los objetivos de la educación de una sociedad.
- *La acción personal:* conjunto de experiencias que vive el estudiante, bajo la responsabilidad de la institución educativa, en función de los objetivos de la educación.
- *Los logros:* resultados de aprendizaje alcanzados por el estudiante en función de los objetivos de la educación y bajo la orientación de la institución.

De esta forma, se está considerando, un enfoque integrador y dinámico del currículum, que reconoce que la propuesta curricular y su puesta en práctica son fruto de una tarea compleja, donde se conjugan intereses contradictorios de diferentes grupos.

Por ende, como plantea Camilloni (2001) el currículo ya no es algo que se pueda definir simplemente por lo que está escrito en un papel, sino que tiene que ver con lo que algunos han denominado el *currículo en acción*; el currículo que se lleva efectivamente a la práctica. Así, pues, hay un currículo que es el *currículo establecido*, el currículo que está escrito, el plan de estudios, donde en algunos casos solo se encuentra un listado de materias, los contenidos mínimos, las correlatividades que los alumnos tienen que cumplir, el número de horas que tiene cada una de las materias, la duración en semestres o cuatrimestres y también con frecuencia las normas pedagógicas, el régimen de promoción y los sistemas de calificación de la facultad. Pero este currículum establecido debe ser implementado, llevado a la acción y tendrá características específicas en función del contexto en el que se inscriba.

En este sentido, es importante considerar que el curriculum en el nivel superior adquiere características propias. Elisa Lucarelli (2001) señala una serie de peculiaridades que identifican al currículum en el nivel superior:

- un alto grado de especificación y diversificación, en lo relativo al contenido científico, tecnológico o artístico propio del área académica o del campo profesional en la que se desarrolla el proceso formativo;
- orienta los estudios hacia la formación de una profesión;
- supone el trabajo con un grupo de adultos con una larga trayectoria educativa y hasta con posible experiencia laboral en el rol para el cual se lo está formando;
- esto exige al docente la organización de estrategias metodológicas y de evaluación que se definen a partir de las peculiaridades antes señaladas.

Es necesario señalar que este trabajo abarca específicamente en una de sus preguntas del problema, el análisis de una de las cuatro dimensiones del currículum: la que corresponde el currículum establecido o como recurso material. Por supuesto, este es un recorte analítico que no implica dejar de lado la consideración de las otras tres dimensiones en la medida en que inevitablemente comiencen a relacionarse.

Furlán (1989) considera, en un sentido abarcativo del término, que es conveniente diferenciar un plan de estudio de un curriculum. Al respecto señala que hablar de currículum no es sólo hablar de un plan de estudios, sino también de las prácticas y experiencias de aprendizaje realizadas. Es decir, cuando se utiliza la noción de curriculum, es para aludir a una problemática que excede el análisis del plan de estudio pero que lo incluye.

Generalmente, los planes de estudio se restringen a ser una lista de los títulos de las asignaturas que conforman una carrera. En algunos casos podemos encontrar explicitado el perfil del egresado o el campo profesional para el cual se busca formar, pero básicamente su presentación responde a la noción tradicional de plan de estudios. En otros casos, se puede encontrar una versión más completa, sustentada en una fundamentación conceptual, epistemológica y valorativa de la propuesta que lo plantea como un proyecto educativo y, como tal, guía las acciones que un grupo académico lleva a cabo. Aspectos, éstos, que aún no aparecen explicitados en la mayoría de los planes de estudio vigentes.

En el momento del análisis de un plan de estudio es importante considerar los elementos que plantean Follari y Berruezo (1981) los que, según expresan, pueden ser tenidos en cuentan ya sea para analizar un plan de estudios establecido como para confeccionar uno nuevo. En primera instancia señalan dos puntos centrales: la definición de la profesión y la determinación del campo profesional.

En relación al primero, indican que es sumamente necesaria una definición precisa de la profesión para la cual se está formando el estudiante. "En la medida que tengamos precisado qué estamos tratando de lograr, podremos saber cómo hacerlo" (Follari y Berruezo, 1981, p. 5). Es importante, en este punto, aclarar que se está pensando en la definición de la profesión y que no es lo mismo que la definición de la carrera, ya que esto último implicaría diferenciar carreras entre sí por sus características epistemológicas y no por los requerimientos concretos de la práctica profesional. Asimismo, es necesario precisar la relación que se establece entre la profesión en cuestión y otras con las cuales pueden tener puntos en común o actividades afines.

El segundo punto, la determinación del campo profesional implica saber para qué tipo de práctica profesional se está preparando a los estudiantes. Desde un enfoque histórico, clasifican a

> "las prácticas de una determinada profesión, en un momento determinado, en tres tipos:
>
> a) decadente: práctica que se está haciendo obsoleta;
> b) dominante: práctica que es más generalizada;
> c) emergente: práctica nueva, que está ganando espacio" (Follari y Berruezo, 1981, p. 6).

Una vez determinadas las diferentes formas de práctica profesional, deben discriminarse cuidadosamente las que realmente interesa impulsar. El análisis del campo profesional se enriquece aun más si se tienen en cuenta los momentos históricos del desarrollo socioeconómico y científico-tecnológico del país que hayan afectado a la práctica de la profesión. Como dicen los autores:

> "los planes de estudio no pueden dejar de tener en cuenta la situación social en la que se enmarcan y que resulta improcedente el "método" de improvisar el plan al margen de estos problemas, o copiarlo simplemente de otros como si tal procedimiento garantizara alguna validez" (Follari y Berruezo, 1981, p. 8).

Finalmente, en este mismo sentido, se debe considerar la contextualización histórica y de esta manera precisar la situación actual de la práctica profesional, desglosando el tipo de actividades y los ámbitos y áreas de trabajo en que se llevan a cabo.

Por otro lado, también se plantea, que para el diseño y análisis completo del plan de estudios es imprescindible la presentación de sus características estructurales a nivel pedagógico. Algunos elementos que plantean como importantes en la estructura pedagógica del plan de estudios son los siguientes:

a) relación teoría y práctica en la producción de conocimientos: es decir, qué estructura se propone para que el proceso de aprendizaje se dé en una relación dialéctica entre “lo pensado” y “lo realizado” (ej: talleres, prácticas, etc.);
b) el aprendizaje como actividad de investigación: es decir, utilizar los principios metodológicos de la investigación como principios didácticos de manera que la enseñanza no sólo implique asimilación de información sino también investigación y discusión para la construcción de conocimientos y formas de operar por parte del estudiante;
c) delimitación de la conveniencia o no de incorporar un tronco común entre varias carreras, lo cual significa buscar la forma de no yuxtaponer materias ni repetir contenidos. Dentro de esta problemática puede aparecer la discusión sobre la existencia de cursos de nivelación;
d) problemas de saturación de contenidos y rigidez en la seriación de los mismos: en este sentido, es necesario aclarar la concepción de aprendizaje y el establecimiento de prioridades para ubicar así los cursos obligatorios y optativos para los estudiantes, y
e) establecimiento de criterios y relaciones del servicio social con la estructura del plan, es decir, la existencia de instancias para la práctica del rol profesional para el cual se está formando a través del currículum.

Categorías de análisis del currículum prescripto

Para comparar el currículum establecido, prescripto o escrito, desde la dimensión pedagógica y didáctica, es decir, los planes de estudio encontrados en las carreras, en esta investigación resultaron significativas las siguientes categorías de análisis:

- *Nombre de la carrera:* esta categoría, al analizar la denominación con que se identifica la formación, permite su contextualización histórica al observar si ha cambiado el nombre de la carrera en los diferentes planes de estudios y si ese cambio implica una modificación en el enfoque. Cuando se pregunta por el cambio curricular también se interroga sobre las razones por las que se cree necesario cambiar: si el problema está en el diseño curricular, si el problema está en la implementación o si el problema está en ambos (Camilloni, 2001). En tal caso, es necesario también conocer las razones de un cambio de nombre en una carrera y la relación existente con el profesional que se busca formar.

- *Enfoque:* hace referencia a la clase de formación que reciben los futuros profesionales considerando el aspecto epistemológico, es decir, la naturaleza del conocimiento recibido. Al definirse un currículum se pone en juego todas las concepciones que tienen las personas acerca de la educación, del conocimiento y de la profesión (Camilloni, 2001). Observando el contenido de las materias que integran el plan y su carga horaria, se puede establecer el énfasis recibido en la formación. Por ejemplo: humanista, técnico, historicista, didáctico, etc.

- *Estructura general:* da cuenta de la forma en la que está organizada la carrera. En la misma, las materias pueden presentarse en un listado, estar agrupadas por años, ciclos o por áreas temáticas. Sobre este punto, Camilloni (2001) señala que es indispensable establecer, en el diseño curricular, qué estudios recibirán el nombre de estudios de *grado* y cuáles el de *posgrado*, tratando de determinar con claridad, aunque provisoriamente, las diferencias entre ambos. Esta cuestión remite a la forma que se adopte para la estructuración de los estudios. Las alternativas que se ofrecen en la actualidad se definen, en general, en términos del número de *etapas o ciclos* en que están estructuradas. En cada una de las carreras se pueden diferenciar ciclos. Ciclos, etapas, bachilleratos, están apuntando a que haya ciclos comunes para distintas carreras, esto es, primeros ciclos con formación general y básica y alguna formación profesional agregada, en los primeros años de las carreras, comunes a varias carreras habilitando luego a segundos ciclos diferentes. Una estructura en *ciclos* obligaría a pensar cuáles son los propósitos de ese ciclo y si se distinguen ciclos diferenciados, determinar en qué se diferencian y qué propósitos tiene cada uno. Si se resolviera estructurar el programa de formación en *etapas* habría que resolver qué tipo de certificado o diploma se daría en cada una de ellas. Cuando no se piensa en la certificación que se otorgará es porque hay una idea borrosa del sentido de ciclo o de etapa curricular. Una alternativa se presenta cuando hay que resolver si se van a ofrecer estudios de grado con distintas orientaciones o si el programa de formación en el que estamos pensando va a ser un programa con una sola salida posible. Las orientaciones son opciones para el estudiante desde el punto de vista del diseño curricular. En la elección del sentido que puede darse a las orientaciones se dan dos posibilidades: el grado puede ser centrípeto y el posgrado centrífugo o, a la inversa, el grado puede ser centrífugo y el posgrado centrípeto. Esto significa que puede definirse de dos maneras distintas la relación entre grado y posgrado. Es *centrífuga en el grado* cuando se tiende a diferenciar desde las etapas iniciales. Pero esto también deviene, entre otras causas, de la historia de la profesión. Es *centrípeta en el grado* cuando todos los alumnos reciben la misma formación y, por lo tanto, todos reciben el mismo título. Por su parte, Zabalza (2006) señala que la estructura cíclica de las carreras resulta ser una vía interesante para flexibilizar los planes. Incluso destaca que la existencia mayoritaria (por lo menos en España) de carreras universitarias de cinco años facilita esta posibilidad de los ciclos: un primer ciclo de dos o tres años (que puede ser un tronco común a varias carreras) y un segundo ciclo de especialización de otros dos años. Esto permite a los estudiantes flexibilizar la propuesta y ajustar mejor sus preferencias pudiendo pasar de una carrera a otra con escaso esfuerzo.

- *Grado de apertura o cierre:* el *currículo cerrado* (Camilloni, 2001) es aquel que no da opciones a los estudiantes, en el que nada se puede elegir, ni materias, ni tiempos, ni secuencias de materias. Todo está establecido por lo que las decisiones curriculares le están vedadas al estudiante. Se llama materias optativas a aquellas asignaturas que pueden ser elegidas por los alumnos para cursar y que, por ende, no son consideradas obligatorias para cumplir el plan de la carrera. En este punto, no sólo es de interés reconocer su existencia o no en el plan, sino también la forma en que se ofrecen. Es decir, también es importante saber el grado de apertura o cierre del plan a través de un aumento de materias optativas y de qué forma se incorporan: en función de la ubicación en el plan de estudio (en qué ciclo de formación), según el grado de determinación (es decir, si son pre-establecidas o no por el departamento), y según el lugar de cursada o pertenencia (si se prefieren materias específicamente de la carrera o un contacto mayor con otras carreras, inclusive en otras facultades). Según Camilloni (2001, p. 44) "si decidimos incorporar materias optativas es porque son tan importantes como las obligatorias. Aunque el alumno pueda elegirlas o no, forman parte de los trayectos posibles. De otro modo sería como si uno dijera que este es un cimiento más importante y que aquel otro es menos importante. Dado que son todos cimientos, si no cumplen la función de cimientos no tiene objeto incluirlos. Y tampoco tendrían razón de ser si no tuvieran justificación teórica y práctica. Hay que poder balancear, entonces, el papel de las distintas materias porque de otro modo el diseño no estaría bien elaborado".

Sobre el tema, resulta interesante tener en cuenta los aportes realizados por Bernstein (1985), quien clasifica al currículum en dos tipos: uno de *colección (o de código serial)* en el que el encuadramiento y la clasificación son rígidos y fuertemente estructurados, y otro *integrado*, en el que el encuadramiento y la clasificación son flexibles, configurado en torno a ideas integradoras y con contenidos disciplinares en relación abierta y recíproca. Como señala al respecto, da Cunha (2001),

"... en los cursos universitarios que trabajan con conocimientos con mayor valor de mercado hay fuerte tendencia al predominio del currículum de colección... (...) Últimamente, en los que componen el espectro de las semi-profesiones hay una tendencia a aproximarse a las características del currículum integrado, aunque tengan una estructura de currículum de colección..." (da Cunha, 2001, p. 31).

Claramente en la Facultad de Filosofía y Letras se sigue este predominio del currículum de colección. Posiblemente, la tendencia a una mayor apertura de los planes de estudio, esté significando, una tendencia hacia un currículum más integrado.

- *Correlatividades:* se llama correlatividades a las disposiciones establecidas en el plan que señalan qué materia o ciclo debe cursarse (y aprobarse) antes de pasar al siguiente. Es decir, establece el orden en que deben cursarse los ciclos y/o materias. Según Camilloni (2001) hay diferentes grados de relación entre asignaturas: el de menor grado de relación entre asignaturas se denomina *correlación*. Señala la autora que:

"en estos casos hay una relación, pero esta relación es tan baja que no modifica ni la secuencia de contenidos ni la metodología de la enseñanza de cada una de estas materias, lo único que hace es aludir, usar algo de lo visto en la otra materia. Como grado de relación es muy bajo, tanto que no tendría necesidad de depender de que el currículo esté diseñado expresamente para que pudiera producirse tal correlación.

El docente, sin embargo, aun cuando deba trabajar con un currículo de asignaturas independientes, tiene obligación de hacer correlación. El docente debe hacer referencia a las cuestiones que el alumno aprendió en otras materias, a las que está viendo en otras materias o a las que va aprender en otras materias" (Camilloni, 2001, p. 40).

Este tema, es controvertido tanto para aquellas carreras que no las tienen (y desean tenerlas) como para aquellas que las tienen (y donde no se respetan o se consideran "trabas" para continuar la carrera). Asimismo, no sólo interesa saber si existen sino también cómo están aplicadas (entre asignaturas, entre ciclos, entre materias optativas y obligatorias, etc.). Es necesario señalar su sentido orientador en función de la naturaleza del contenido y la importancia que poseen en un plan a la hora de tener en consideración los aprendizajes previos de los alumnos y la construcción del conocimiento que se busca promover. Evidentemente estamos sosteniendo una postura cognoscitivista y constructivista. Estas ideas coinciden con la explicación que realiza Furlán (1989, p. 74) (tomando a otros autores) acerca del tema:

"...para aprender, un sujeto interactúa, en un proceso dinámico con un referente, vale decir, actúa sobre su objeto de estudio para asimilarlo, actúa utilizando la nueva información para resolver diferentes situaciones y en esta actuación reorganizar su experiencia en función del nuevo elemento...".

Díaz Barriga (1995), al plantear el tema del contenido y de su organización, también hace referencia a los aportes cognoscitivistas en la tarea de identificar los principales elementos subyacentes en lo que se puede definir como la estructura de un pensamiento y su relación con los conceptos con los que se presenta una disciplina para ser aprendida. Pero a la vez, no deja de mostrar los aportes que han realizado en el tema otras corrientes y movimientos a lo largo de la historia. Es decir, muestra que la elección y organización de los contenidos es un tema que debe abarcarse desde varias dimensiones y no restringirse únicamente a la psicológica. Al respecto dice, por ejemplo:

"Sin magnificar la cuestión del contenido y considerando su adecuada dimensión epistemológica, psicológica y didáctica, sostenemos que una perspectiva política enriquece notoriamente el abordaje de esta cuestión y cumple una función relevante en la organización de los planes y programas de estudio, y en la realización de la actividad educativa" (Díaz Barriga, 1995, p. 84).

Asimismo cabe destacar la tensión que se produce muchas veces en este asunto entre los señalamientos orientadores *flexibles* y la *rigidez* en la trayectoria curricular. Pero, en estos casos, es importante rescatar que estas situaciones no desmerecen su utilidad pedagógica (antes citada) sino que reflejan ciertas trabas o problemas organizativos de las carreras y de la institución. Muchas cátedras actúan de forma aislada e inconexa con el resto y por eso se toman a las correlatividades como un molesto requisito burocrático. En otros casos, se siente como una traba más para concluir la carrera, ya que la alarga, al no existir en la facultad disponibilidad de horarios y cátedras únicas que se dictan en un solo cuatrimestre.

- Requisitos para el título: se llama así o *requisito para concluir la carrera* a aquella/s instancia que se encuentra/n explicitada/s en el plan sin la cual/es no se puede obtener el título a pesar de haber aprobado todas las asignaturas establecidas. Generalmente, se debe cumplir con él luego de haber aprobado todas las materias que conforman el plan de una carrera. Los requisitos se especifican por carrera; de este modo se establecen:

a) Para obtener el título de Licenciado: la mayoría de las carreras piden como "requisito para concluir la carrera" el cursado de algún seminario y la realización de una tesis, lo que implica hacer una investigación y su posterior defensa. El "núcleo problemático" (Calvo, 2002) en este tema se encuentra en la discusión que se desarrolla en cada carrera sobre la necesidad o no de elegir la tesis como requisito para obtener el título y la calidad de las otras instancias (por ejemplo: seminarios, créditos de investigación, etc.) que se proponen para reemplazarla.

b) Para obtener el título de Profesor: en general, las carreras tienen, la posibilidad de cursar el profesorado, que consiste básicamente (más allá de las diferencias de cada plan) en el cursado de algunas materias pedagógicas y el desarrollo de una breve instancia de práctica de enseñanza en alguna institución. Quienes se reciben, están habilitados para ejercer como docentes en instituciones del nivel medio y superior en asignaturas pertinentes a su disciplina. Como señala Rodríguez Ousset (1994, p. 5):

"A diferencia de otros procesos formativos, la formación docente implica una capacitación en el campo del saber y una capacitación pedagógica; tiene, por tanto, un doble carácter".

Los alumnos obtienen la *capacitación en el campo del saber* al cursar la Licenciatura. La *capacitación pedagógica*, resulta mucho menor respecto a la formación recibida en su profesión de origen. Esto muestra cómo, tradicionalmente, la formación pedagógica ha quedado desvalorizada ante la formación en la disciplina. A diferencia de otros niveles del sistema, la universidad recluta a sus docentes entre quienes ella misma forma como profesionales en un campo determinado. Es decir, de alguna forma, es la propia universidad la que descuida la formación pedagógica de los futuros docentes de su institución. Probablemente esto se deba a que, como señala Lucarelli (1997, p. 14):

"la descalificación de lo 'pedagógico' y la insistencia en su reducción a los aspectos metodológicos y didácticos... impide redimensionar la pedagogía universitaria desde una mirada interdisciplinaria y admitir que impregna todos los espacios de la comunidad educativa".

Cabe pensar, que la mejora en este aspecto de la formación, no sólo ayude a formar mejores profesionales, sino también redundar en beneficios para la propia institución al ofrecer una mejor formación pedagógica a sus futuros docentes.

- Perfil del egresado: Camilloni (2001) plantea que, entre otras cuestiones, resulta de suma importancia la respuesta a la pregunta que se refiere al tipo de graduados que queremos formar. Esta respuesta debería guiar cada una de las decisiones que se toman durante un proceso de reforma. Un problema mayor es, en consecuencia, pensar cómo se relaciona la disciplina que cada uno de los docentes enseña con esta imagen que se tiene del graduado que, en términos generales, se quiere formar. Es este uno de los núcleos más complejos de resolver en relación con el diseño curricular. Díaz Barriga (1997) señala que en general los *perfiles profesionales* se elaboran como un conjunto de conocimientos, habilidades y actitudes definidos en términos operatorios, para su ejercicio profesional. Tales perfiles se refieren únicamente a los aspectos observables del comportamiento del sujeto y tienden a regular la orientación de un plan de estudios. El autor propone estructurar el currículo a partir del estudio de la *práctica profesional*. Este concepto reemplaza al del perfil del egresado, considerado como categoría abstracta y permite definir las prácticas sociales de una profesión, sus vínculos con una sociedad determinada y las condiciones históricas de la misma, implica una explicación más integral y diversificada de la realidad social y educativa. Según lo planteado por Follari y Berruezo (1981, p. 5),

  "es dable encontrar en nuestro medio que los planes de estudio de las carreras universitarias no tienen definido con claridad a qué perfil profesional responden. En algunos casos, la inexistencia de ese perfil es absoluta, de modo que en realidad no se sabe qué 'producto' se está elaborando con la actividad universitaria; en otros casos, el perfil es abstracto, presentado de manera difusa; en los mejores, encontramos una definición de las necesidades sociales que va a cubrir el profesional egresado, pero poco detallada y sin discriminación de las diferentes prácticas que, en el mismo momento histórico, ofrece una profesión".

Al respecto, Camilloni (2001) afirma que en las últimas décadas, sin embargo, se produjeron muchas transformaciones que incidieron en el trabajo académico y profesional: el acelerado avance científico y tecnológico, los grandes cambios producidos en las disciplinas, en el interior de cada una de ellas y entre las fronteras de las disciplinas, la creación de nuevas disciplinas, las mezclas de disciplinas, el trabajo con problemas interdisciplinarios, las modificaciones en los sistemas productivos y en las modalidades del ejercicio profesional han generado cambios muy profundos. Trabajar hoy en el campo de una profesión requiere nuevos conocimientos, nuevas competencias y nuevas formas de relación social. Todas estas transformaciones conducen, sin duda, a una modificación del campo de la educación superior. Varios autores señalan que el perfil de profesional que se está buscando formar está variando dado los cambios que ha sufrido el contexto social en el cual se encuentra inmerso. Gómez Campo y Tenti Fanfani (1982, p. 48), consideran que la complejidad de los problemas sociales hace que ninguna profesión en particular sea capaz de dar una respuesta global a los mismos.

"Lo que se trata de destacar es que las transformaciones sociales han roto la relación de correspondencia entre profesión y problema a resolver".

Silvio (1984, p. 8) plantea ya en su trabajo que

"en estrecha relación con los fenómenos de *explosión del conocimiento* y la *revolución informativa*, está la tendencia creciente hacia la interdisciplinaridad en la enseñanza y en la investigación".

Al respecto, Riquelme (2006, p. 1) señala que:

"No solamente la recomposición del aparato productivo, sino también la recomposición de una sociedad fragmentada, desigual y polarizada, demanda una formación de graduados de alto nivel".

Parece entonces necesario que las instituciones formadoras de profesionales tengan en cuenta esto y desarrollen en sus alumnos las habilidades necesarias para el trabajo en equipos interdisciplinarios ya sea para tareas relacionadas con la investigación de sistemas complejos como para la resolución de problemas sociales relevantes en ámbitos institucionales. Asimismo, es preciso que la formación se centre en la comprensión y respuesta a los problemas de su contexto histórico-social, en general y en su ámbito profesional en particular. Como señala de Alba (1998),

> "pensamos que es central en este momento pensar en un CCEC [campo de conformación estructural curricular] que permita la comprensión del papel social que juegan las profesiones y del fundamento social de las disciplinas que las sustentan. Una formación que permita el desarrollo de sujetos sociales capaces de comprenderse como producto y parte de la realidad histórico-social en la que viven y se desarrollan, capaces de comprender la complejidad de su propia cultura en la interrelación con las demás culturas en el mundo moderno" (de Alba, 1998, p. 111).

- Formación generalista o especializada: detrás de la organización de los planes en ciclos (general y orientado), se encuentra una discusión que se puede plantear como "generalización vs. especialización". Al respecto, Gómez Campo y Tenti Fanfani (1982) muestran cómo las profesiones han entrado en crisis en los tiempos actuales por diferentes factores sociales y de qué forma el extraordinario crecimiento y transformación del conocimiento científico y tecnológico disponible en las sociedades modernas han llevado al desarrollo y especialización del saber científico. El desarrollo científico-tecnológico constituye un fuerte estímulo para la especialización y la actualización permanente. Pero el proceso de especialización creciente no es visto por todos de manera absolutamente positiva. Los mismos autores, plantean que la fragmentación de los campos profesionales hace cada vez más difícil el trabajo cooperativo entre diversos especialistas que son convocados por las instituciones para resolver diversas problemáticas sociales,

> "porque la lógica del desarrollo de los campos genera distintos conjuntos de intereses, de actitudes, y por último de lenguajes, todo lo cual dificulta la comunicación y la interacción" (Gómez Campo y Tenti Fanfani, 1982, p. 52).

Rolando García (1991), señala algo similar al plantear que para muchas universidades e institutos de investigación la búsqueda de formas de organización que hagan posible el trabajo interdisciplinario surge como reacción contra la excesiva especialización, ya que consideran que tal especialización conduce a una fragmentación de los problemas de la realidad. Sin embargo, también se sostiene que son los especialistas los mejor formados para la investigación ya que aprenden a explorar en profundidad algún problema específico o parte de un problema. Situándose desde otro punto de vista en esta discusión, Boaventura de Sousa Santos (1995), al plantear la crisis de la hegemonía de la universidad como productora de la alta cultura y del conocimiento científico avanzado, toma en cuenta la relación educación-trabajo y la ubicación de la universidad en la misma. De esta forma, señala que la universidad no consigue mantener el control de la formación profesional: por un lado, por la multiplicación de instituciones (de menores dimensiones y más flexibles) que ofrecen formación profesional, y, por otro lado, por la mutación constante de los perfiles profesionales, que lleva a recuperar la formación general y la formación cultural de tipo humanista. Es decir, frente a las incertidumbres del mercado laboral se considera cada vez más importante una formación cultural sólida y amplia. Se piensa así en un regreso a la formación generalista considerada ahora como la posibilidad de un desempeño pluri-profesional. Un planteo semejante realiza Muñoz Izquierdo (1993), quien también estudia la relación entre el mundo económico y laboral con la función de la universidad en la formación de profesionales. Allí plantea que ante los cambios económicos y del sistema productivo y laboral, los institutos de enseñanza superior (entre ellos la universidad) pueden contribuir a la formación de profesionales mediante estrategias educativas encaminadas a desarrollar las habilidades y competencias fundamentales necesarias en los distintos campos ocupacionales. Ello implica, según el autor, abandonar la prematura especialización (así como la estrechez del campo ocupacional inherente a la misma).

- Articulación teoría y práctica: ya se ha dedicado un apartado específico en el presente capítulo a este tema. Igualmente, vale recordar que existen dos posturas que consideran la relación teoría y práctica. Elisa Lucarelli (1994, p. 13) señala que una es aquella que presenta una visión dicotómica donde, teoría y práctica son

> "visualizadas como esferas independientes del conocimiento, con diferente valoración y reconocimiento y susceptibles apenas de una mínima relación secuencial (de esta forma), (...) los momentos dedicados a las prácticas sirven para la 'aplicación' de aquello que se ha trabajado teóricamente".

La otra postura presenta una visión dinámica y hace referencia a una articulación dialéctica entre ambos elementos a los que considera partes inseparables de una misma unidad. Ante estas dos posturas existentes, fundamentadas en perspectivas epistemológicas contrastantes, se busca conocer en cuál de las dos se sustenta la ubicación de la práctica en el plan de estudio. También, en este punto, se hace alusión a los momentos que se encuentran previstos dentro de alguna asignatura o al finalizar el plan para acercarse al campo y a la práctica del rol profesional para el cual se lo está formando. Elisa Lucarelli (2009a), señala que se pueden distinguir dos formas de manifestarse la articulación teoría y práctica: una como práctica profesional y otra como estrategia metodológica en el desarrollo de toda situación de enseñanza y aprendizaje. Cabe señalar que, en el análisis del plan de estudios, se hace referencia específicamente al primer sentido, donde la práctica profesional aparece como un elemento definitorio en la incorporación de los problemas significativos que afectan al ejercicio profesional vigente en un campo determinado. Es así como pueden preverse en el plan de estudios: pasantías, residencias, trabajos de campo y otras formas que acerquen al alumno al ejercicio de su rol profesional. El otro sentido de la articulación teoría y práctica generalmente no tiene presencia explícita en la propuesta y se manifiesta prioritariamente en el curriculum en acción.

- Instancias curriculares de formación en investigación: tal como se señaló, en este trabajo se busca la existencia de instancias curriculares que explícitamente promuevan la formación en investigación, observando si las mismas son obligatorias u optativas. Su ubicación dentro del plan de estudios, nos permite pensar acerca de qué manera se concibe la investigación dentro de la carrera y qué importancia se le da a la misma. Un punto relacionado que toman en cuenta varios autores al pensar en el currículum universitario es la relación entre enseñanza e investigación. Como dice da Cunha,

  > "pensar la enseñanza indisociada de la investigación es pensarla a partir de una lógica diferente a la tradicional. Podemos tomar cualquier camino posible para la realización de una investigación, pero es forzoso admitir que no hay investigación sin duda o sin cuestionamiento. Esto significa afirmar que la investigación tiene a la duda como principio pedagógico. Y la duda, a su vez, nace de la lectura de la práctica del cuerpo de conocimientos que el estudiante se propone entender. En la lógica tradicional del currículum, donde la práctica se coloca en el vértice final de los cursos, no hay espacio para el apren-

dizaje de la enseñanza como investigación, simplemente porque la lógica de la organización curricular impide este acontecimiento...” (da Cunha, 1998, p. 29).

Como se observa, el cambio de la ubicación de la práctica y de la investigación en el plan de estudio, permitiría una serie de modificaciones que no sólo favorecería un mayor contacto el estudiante con su futura práctica profesional, sino también el logro de un aprendizaje más significativo.

Desde esta perspectiva didáctica, se hace necesario también indagar el currículum en acción, es decir, lo que ocurre dentro de las aulas. Por lo tanto, otro aporte a tener en cuenta es la línea teórica desarrollada en la misma unidad académica, en cátedras de la Facultad de Filosofía y Letras, por el equipo que dirigió Edith Litwin en el Programa del IICE: “La psicología cognitiva y la didáctica del nivel superior”.

De su amplio trabajo, es necesario destacar el concepto de *configuraciones didácticas* que lo ha definido como *la manera particular que despliega el docente para favorecer los procesos de construcción del conocimiento.* Esto implica un desarrollo elaborado en el que se pueden reconocer los modos en que los docentes abordan múltiples temas de su campo disciplinario y que se expresan en el tratamiento de los contenidos, el particular recorte de los mismos, los supuestos que maneja respecto del aprendizaje, la utilización de prácticas metacognitivas, los vínculos que establece en la clase con las prácticas profesionales involucradas en el campo de la disciplina que se trata, el estilo de negociación de significados que genera, las relaciones entre la práctica y la teoría que involucran lo metodológico y la particular relación entre el saber y el ignorar. Las configuraciones didácticas evidencian una clara intención de enseñar, de favorecer procesos de construcción de pensamiento y, por tanto, se distinguen con claridad de aquellas configuraciones no didácticas, que implican sólo la exposición de ideas o temas, sin tomar en consideración los procesos del aprender (Litwin, 1997).

Como plantea Litwin al hacer referencia a la agenda de la Didáctica (en Camilloni, 1998a, p. 93):

> “En la década de los ’70 se consolidaron algunas dimensiones de análisis de la didáctica, tales como objetivos, contenidos, currículum, actividades y evaluación. Estas dimensiones (con algunas variantes, según los casos) para nosotros constituyen, junto con las cuestiones del aprendizaje, la agenda clásica de la didáctica, que ha sido revisada, a partir de esta década, desde una perspectiva fundamentalmente

crítica. A partir de la década del '80 y en lo que va de la década del '90, el campo de la didáctica como teoría acerca de la enseñanza, nos muestra una serie de desarrollos teóricos que dan cuenta de un importante cambio en sus constructos centrales. Numerosos trabajos condujeron, también a revisiones profundas de las dimensiones de análisis antes citadas".

Dimensiones de análisis del currículum en acción

De todas las dimensiones de análisis propias de la Didáctica, en este trabajo se han tomado algunas para analizar el currículum en acción que han surgido del proceso espiralado entre recolección de la información, análisis y triangulación de la misma. Ellas son:

- *Historia de la cátedra.* Esta categoría, permite la contextualización histórica al poder observar cuándo y cómo surgió la materia. Asimismo, se puede establecer si ha cambiado el nombre de la asignatura en los diferentes planes de estudios, teniendo en cuenta que esa variación puede implicar una modificación en el enfoque. Este punto es propio de la mirada teórica que se sustenta desde una perspectiva Didáctica Crítico-Fundamentada (Lucarelli, 2001). Al respecto Candau (2001, p. 17) señala:

  "Toda práctica social es histórica, y en ese sentido, se orienta para la dominación o para la liberación. La educación es una práctica social, está vinculada a un proyecto histórico. Y solamente a partir de una visión contextualizada e historizada de la educación, es que podemos repensar la Didáctica y re-situarla en conexión con una perspectiva de transformación social, con la construcción de un nuevo modelo social".

- *La intencionalidad formativa.* La revisión de los documentos curriculares confeccionados por la cátedra resulta de importancia: programa (considerando la fundamentación, objetivos, contenidos, etc.) y cronograma. También es relevante considerar la coherencia entre lo escrito en esta documentación y lo expresado en las entrevistas. Se busca establecer qué es lo que la cátedra pretende aportar a la formación de los alumnos en la formación en investigación. Araujo (2006, p. 118) presenta una síntesis de las cuestiones más importantes que justifican el abordaje de la programación de la enseñanza como una categoría en el ámbito de la didáctica. Entre esos puntos señala que:

  "la programación constituye un instrumento de trabajo de docentes y alumnos que sintetiza la finalidad e intencionalidad que caracteriza la práctica docente y, por consiguiente, no es un mero instrumento formal o burocrático de la práctica educativa".

A su vez, Feldman (2010) plantea que hay tres razones que pueden apoyar la importancia de programar. La primera razón es que la enseñanza es una actividad *intencional* y siempre tiene *finalidades*. Entonces, es necesario asegurar de algún modo que estas finalidades sean cumplidas o, si es el caso, cambiarlas. La segunda razón, es que siempre se opera en situación de restricción. Para empezar, restricciones de tiempo. La programación es un medio para buscar el mejor balance entre *intenciones* y restricciones. La última razón para programar, es que la enseñanza, aparte de tener *propósitos* y operar con restricciones, siempre opera en ambientes complejos por la cantidad de factores intervinientes y por el ritmo en el cual esos factores concurren.

- *La organización de la enseñanza.* Se considera esta categoría teniendo en cuenta los espacios de formación existentes a nivel institucional. Generalmente en la universidad se encuentra organizada la enseñanza en dos espacios diferenciados: teóricos y prácticos. También pueden encontrarse cátedras que plantean espacios teórico-prácticos y en otros casos, se introducen talleres, ambos con la intencionalidad de lograr una mayor articulación teoría y práctica en los procesos de enseñanza y aprendizaje. Según comenta Buchbinder (1997), en la Facultad de Filosofía y Letras la primera ordenanza sobre creación de cursos de trabajos prácticos fue dictada en 1926. En los considerandos se establecía que el objetivo de los cursos de trabajos prácticos y lecturas comentadas residía en eliminar la tendencia de los alumnos de la época a estudiar solamente con los apuntes tomados de la clase del profesor titular.

  En muchos casos se presenta disociación entre las instancias teóricas y prácticas. Elisa Lucarelli (1992), en la propuesta preeliminar de un modelo de evaluación curricular para la Facultad de Medicina de la UNT, señala que

  > "...si bien todas las asignaturas organizan sus actividades en clases teóricas y prácticas, la cotidianeidad pedagógica muestra, la mayoría de las veces, la disociación entre ambas modalidades..." (Lucarelli, 1992, pp. 11-12).

  Precisamente ésta es la situación que parece necesario revertir, "propiciando la integración del conocimiento, permitiendo una fluida relación entre los contenidos y las metodologías desde el comienzo de la carrera" (Lucarelli, 1992, pp. 11-12), buscando, aprendiendo e implementando efectivamente, modalidades de enseñanza y aprendizaje (la tradicional de teóricos y prácticos, seminarios, talleres, etc.) que intenten garantizar que el proceso de enseñanza y aprendizaje no se centre en la exposición del profesor únicamente, sino que responda a concepciones activas, constructivistas y críticas del aprendizaje y la práctica docente.

En este trabajo se pretende analizar los espacios destinados a la puesta en práctica de las propuestas de enseñanza y de esta manera identificar cuáles son las estrategias que se utilizan, cómo se seleccionan y organizan los contenidos, cuáles son los recursos materiales a los que se recurre y las dinámicas de clase que se seleccionan, considerando que es en el proceso comunicativo del aula donde se pone en juego un determinado rol de docente y de alumno.

Siguiendo la línea de lo planteado por Alonso y Sanjurjo (2008, p. 101) se puede afirmar que son diversos los *dispositivos* que utiliza el docente para organizar y concretar sus clases. Se entiende por dispositivo a los espacios, instrumentos, mecanismos o engranajes que facilitan, favorecen o pueden ser utilizados para la concreción de un proyecto o resolución de alguna problemática. El término *estrategia* hace referencia al conjunto de procesos y secuencias didácticas que el docente va regulando para concretar los objetivos previstos en sus clases. Las *secuencias didácticas* consisten en una serie articulada de recursos, procedimientos y actividades que el docente propone a sus alumnos para concretar la transposición didáctica, la apropiación del contenido por parte del alumno. Cuando se habla de *recursos* se hace referencia a las apoyaturas materiales de la enseñanza: pizarrón, películas, material de laboratorio, computadora, textos, entre otros.

Con esta categoría se hace alusión a las formas de organización pedagógica y espacio-temporal que adoptan las asignaturas para que los alumnos las cursen. Estas modalidades se encuentran ligadas a la concepción subyacente acerca de qué significa enseñar y aprender y a las estrategias que se decidan utilizar para abordar la enseñanza. Como ya se ha señalado en párrafos anteriores, la forma habitual de organización de las asignaturas es en instancias presenciales que se dividen en horas de teórico y horas de práctico. Castro y Gardey (1999) las caracterizan diciendo que generalmente las clases teóricas tradicionales suelen ser exposiciones orales acompañadas de algunos recursos audiovisuales (diapositivas, láminas y esquemas en el pizarrón), donde el alumno presencia y escucha el desarrollo del discurso del profesor siguiendo en silencio el hilo del pensamiento del docente. En este tipo de clases los estudiantes pueden tener la oportunidad de preguntar o participar de una pequeña discusión, pero por lo general, no hacen otra cosa que escuchar y tomar notas.

Como señalan varios autores, la estrategia de enseñanza predominante en las aulas del nivel superior es la clase *expositiva*. En ella, los estudiantes reciben información pasivamente suministrada por los docentes de una manera (presumiblemente) organizada. La popularidad de las clases expositivas puede remontarse a dos factores (Eggen y Kauchak, 1999). Por un lado, las clases expositivas son económicas en términos de planificación: la energía puede dedicarse a organizar contenidos; por el otro, las clases expositivas son flexibles, es decir, pueden aplicarse a la mayoría, sino a todas las áreas de contenido. El propósito fundamental es transmitir determinados contenidos teóricos a través de un discurso que posee una lógica determinada. Los mismos autores también señalan que las clases expositivas tienen dos problemas: primero, promueven el aprendizaje pasivo y alientan a los alumnos a la mera tarea de escuchar y absorber información, pero no necesariamente a interrelacionar ideas; el segundo problema, es que el docente no puede, en el curso de la clase, evaluar la comprensión de los alumnos o el progreso del aprendizaje. La exposición, como estrategia de enseñanza, está centrada en el docente, lo que quiere decir que el docente desempeña un rol primordial en la estructuración del contenido, la explicación del mismo y el uso de ejemplos para incrementar la comprensión por parte de los alumnos.

Como una de las alternativas a este tipo de clases, Finkelstein (2008) plantea la exposición dialogada y el uso del interrogatorio didáctico donde buscar la participación del alumno en el proceso educativo responde a un modelo pedagógico que enfatiza el proceso de interacción entre dos personas. El desarrollo que realiza la autora permite detenernos a pensar ventajas y desventajas de cada estrategia, como así también analizar los tipos de pregunta que un docente utiliza en el momento de dar su clase (abiertas, cerradas, diagnósticas, evaluativas, etc.).

Como señala Ysunza Breña (1993) existen, por supuesto, modalidades que intentan garantizar que el proceso de enseñanza y aprendizaje no recaiga en la exposición del profesor, sino que respondan a concepciones activas, constructivistas y críticas del aprendizaje y de la práctica docente. Es así que también podemos encontrar otras alternativas de organización: seminarios, taller, espacios de consultoría o tutoría, etc. Al hablar de seminario, se hace referencia a aquellas instancias que, como dice Lafourcade (1980, pp. 116-117), permiten "analizar e investigar en profundidad una determinada temática". Esta modalidad ayuda a los alumnos a ejercitarse tanto en las técnicas de la información y del quehacer intelectual o práctico, como en la metodología de la investigación. Según comenta Buchbinder (1997), una medida importante para introducir técnicas y hábitos de investigación en la Facultad de Filosofía y Letras fue la creación de los cursos de seminario. La primera ordenanza en tal sentido fue dictada en diciembre de 1924. El taller, por su parte, es una modalidad "que pretende lograr la integración de teoría y práctica través de una instancia que ligue al alumno con su futuro campo de acción y lo haga empezar a conocer su realidad objetiva" (Barros, 1986, p. 6) logrando al final de su desarrollo la concreción de un producto. En cambio, los espacios de consultoría y tutoría son utilizados para la profundización de determinadas temáticas con la guía de una persona experimentada o un especialista, y suelen culminar en la elaboración de un informe (Barros, 1986). Otro aspecto que también aparece ligado a la organización es establecer la frecuencia de los encuentros, los cuales suelen ser presenciales (semanales), semi-presenciales (cada 15 ó 20 días) o a distancia.

Específicamente en el aula universitaria, Finkelstein (2008) señala que los procesos de enseñar y aprender están mediados por el tipo de comunicación que se establece entre los actores que intervienen. El proceso de comunicación en el aula está conformado por elementos de índole individual y social, con carácter material y simbólico. No es un proceso lineal de intercambio, sino que está sujeto a gran número de mediaciones que lo determinan. La comunicación como proceso articulado con la enseñanza se pone en acción en todas las modalidades de trabajo descriptas.

- *La evaluación*. Se entiende a la evaluación desde un sentido amplio: "evaluar significa valorar, abrir un juicio de acuerdo con una escala de valores" (Sanjujo y Vera, 1994, p. 125). Camilloni (1998b) plantea que evaluar consiste en principio en emitir juicios de valor acerca de algo, objetos, conductas, planes. Estos juicios tienen una finalidad: la evaluación no tiene un fin en sí misma. No se evalúa por evaluar. Se evalúa para tomar decisiones con respecto a la marcha de un proceso. Entre las clasificaciones existentes Sanjurjo y Vera (1994, p. 134) distinguen la evaluación sumativa y la evaluación formativa. La evaluación sumativa consiste en determinar si se han alcanzado o no las intenciones educativas y en medir los resultados para cerciorarse que alcanzan el nivel exigido. La evaluación sumativa que tiene lugar al final de un ciclo (tema, unidad, curso) conduce a la acreditación, pero no debe confundirse con ella, pues aun de no existir la necesidad de acreditación, la evaluación sumativa es necesaria como control de los logros realizados y como información para docentes y alumnos. La evaluación, para ser educativa o formativa, debe ser realizada durante el proceso de enseñanza y aprendizaje, y debe posibilitar la toma de conciencia de los procesos realizados, de los errores, de las dificultades, de los modos de aprender y tender a la autoevaluación. Esta clasificación resulta pertinente a esta investigación y es tomada en cuenta para el análisis de las cátedras estudiadas.

- *La articulación teoría y práctica.* Teniendo en cuenta lo ya planteado en este marco teórico, en este punto se hace referencia a una de las formas de considerar a la práctica específicamente. Elisa Lucarelli (2009a) señala que se pueden distinguir dos formas de hacer referencia a la articulación teoría y práctica: una como práctica profesional y otra como estrategia metodológica en el desarrollo de toda situación de enseñanza y aprendizaje. Cabe señalar que en el análisis de las cátedras se hace referencia específicamente al segundo sentido de esta articulación (como estrategia metodológica en el desarrollo de toda situación de enseñanza y aprendizaje) y especialmente se busca establecer cuáles son las modalidades particulares de manifestación que aparecen en las cátedras estudiadas.
- *Dificultades de los alumnos que percibe la cátedra.* Con esta categoría se espera conocer cómo percibe la cátedra a los alumnos y qué dificultad ven en ellos para llevar a cabo la propuesta de la cátedra. Como señala Alonso y Sanjurjo (2008)

  "El reconocimiento de su protagonismo, o al menos de su co-protagonismo junto al profesor en el proceso de enseñanza y aprendizaje, ha revalorizado sin duda la necesidad de conocerlos mejor (...) quizás lo más importante sea comprender que no son pocas las dimensiones que debemos atender con la intención de reconocer a los estudiantes" (Alonso y Sanjurjo, 2008, pp. 53-55).

En síntesis, este trabajo aborda a la situación curricular desde una Perspectiva Didáctica Fundamentada Crítica que analiza esta realidad como una complejidad que debe estudiarse desde múltiples dimensiones para su mejor comprensión: lo prescripto y su puesta en acto. Y que, como tal, busca no sólo entender el porqué de lo que ocurre, sino también la intervención en la realidad estudiada. Esto implica pensar en el currículum no sólo como un elemento importante de análisis y reflexión de la realidad actual de cada carrera y de la universidad en general, sino también como una herramienta fundamental de cambio. En este sentido, es preciso encaminarse en la ruptura de lo que Carlos Ornelas Navarro (1982) llamó: *concepción tubular y bancaria*[6] *de las licenciaturas universitarias*, es decir, una estructura curricular que reproduce una forma de pensar fragmentada, con un marcado acento en la especialización cada vez más estrecha, donde el estilo docente es verbalista y con poca investigación siendo menos aun la que está encaminada a resolver problemas concretos que afectan a las grandes mayorías del país.

Es imprescindible que esta tarea de reforma sea encarada a través de la participación real[7] de todos los actores involucrados, para reafirmar y promover las ideas centrales de una universidad autónoma, democrática y con calidad educativa. Esta calidad y eficiencia necesita de la estrecha relación entre los tres pilares de universidad: la docencia, la investigación y la extensión. Esto significa, de parte de la institución no sólo lograr excelencia en la formación de profesionales sino también comprometerse con la transformación social que exige prácticas que favorezcan a la mayoría de la población del país.

c) La formación en investigación

Para desarrollar este punto resulta necesario explicitar lo que en esta obra se entiende por formación, formación en investigación y por investigación científica incluyendo algunas discusiones epistemológicas.

Para comenzar con el primer término, Beillerot (2006, p. 20) señala que el eje de la *formación* privilegia la relación entre el formador y el formado, donde el trabajo del formador consiste en establecer e implementar procedimientos que le permiten al alumno aprender. Los aportes de Ferry (1997) para definir el concepto de formación nos ayudan a pensar el tema. El autor se plantea lo siguiente:

---

6 Término tomado de la conceptualización realizada por Freire.

7 Considero el término "participación real" diferenciándolo de "participación simbólica" tal como es definido por María Teresa Sirvent (1999, p. 129) a través de sus investigaciones. Según la autora, "la forma real de participación cuando los miembros de una institución o grupo influyen efectivamente sobre todos los procesos de la vida institucional y sobre la naturaleza de sus decisiones". Contrariamente, "la participación simbólica se refiere a acciones que ejercen poca o ninguna influencia sobre la política y la gestión institucional y que generan en los individuos y grupos la ilusión de un poder inexistente" (1999, p. 129).

"Entonces, ¿qué es la formación? Es algo que tiene relación con la forma. Formarse es adquirir una cierta forma. Una forma para actuar, para reflexionar y perfeccionar esta forma. (...) Este desarrollo personal que es la formación consiste en encontrar formas para cumplir con ciertas tareas para ejercer un oficio, una profesión, un trabajo, por ejemplo. Cuando se habla de formación se habla de formación profesional, de ponerse en condiciones para ejercer prácticas profesionales. (...) El sujeto se forma solo y por sus propios medios. (...) Uno se forma a sí mismo, pero uno se forma sólo por mediación. Las mediaciones son variadas, diversas. Los formadores son mediadores humanos, lo son también las lecturas, las circunstancias, los accidentes de la vida, la relación con los otros..." (Ferry, 1997, pp. 53-55).

Barbier y Galatanu (2004) distinguen entre enseñanza, formación y profesión. Los autores señalan que en la enseñanza el objetivo es la transmisión de saberes para la apropiación por parte de los alumnos. En cambio, la formación se centra en el desarrollo de capacidades en el sujeto de formación, que luego serán transferibles a la vida laboral. En la profesión, por otra parte, lo central son las competencias que surgen en el trabajo, en los desempeños propios del contexto laboral.

Con respecto a los ámbitos de formación, los autores señalan que se trata de

"contextos educativos que, a diferencia de los espacios de enseñanza, no se presentan como centrados sobre los saberes comunicados, sino sobre los sujetos aprendices. (...) Todos estos espacios tienen un punto en común: poder ser analizados como espacios específicos caracterizados por una intención dominante de producción de nuevas capacidades o actitudes susceptibles de ser transferidas a otros espacios".

En estos ámbitos,

"el 'agente socializador' ya no es más designado como un enseñante o como un personaje caracterizado por su función de transmisión, sino como un formador o un educador del cual se dice antes que nada es un organizador de situaciones de aprendizaje. El público-objetivo no es ya más designado en términos privativos o acusando una posición de recepción, sino en términos valorizando su actividad de aprendizaje: aprendiz (que reemplaza el termino de enseñado, prácticamente abandonado por los didácticos)..." (Barbier y Galatanu, 2004, p. 15).

Al respecto, Ickowicz (2004) sostiene la presencia, en el ámbito de la universidad, de por lo menos dos modelos formativos. Por un lado, aquel ligado a la formación en el trabajo, al que llama *Modelo Artesanal* (denominación que alude al modo de formación en los modelos medievales), por ser una formación que se realiza en el propio contexto de la producción, siendo el trabajo y la experiencia en torno a él el núcleo a partir del cual se desarrollarán los demás aprendizajes. Sus unidades organizativas básicas son las ayudantías y las adscripciones. Dentro de estos espacios se siguen sosteniendo rasgos del modelo del artesanado: elección mutua entre maestro y el discípulo, una enseñanza y un aprendizaje en el propio contexto de producción, una adecuación de los procesos de enseñar y aprender que surgen de los problemas específicos del trabajo sin programas preestablecidos, es decir, un espacio en el que se contratan y acuerdan trayectos formativos.

Por otro lado, la autora denomina *Modelo Escolar* aquel cuya formación se caracteriza por definir el recorrido que realizará el aspirante, de modo previo a su ingreso e independientemente de él, con un tiempo preestablecido y un número preciso de asignaturas en las que se sistematizan y ajustan unos conocimientos determinados. La formación se caracteriza por un recorrido en el que intervienen diversos maestros, unos contenidos y modos de trasmitirlos predeterminados en el que se fijan tiempos y espacios separados de los espacios de la producción. Estos rasgos, constituyen el recorrido típico de la formación en las diversas carreras (Ickowicz, 2004, pp. 14-15).

Si pensamos en la formación en investigación específicamente, algunos autores plantean que: "La formación de investigadores es... un quehacer académico que tiene por objetivo el enseñar a investigar" (Sánchez Puentes, 1987, p. 56). A su vez, "enseñar a investigar consiste ante todo en la transmisión de saberes teóricos y prácticos, de estrategias, habilidades y destrezas" (Sánchez Puentes, 1995, p. 91).

El autor agrega al respecto que enseñar a investigar es mucho más que transmitir un procedimiento o describir un conjunto de técnicas. Enseñar a investigar, se ha visto, consiste en: (1) fomentar y desarrollar una serie de habilidades y actitudes propias de la mentalidad científica; (2) capacitar y entrenar en algunas formas probadas de generar conocimientos, pues el quehacer científico es un *habitus* con una larga tradición que recoge sus especificidades en cada campo científico y se singulariza en los rasgos característicos de la institución que forma, y (3) transmitir el oficio de productor de conocimientos. Por lo tanto, al hablar del oficio de investigador se apunta al *know how* del quehacer científico, entendido como un conjunto de saberes, estrategias y habilidades básicas. En ese sentido, los saberes del arte maestro del oficio de investigador son saberes prácticos: el saber práctico no es meramente conceptual ni contemplativo, es además un saber que busca el logro de su objetivo en la acción. Así, el oficio de investigador se constituye justamente en saber organizado, mediatizado y fundando todos los quehaceres y operaciones que conforman la generación de conocimientos.

Tal como señala Pedro Krotsch (2003, p. 7), entre las notas que mejor caracterizan a la universidad está la expansión disciplinaria, *la investigación* y la libertad, así como la autonomía de la que ha sido beneficiaria esta institución educativa.

Guadalupe Moreno Bayardo (2000, p. 1) señala que la *formación para la investigación* es conceptualizada como un quehacer académico consistente en promover y facilitar, preferentemente de manera sistemática, el acceso a los conocimientos y el desarrollo de las habilidades, hábitos y actitudes que demanda la realización de la práctica denominada investigación.

En torno al interrogante acerca de cuál es la modalidad a desarrollar para enseñar a los estudiantes universitarios de grado a investigar, frecuentemente ha sido respondido diciendo que *a investigar se aprende investigando.* No obstante, al respecto, Borsotti, Clavero y Palermo (1989, p. 56) sostienen que es necesario incluir explícitamente entre los objetivos, no sólo de los planes de estudio sino de todas las asignaturas (y no sólo la metodología), la capacidad de problematizar y de desarrollar problemas, la capacidad de lectura reflexiva y crítica de investigación y de utilizar sus resultados.

Tal como lo plantean Geltman y Hintze (1987), la *formación en investigación* resulta central para continuar con la producción de conocimiento científico y a partir de ahí el desarrollo de estrategias que permitan accionar sobre la realidad social. Desde hace tiempo, se plantea teóricamente (Borsotti, 1989) que no resultan suficientes los cursos de metodología que otorga una carrera para formar a un investigador y que hay que propiciar otros espacios con esos propósitos, tales como su integración en equipos de investigación, su participación en todas las tareas de investigación y la realización de seminarios y talleres de objetivación de la práctica cotidiana en una articulación continua entre teoría y práctica. Tanto los planteos teóricos como la demanda de los estudiantes coinciden en la necesidad de aprender a investigar investigando.

Formar en investigación en la carrera de grado no se logra únicamente a través de uno o dos cursos de metodología aislados a lo largo del plan de estudio y la realización de una tesis al final de la carrera. Se necesita de una organización curricular que brinde diferentes espacios de formación en investigación a lo largo de la carrera de grado que permitan introducir al alumno en lo que implica la tarea de investigar, sistematizar ciertas habilidades y conceptos y la posibilidad de aprender investigando junto a expertos investigadores en los temas.

Al respecto, Coiçaud (2008, pp. 106-110) señala que la desarticulación entre docencia e investigación ha llevado a muchas instituciones de este nivel universitario a reflexionar acerca de la necesidad de modificar los planes de estudio vigentes para incorporar en los mismos contenidos relacionados con la investigación. Sin embargo, dado que esta actividad continúa siendo una "tangente" en el funcionamiento académico de las universidades, las alternativas encontradas para solucionar este problema aún no han podido abordarlo en su totalidad. En general, en la mayoría de las universidades se ha intentado formar a los alumnos en las herramientas básicas de la investigación incorporando alguna asignatura. La autora sostiene que en algunos casos se sustenta, desde este modelo, una concepción tecnocrática acerca de la producción de conocimiento y de los procesos de enseñanza y aprendizaje, dado que se pretende que una sola asignatura brinde los contenidos y desarrolle las habilidades necesarias para investigar, a modo de receta universal apta para todos.

En la misma línea, la autora (Coiçaud, 2008) también advierte que pueden existir actitudes cuestionables por parte de los profesores investigadores que incorporan alumnos en sus proyectos de investigación sin asumir el nivel de compromiso que la formación de los mismos conlleva. Por ejemplo: el vínculo que se establece entre los alumnos y el investigador, la cantidad de alumnos cursantes y el hecho de que muchas veces los alumnos terminan realizando las actividades que insumen más tiempo en la investigación, tales como hacer observaciones, tomar encuestas y entrevistas, desgrabar y tipear información, sin llegar a comprender en profundidad el sentido que tienen estas tareas que deben cumplimentar.

Óscar Soria Nicastro (2003, pp. 68-69) defiende la idea de enseñar a investigar desde la carrera de grado y sostiene que:

> "(...) se considera que no debería esperarse hasta el posgrado para proceder a instrumentar una etapa propedéutica del estudiante en la investigación. Las razones se basan en la realidad de lo que acontece en la universidad latinoamericana. En primer lugar, porque en el nivel del posgrado nos topamos con la estéril tarea de remediar lo que no se hizo en el nivel académico anterior, labor en la que se desperdician enormes recursos humanos, monetarios y tiempo. En segundo lugar, la docencia de la investigación en el posgrado reduce enormemente las posibilidades de desarrollar en el estudiante sus capacidades en esta área. Y, en tercer lugar, la situación dominante constituye un grupo

reducido de 'iniciados' en las sectas esotéricas de la investigación (con su argot, ritos y reglas) en la que sólo tiene cabida un número selecto de escogidos".

El autor argumenta que si se acepta que la ciencia debe adquirir carta de ciudadanía nacional, también debe aceptarse que deba ser democrática en cuanto a la igualdad de oportunidades.

> "Es cierto que no todos los estudiantes nacieron para la investigación (si es que se nace para investigador, maestro o administrador), pero también lo es que es provechoso para la universidad, la ciencia y la sociedad ofrecer la oportunidad de desarrollar capacidades investigativas: creatividad, crítica, análisis, síntesis, rigor, disciplina, objetividad, responsabilidad, pertinencia, etc. a todos los jóvenes que ingresan a la universidad. (...) Actualmente, en cada carrera universitaria el estudiante recibe estímulos (aislados, dispersos) destinados, directa o indirectamente, a desarrollar tales disposiciones deseables. La propuesta es no estar librados o supeditados al capricho del azar, sino provocar intencional y sistemáticamente tal estimulación" (Soria Nicastro, 2003, pp. 68-69).

Siguiendo la misma línea donde se cree necesaria la formación en investigación en la carrera de grado, autores como Gibaja (1987) y Borsotti (1989) se preguntan acerca de cómo lograr que el currículo universitario de grado incluya explícitamente que los alumnos logran desarrollar la capacidad de observar y problematizar, la capacidad y la valoración positiva de la actualización permanente en el conocimiento y el método científico, así como la capacidad de utilizar dichos conocimientos y métodos en su práctica profesional.

Sobre la formación en investigación en grado y posgrado universitarios, Sirvent y Monteverde (2016) sostienen que las prioridades docentes hacen referencia a una doble intencionalidad: por un lado, estimular en los estudiantes los rasgos centrales del alma y el corazón de la ciencia: la creatividad, la libertad, la autonomía, el pensamiento reflexivo y crítico y el compromiso social; y por el otro, generar estrategias de trabajo que le posibiliten traducir conceptos vertebrales en procedimientos metodológicos que orienten la toma de decisiones de sus diseños de investigación, consistentes con los conceptos.

En otras palabras, las autoras postulan como propuesta central poner en acto los principios de una didáctica fundamentada que concibe la relación teoría y práctica como principio rector de los procesos de enseñanza y aprendizaje. Por ejemplo, en el caso de los espacios de formación, la construcción del diseño de investigación se convierte en un espacio privilegiado para una práctica de la toma de decisiones del oficio de investigar que articule teoría y empiria.

Sirvent y Monteverde (2016) también plantean que la puesta en acto de estos propósitos vertebrales enfrenta a los docentes, fundamentalmente, a tres desafíos didácticos: el primer desafío tiene que ver con generar condiciones para que los estudiantes vayan construyendo una perspectiva clara de la investigación científica como una práctica social, anclada en un contexto socio-histórico determinado, superando una mirada contemplativa o meramente técnica y concibiendo la investigación como herramienta de transformación social. El segundo desafío se relaciona con propuestas de trabajo que enfrenten al alumno con la necesidad de profundizar una postura vertebral del investigador que se resume en la frase: investigar es interrogar la realidad. El tercer desafío refiere a enfrentar y trabajar la complejidad de la naturaleza de la investigación científica de lo social en diversos aspectos: el "amasado" teoría/empiria, la relación sujeto que investiga y objeto investigado, la presencia del terreno, el compromiso social del investigador y las acciones de extensión o de transferencia considerando su estatus epistemológico en la construcción del conocimiento científico y la validación de los resultados. A su vez, estos desafíos enfrentan a los docentes a una serie de preocupaciones de índole teórico y empírico que analíticamente se sintetizan en tres ejes en tensión: (1) certeza vs. construcción, (2) aprender del otro o con el otro y (3) ideas previas-ideas nuevas. Siguiendo esta línea, Agulló, De Angelis, Fernández y Monteverde (2019, p. 3) afirman que

> "la variedad de los dispositivos a la hora de enseñar el oficio de investigador, la originalidad de las propuestas y escenarios de enseñanza que diseñemos para evitar la rutinización desafiando los procesos cognitivos y el estímulo para que cada estudiante se involucre de manera responsable en la concreción, no tiene recetas únicas, desafía la creatividad, la innovación y forma parte del complejo y maravilloso oficio de enseñar en el aula universitaria".

Sobre la formación en investigación, existen varios autores que coinciden en sus postulados con la opinión de los estudiantes recolectada en un estudio anterior (Calvo, 2002), señalando que la introducción en este campo debería darse de forma gradual desde los primeros años y junto a un investigador experto. En este sentido, y aportando más profundidad a la idea de la formación en investigación a través de un modelo artesanal (denominación que alude al modo de formación en los talleres medievales), el interrogante en torno a cómo se forman los investigadores ha sido respondido frecuentemente diciendo que a *investigar se aprende investigando.* Esta idea ha sido desarrollada en torno al concepto de *conocimiento tácito.* Entre ellos, Gibaja (1987) hace referencia a esta idea sosteniendo que los procedimientos por los que se construye y desarrolla la ciencia sólo parcialmente son transmisibles en forma explícita (por ejemplo, a través de cursos o seminarios). A esta comunicación implícita, que desempeña un importante papel en la producción científica, se ha llamado *conocimiento tácito.* En este sentido, Gibaja (1987, pp. 1-2) plantea que:

> "Se ha sostenido que los procedimientos por los que se construye y desarrolla la ciencia sólo parcialmente son transmisibles en forma explícita. Así como el maestro artesano comunica al aprendiz parte de las habilidades de su oficio en la práctica diaria, también en la práctica de la ciencia mucho de lo que conoce el investigador sólo se comunica implícitamente en el ejercicio de la investigación. A esta comunicación implícita, que desempeña un importante papel en la producción científica, Polanyi (1964) la ha llamado conocimiento tácito. (...) La formación de los futuros investigadores requiere que su entrenamiento se realice dentro de una tradición científica al igual que una experiencia personal en la investigación junto al científico experimentado".

A esto apuntan los alumnos encuestados en una investigación anterior (Calvo, 2000) al expresar que se puede mejorar su formación integrando equipos de investigación (formados o en formación) ya que les permitiría completar sus estudios en metodología y aprender a investigar investigando.

Sabino (1996) afirma lo mismo en su libro diciendo:

> "(...) sólo investigando se aprende a investigar, sólo en la práctica se comprende el verdadero sentido de los supuestos preceptos metodológicos y se alcanza a captar la rica variedad de casos que se presentan al investigador real (...)" (Sabino, 1996, p. 222).

Según la experiencia desarrollada en su libro, Wainerman (1998) afirma que:

> "la razón básica del fracaso de la formación de investigadores sociales, (...) reside en que no se aprende a hacer investigación en los cursos especializados de metodología y técnicas si no se hace investigación junto a un 'maestro/a', como en los gremios medievales, dentro de un proyecto de investigación dirigido por el "maestro/a" Esto es así, porque hay 'algo' no codificable, difícil de transmitir del oficio de investigador" (Wainerman, 1998, p. 21).

Incluso, la autora cita ideas de Mills, en la tradición norteamericana, y de Bourdieu y Wacquant, en la tradición francesa, que también sostienen esta idea de que aprender a investigar se aprende investigando y junto a otro más experimentado.

Así lo señalan Bourdieu y Wacquant (1995, p. 164):

> "Puesto que se trata de comunicar esencialmente un modus operandi, un modo de producción científica que presupone un modo de percepción y un conjunto de principios de visión y división, no hay otra manera de adquirirlo que viéndolo funcionar en la práctica u observando cómo este hábitus científico, llamándolo por su nombre, 'reacciona' ante decisiones prácticas (...)".

Otro de los aspectos planteados en este tema, se encuentra en la introducción del libro de Klimovsky y Schuster (2000), quienes afirman que en los últimos años el tema de la distinción *contexto de descubrimiento-contexto de justificación* se encuentra en estado de crisis, porque hasta el momento se ha renovado de tal modo la polémica entre los especialistas y se han incorporado tantos resultados que no puede anticiparse una resolución definitiva de la cuestión. Asimismo, sostienen que a este estado de crisis debemos agregar la importancia pragmática que reviste para la pedagogía científica y la formación de investigadores el dirimir las controversias acerca de la naturaleza de la creatividad y, en especial, de su incidencia en la producción de conocimiento. Cabe destacar que, como señalan los autores, para comprender un proceso creativo debemos tomar en cuenta las relaciones entre el creador y los factores sociales que conciernen al transfondo teórico y al medio cultural. El pensamiento creativo no es reducible a los procesos psicológicos que se dan dentro de las mentes individuales; la naturaleza colectiva y objetiva de la ciencia frecuentemente es ignorada al reconstruirse los descubrimientos.

Sabino (1996) también concuerda con la existencia del componente creativo cuando dice:

> "La metodología, como el conocimiento mismo, es permanente construcción, es creación y actividad, no existe fuera de la investigación viva, del trabajo de la gente preocupada intensamente por conocer y, debemos agregar, no existe fuera del error, del permanente superar los escollos que los objetos y nosotros mismos imponemos a esa voluntad del conocimiento" (Sabino, 1996, p. 217).

Con respecto a este último punto, donde se plantea la importancia de la creatividad en la formación en investigación, Catalina Wainerman (1998, p. 33) postula que se aprende a investigar al lado de un *maestro*, a la manera del aprendiz de oficio. La investigación tiene mucho de lógica, algo de técnica y mucho de creatividad. Las dos primeras son transmisibles; a la creación, en cambio, sólo se la puede mostrar en el hacer. Sirvent y Rigal (2020, p. 16) también sostienen que:

> "La práctica de la investigación supone el desafío de lo creativo y de lo incierto. El oficio de investigador no es una mera aplicación de fórmulas o recetas metodológicas".

Desde el planteo de Sirvent (2006) se entiende a la investigación científica en términos de la construcción de conocimiento científico y sostiene que una investigación científica en las Ciencias Sociales presenta características particulares:

- la investigación científica es una práctica social anclada en un determinado contexto sociohistórico;
- tiene su génesis en la problematización de la realidad;
- implica trabajar con dos universos: teoría y empiria;
- tiene ciertos aspectos específicos: prevé modos de operar para la confrontación teoría-empiria;
- busca una producción original y busca ser validada;
- tiene como finalidad generar conocimiento científico;
- tiene como finalidad no sólo conocer sino transformar la realidad;
- busca la socialización del conocimiento producido.

Es así, como la selección de las instancias curriculares de las carreras de grado que se cursan en la Facultad de Filosofía y Letras tuvo que ver con analizar si se plantean diferencias en la formación en investigación en carreras con características disciplinarias y epistemológicas distintas. No obstante, buena parte de las carreras que se cursan en esta unidad académica de la UBA pueden encuadrarse dentro de las ciencias sociales y otras como ciencias humanas. En este sentido, resulta interesante considerar algunas discusiones epistemológicas en relación a ellas que nos permitirán comprender mejor el objeto de estudio.

Schuster (1992, p. 7) señala que una clasificación posible de las ciencias nos permite referir a las ciencias formales (lógica, matemáticas), naturales (física, química, biología) y sociales o humanas (economía, sociología, antropología, psicología, historia, lingüística, derecho, educación, política, comunicación, geografía, etc.). Con respecto a la filosofía, plantea solamente que, por un lado, recorre la clasificación indicada y, por el otro, su papel es predominantemente normativo. Además, en general suele enfatizarse el carácter fáctico o empírico de las ciencias naturales, en las que la confrontación de sus enunciados con la experiencia, para confirmarlos o refutarlos adquiere un carácter central; no es éste el caso de las ciencias formales, de primacía sintáctica, ya que en éstas lo básico son las relaciones entre los signos. Las ciencias sociales también pueden considerarse fácticas, ya que son ciencias que se ocupan de sus propios hechos. En este sentido, el autor afirma que en cada área del conocimiento se establecen los correspondientes universos de hechos, desde varias perspectivas posibles. Se puede sostener que los hechos configuran una *realidad* dada y que de lo que se trata, en consecuencia, es de *descubrirla* o, en cambio, que la *realidad* se *construye* por vía de hipótesis, o se *constituye* por su intermedio.

Esta diferenciación también la plantea en su obra Lepenies (1994), quien contrapone la fijación de un pensamiento –para la época– intuitivo y flexible representado por la literatura, a uno que absorbía con rigurosidad los métodos experimentales y comprobativos devenidos del biologismo y del evolucionismo en particular. En este contexto, plantea el surgimiento de la sociología. Lo fundamental de la obra de Lepenies es constatar cómo una ciencia se va desarrollando y, en este proceso, asienta sus propias bases, objetos y métodos de estudio. Así, al referirse a las tres culturas se refiere a tres manifestaciones del pensamiento: Literatura, Sociología y Ciencia experimental incluida.

De esta manera, las ciencias sociales, desde sus comienzos, quedan en medio de las ciencias naturales (cuya base epistemológica y metodológica se centra en *explicar*) y las ciencias humanas (cuya base epistemológica y metodológica se centra en la hermenéutica: *comprender* y/o interpretar). Las ciencias humanas le reclaman *comprensión* y las ciencias naturales les exigen que si quieren ser ciencia tienen que usar los métodos que usan ellos. Así, las ciencias sociales, entre estas dos posiciones, cumple con ambas: por un lado, responde favorablemente a las ciencias naturales en rigurosidad, cánones explicativos y presencia de leyes, pero posteriormente también responde a las ciencias humanas y a la demanda de la hermenéutica.

Como destaca Heller (1989, p. 55),

> “las ciencias naturales y las ciencias sociales han sido consideradas durante mucho tiempo dos ramas del género de la ciencia. Con independencia de cómo las ciencias sociales se adaptaran a las ciencias naturales, se creía que ambas eran exactas y acumulativas. Y entonces, resultaron ser excesivamente inexactas”.

Semejante fracaso se explicó en términos temporales; por ejemplo, que las ciencias sociales eran aún “nuevas y jóvenes”, que estaban aún “inmaduras”, que aún no habían decidido sus métodos adecuados y conclusivos. Aunque las ciencias sociales nunca se han comportado como las ciencias naturales, hace solo algunas décadas que somos conscientes de ello. Esta nueva perspectiva designa a las ciencias sociales como una esfera independiente, con sus propias reglas y normas intrínsecas, que difieren de la ciencia natural en muchos aspectos cruciales.

La misma autora, al respecto, destaca que las ciencias sociales pueden crear su propia esfera independiente (después del divorcio de las ciencias naturales), pueden renunciar a la pretensión de conocimiento acumulativo y de exactitud. Sin embargo, hay una pretensión a la que no pueden renunciar: la pretensión de que pueden proporcionar un conocimiento verdadero acerca de la sociedad moderna. En este sentido, afirma que la búsqueda de conocimiento verdadero en las ciencias sociales es con intención de reconstruir, pintar, narrar, modelar, comprender, interpretar "cómo ocurrió realmente", "qué significaba realmente", "cómo fue realmente entendido", etc.

Al respecto, Federico Schuster (2001) señala que la gran discusión de los años cincuenta, sesenta, incluso parte de los setenta, era si la ciencia social podía ser ciencia y si básicamente el modelo de comparación era el método de las ciencias naturales. Este es el problema que se discutió en la década del sesenta entre el llamado monismo y dualismo o pluralismo metodológico. Hoy, no solamente es posible plantearse la diversidad de métodos entre la ciencia social y la ciencia natural, sino que incluso hay diversidad en la tarea de investigación entre las distintas ciencias. La discusión entre naturalistas y humanistas acerca del carácter y método en las ciencias sociales aparece una y otra vez bajo formas diversas a lo largo del siglo XX: positivismo y antipositivismo, explicación y comprensión, monismo y pluralismo metodológicos, son solo algunos de los términos en que se dio esta discusión.

A lo largo del siglo XX, también podemos encontrar diferentes autores que hablan sobre el término *comprensión*, un concepto central para la posición comprensivista, interpretativa o hermenéutica. Dilthey en los orígenes, ha planteado que comprender es "comprender productos de la cultura"; luego encontramos la comprensión de la acción de Weber; más tarde Schütz y la reconstrucción fenomenológica de la noción de comprensión, quien considera la ciencia social como comprensión de segundo grado sobre el sentido común. También podemos encontrar la versión lingüística de P. Winch, como así también la vertiente hermenéutica con Gadamer y su rescate espistemológico, para quien comprender es "comprender textos". Finalmente Ricoeur, que busca una síntesis entre explicar y comprender.

No obstante, hoy la tarea pareciera ser preguntarse cómo pueden interactuar en una riqueza metodológica y epistemológica estas dos viejas tradiciones. Actualmente, el concepto de *explicación* (que busca disponer de leyes generales y es nomológica deductiva) y el concepto de *comprensión* vuelven a estar en la mira de los estudiosos de la filosofía de la ciencia, pero esta vez, para ver qué es lo que cada uno quiere decir y cómo se pueden reformular y qué hacer para reencontrarlos de manera que le sirva al investigador en ciencias sociales. Es así como, en este pluralismo metodológico (que no debe confundirse con eclecticismo), las ciencias sociales podrán utilizar fructíferamente (Schuster, 1992, p. 24) métodos como el *axiomático* (un método básico de las ciencias sociales), el *inductivo* o el *hipotético-deductivo* (empleados en las ciencias naturales), así como métodos más específicos de su campo: el *abstracto-deductivo* y el *dialéctico*, el de la *comprensión*, el *fenomenológico* y el *progresivo-regresivo*. Cada método podrá merecer evaluación, y se podrán utilizar métodos diferentes en momentos y situaciones diferentes, así como también aplicarlos conjuntamente. Se pretende, dice Schuster (1992, p. 29), que "el investigador social logre, con los métodos adecuados en cada caso, un mejor conocimiento de la realidad que investiga", realidad que, por otra parte, no tiene por qué ser considerada como parcializada o separada, sino que implica enfatizar el reconocimiento y la necesidad de la contextualización.

La ciencia es una empresa contextualizada. Esta contextualización opera tanto en el ámbito de la producción como en el de la validación del conocimiento. Schuster (1999a) señala que el contexto está constituido por el conjunto de factores sociales, históricos, políticos, económicos, psicológicos, ideológicos y estéticos, en relación con los cuales se ha desenvuelto la actividad científica a lo largo del tiempo. Reconoce tres tipos de contextualización: (a) la contextualización situacional, que tiene que ver con la descripción de los sucesos y factores históricos, sociales, políticos, etc., que acontecieron en el tiempo y lugar de surgimiento de las teorías científicas de que se trate, incluyendo las regencias individuales, institucionales o comunitarias vinculadas con el descubrimiento o con la producción correspondientes; (b) la contextualización relevante, que se refiere a la incorporación de factores contextuales en las teorías producidas de modo tal que constituyan aportes al conocimiento y no elementos concomitantes a ser eliminados, y (c) la contextualización determinante, que pretenderá avanzar un paso más intentando mostrar cómo los factores de producción llevan al descubrimiento y desarrollo de ciertas teorías y, en consecuencia, se establece una conexión entre el medio social más amplio y la estructuración de las teorías científicas.

Esta situación se enmarca en una discusión epistemológica más amplia en torno al conocimiento en general y al conocimiento científico en particular. Tal como expone Cecilia Hidalgo (2000, p. 41):

> "Desde la óptica del científico, el objetivo primario de la investigación es 'producir conocimiento' aceptable, por lo que, en principio, resulta muy importante la reflexión filosófica sobre los problemas relativos a la 'generación' de hipótesis científicas. Sin embargo, la epistemología no ha centrado su análisis a la innovación y el descubrimiento, y en el marco de la aceptación del método hipotético deductivo ha llegado, incluso a considerarlos temas fuera de su competencia. Ha sido la crítica a la distinción entre los contextos de descubrimiento y de justificación de las teorías científicas y los supuestos en que se basa, la que ha mostrado la importancia de extender cada vez más el enfoque epistemológico a cuestiones antes desatendidas y de dar nuevos alcances a la filosofía de la ciencia, ahora también preocupada por la generación de hipótesis, el descubrimiento y la innovación".

Las ciencias sociales también se encuentran inmersas en la tensión entre el contexto de descubrimiento y el contexto de justificación. Hans Reichenbach es quien plantea expresamente la distinción en su libro *Experience and Prediction*, de 1938. Schuster (1999b) aclara que se suele utilizar *contexto de descubrimiento* para expresar todo lo relativo a la manera en que los científicos llegan a sus conjeturas, hipótesis o afirmaciones y *contexto de justificación* para lo que se refiere a la validación o verificación del conocimiento. El primer contexto se considera de índole empírico-descriptiva, pasible de ser estudiado por una sociología o una psicología del conocimiento, en tanto el segundo es primordialmente normativo, propio de la filosofía, y se ocupa de una reconstrucción racional del conocimiento. En el contexto de descubrimiento importa la producción de una hipótesis o de una teoría, el hallazgo y la formulación de una idea, la invención de un concepto, todo eso relacionado con circunstancias personales, psicológicas, sociológicas, políticas y hasta económicas o tecnológicas que pudiesen haber gravitado en la gestación del descubrimiento o influido en su aparición. En cambio, el contexto de justificación aborda cuestiones de validación: cómo saber si el descubrimiento realizado es auténtico o no, si la creencia es verdadera o falsa, si la teoría es justificable, si las evidencias apoyan nuestras afirmaciones o si realmente se ha incrementado el conocimiento disponible. En este sentido, el contexto de descubrimiento tendría que ver con conexiones psicológicas y el contexto de justificación solamente con conexiones lógicas. El contexto de descubrimiento es descriptivo; el contexto de justificación es primordialmente normativo.

Sin embargo, tal como lo plantea Nélida Gentile (2000, p. 87), desde hace ya algunas décadas *la reflexión en torno del contexto de descubrimiento ha sido reflotada* y enmarcada en una nueva perspectiva. A partir de la década del cincuenta, algunos filósofos comienzan a cuestionar la distinción y a reivindicar el descubrimiento como una cuestión epistemológica legítima. Dan cuenta de este hecho, entre otros, los variados artículos presentados en la Conferencia Leonard sobre "Descubrimiento Científico", realizada en la Universidad de Nevada en 1978 y reunidos por Thomas Nickles en su libro *Scientific Discovery, Logia, and Rationality.* Nickles, en esa oportunidad, utiliza el apelativo "amigos del descubrimiento" para referirse a los distintos filósofos participantes de la Conferencia, aclarando que a pesar de existir acuerdo en cuanto al rechazo de la dicotomía descubrimiento-justificación, hay marcadas diferencias entre los miembros del grupo. Para algunos de ellos, la generación de ideas es una cuestión puramente psicológica que cae fuera del análisis de las categorías filosóficas. Otros, como Larry Laudan, consideran que si bien hay razones heurísticas y metodológicas que explican el interés por la generación de nuevas ideas, no es un problema de índole filosófica. Finalmente, un número reducido de ellos cree que el estudio filosófico de la generación no sólo es importante sino además posible. Por su parte, algunos representantes de este último grupo consideran que el descubrimiento constituye un ámbito de reconstrucción racional.

El profesor Félix G. Schuster (2007)[8] señala que en los últimos tiempos se fue dando cierto avance del contexto de descubrimiento a través de: (a) un aumento de la racionalidad del descubrimiento (Kuhn-Hanson); (b) el programa fuerte de la sociología del conocimiento (Barnes y Bloor); (c) la sociología de la ciencia (Merton, 1942); (d) el surgimiento de una disciplina muy contemporánea: la antropología de la ciencia, y (e) los autores americanos que conforman "los amigos del descubrimiento". Asimismo, se ha observado cierto retroceso del contexto de justificación a través de la tesis de la subdeterminación de las teorías, es decir, que las teorías están subdeterminadas por los hechos, lo que torna ambigua y no unívoca a la justificación otorgándole un rasgo de incertidumbre. Estos avances y retrocesos parecen posibilitar un intercambio o comunicación entre ambos contextos.

8 Fue desarrollado por el Profesor Félix G. Schuster en el Seminario de Doctorado sobre *Epistemología* al que asistí durante el segundo cuatrimestre de 2007 dictado en la Facultad de Ciencias Sociales de la UBA.

Además de las discusiones epistemológicas, es importante destacar que, tomando en cuenta la mirada ligada al campo profesional en el cual implica desempeñarse en cada una de las disciplinas estudiadas, en este trabajo se entiende el concepto de "campo" desde la perspectiva que plantea Bourdieu (1973, pp. 49-126), quien señala que "el campo de producción y circulación de los bienes simbólicos se define como un sistema de relaciones objetivas entre diferentes instancias, caracterizadas por la función que cumplen en la división del trabajo de producción, reproducción y difusión de los bienes simbólicos".

Incluso resulta de interés revisar los planteos de Wallerstein (2004, p. 262) sobre las disciplinas, donde plantea que:

> "las diferencias entre temas, métodos, teorías o teorizaciones permisibles *dentro* de cualquiera de las llamadas 'disciplinas' son mucho mayores que las diferencias entre ellas [...] lo que no significa que todos los científicos sociales realicen trabajos idénticos. La especialización en 'campos de investigación' no sólo es probable sino necesaria".

En este sentido, y teniendo en cuenta este marco, resulta de interés conocer cuáles son y qué características presentan a nivel didáctico las instancias curriculares que explícitamente se proponen para la formación en investigación en las carreras de grado de la Facultad de Filosofía y Letras (UBA).

Segunda parte

La formación en investigación en las instancias curriculares estudiadas.

Su abordaje metodológico, análisis y resultados

Capítulo IV

El abordaje metodológico de la investigación

La postura teórica metodológica adoptada en la investigación que sustenta esta obra implica la necesidad de superar una visión restringida de la metodología, que históricamente ha sido limitada a la enumeración de las técnicas de relevamiento de datos. Tal como lo señala María Teresa Sirvent (2006, 2020), el proceso metodológico es un proceso tridimensional conformado por: (1) la dimensión de construcción del objeto; (2) la dimensión de la estrategia general, y (3) la dimensión de las técnicas de obtención y análisis de información empírica.

La primera de las dimensiones (de construcción del objeto) abarca la descripción de qué y para qué se va a investigar. Esta dimensión incluye la definición clara y precisa del tema, el objeto, el problema, la fuente, el encuadre teórico conceptual, antecedentes y los objetivos de la investigación. Una vez establecidos estos puntos fundamentales, y en función del objeto-problema definido, se continúa pensando y decidiendo en torno al cómo investigar. Para ello, es necesario considerar las otras dos dimensiones del proceso metodológico: la dimensión de la estrategia general y la dimensión de las técnicas de obtención y análisis de información empírica.

En la dimensión de la estrategia general se toman decisiones en torno a las líneas generales previstas como andamiaje del trabajo de investigación. La primera determinación es qué tipo de diseño se requiere para poder responder a las preguntas de investigación y cumplir con los objetivos propuestos. Asimismo, se piensa en el universo, las unidades de análisis y la selección de casos. En la dimensión de las técnicas de obtención y análisis de información, se toman decisiones en relación con la elección y aplicación de algún instrumento de recolección y la forma más apropiada de análisis de la información empírica. Cada una de estas tres dimensiones se encuentra en íntima relación con la otra, debiendo existir coherencia y consistencia entre ellas.

Según María Teresa Sirvent (2007, p. 24), investigar es "una práctica social dirigida a crear conocimiento científico: serio, riguroso y original. Toda investigación implica confrontar teoría y empiria". En este sentido, la metodología, es el conjunto de procedimientos que ayudan a resolver esta confrontación teoría y empiria. El proyecto de investigación debe tener una estrategia general que permita resolver dicha confrontación, la cual dependerá de la lógica usada.

Achilli (1994, p. 4) define lógica de investigación como

> "las modalidades de articulación que asumen, en el proceso de investigación, por lo menos tres órdenes de problemas: a) la formulación de la/s pregunta/s de investigación, del problema a investigar (que contiene –explícita o implícitamente– desde el inicio del proceso, determinada concepción de 'lo social'); b) cómo se accede al conocimiento de ello; y c) qué resultados obtener".

Entonces... ¿qué relación hay entre lógica de investigación y metodología de investigación? La lógica de investigación son las concepciones básicas del hecho social y del proceso de conocimiento científico que subyacen a los diferentes modos de operar en la construcción del objeto (proceso de confrontación entre corpus teórico con un corpus empírico). La metodología de investigación es el conjunto de procedimientos a través de los cuales el investigador traduce las lógicas de investigación en la *cocina de la investigación.* El proceso metodológico es un proceso que consta de las tres dimensiones antes señaladas (Sirvent, 2006, p. 17).

En este caso, se consideran las *lógicas de investigación* en el sentido que le da Sirvent cuando expresa que son:

> "...concepciones básicas diferenciadas del hecho social que subyacen a los diferentes modos de operar en el proceso de construcción del objeto,...en el proceso de confrontación de un corpus teórico con un corpus empírico (...) Cuando hablamos de lógica de investigación... nos referimos a diferentes maneras de razonar o de concebir cómo se conoce el hecho social; cómo se llega a la verdad científica. Estamos hablando de los fundamentos epistemológicos de diferentes modos de operar en esta tarea fascinante del hacer ciencia social desde la identificación de un problema hasta los criterios de verdad" (Sirvent, 2006, p. 17).

Actualmente, en Ciencias Sociales existen diferentes maneras de abordar la generación de conocimiento científico. Esta posición que sostiene un *pluralismo metodológico* es contraria al *monismo metodológico* que suponía la existencia de un solo método: el método tomado de las Ciencias Naturales, propio del positivismo del siglo XIX (Schuster, 1992, p. 24). Por lo tanto, se asume la existencia de diferentes lógicas y estrategias de investigación.

Se puede decir que existen dos lógicas relevantes: la cuantitativa o *extensiva* y la cualitativa o *intensiva* (Achilli, 1994). La diferenciación que las lógicas establecen entre sí se produce a partir del énfasis dado a cada uno de los términos de los siguientes *pares lógicos* (Sirvent, 2006) o *modos suposicionales* (Goetz y Le Compte, 1988): (a) el hecho que se descubre/el hecho que se construye; (b) deducción/inducción; (c) verificación/generación de teoría; (d) explicar/comprender. Estos pares no deben pensarse como extremos opuestos, sino como un continuo donde la realidad se conceptualiza entre estos modos suposicionales.

La toma de decisiones entre pares lógicos implica la explicitación de los supuestos que tiene el investigador de las ciencias sociales en torno a la realidad y las maneras de explicarla y/o comprenderla. En este contexto (y en especial en la etnografía) se hace referencia a *modos suposicionales* entendidos como "...supuestos comunes acerca de los modos de identificación, organización y procesamiento de los datos y de las ideas que los explican" (Goetz y LeCompte, 1988, p. 29). Sobre las definiciones de estos modos suposicionales el investigador va definiendo el diseño de su investigación. Goetz y LeCompte agregan:

> "Estos modos característicos, por su parte, inciden sobre la manera en que los etnógrafos enfocan el proceso de diseño de la investigación (...) Una forma de conceptualizar dichos supuestos es encuadrarlos en cuatro dimensiones(...) inductiva-deductiva, subjetiva-objetiva, generativa-verificativa, y constructivo-enumerativa. Por lo común la investigación etnográfica se aproxima a los extremos generativo, inductivo, constructivo y subjetivo (...) los diseños como la experimentación suelen estar más cerca de los extremos opuestos" (1988, p. 30).

En términos generales, se puede decir que la lógica cuantitativa o extensiva pone énfasis en el hecho que se descubre, está más cerca de ser hipotética-deductiva, de buscar la explicación causal de los hechos, la verificación de la teoría, la búsqueda de la verdad universal y de la generalización estadística. Con esta lógica se puede trabajar con muchos casos y se buscan hechos y causas *medibles* a través de técnicas y procedimientos específicos.

La lógica cualitativa o intensiva, en cambio, pone su énfasis en el hecho que se construye, está más cerca de la inducción analítica y de buscar la generación de teoría, la comprensión, la especificidad y las verdades hipotéticas. Es la que nos habla de trabajar con pocos casos para profundizar en los significados y poder construir los procesos de comprensión de una totalidad.

Como se señaló anteriormente, en la actualidad existen posturas que abogan por la convergencia metodológica. Como señala Mardones (1991, p. 57):

> "Actualmente se considera alcanzado el rechazo de los exclusivismos. La concepción de la ciencia se flexibiliza, la explicación científica no es sólo causalista, ni sólo teleológica o hermenéutica. El postulado de la complementariedad se va abriendo paso y transitando de un mero deseo a concreciones metodológicas justificadas".

Al respecto, Cook y Reichardt (1982, p. 46) sostienen:

> "La ciencia habitual emplea conjuntamente el conocimiento cualitativo para alcanzar una profundidad de percepción, o visión binocular, que ninguno de los dos podría proporcionar por sí solo. Lejos de ser antagónicos, los dos tipos de conocimientos resultan complementarios. Eso no significa que sea fácil combinarlos. Surgirán a menudo problemas de difícil solución, pero por lo común siempre habrá discrepancias, y de ahí las dificultades cuando se empleen conjuntamente dos métodos cualesquiera. Resolver las diferencias entre el conocimiento cualitativo y el cuantitativo no debe ser en principio más difícil que la resolución de otros enigmas de la investigación (…)".

Como se observa, estos y otros autores (como Achilli, 1994 y Dos Santos Filho y Sanchez Gamboa, 1997) señalan que es posible la convergencia de ambas lógicas y de los métodos que se utilizan para resolver un problema de investigación, por supuesto, sin dejar de considerar las dificultades que pueden darse, ni de advertir sobre los riesgos de una combinación arbitraria que caiga en un eclecticismo.

Estas ideas guían las decisiones metodológicas y justifican los pasos que se realizaron para estudiar el objeto-problema planteado para la investigación que sustenta esta obra que, como hemos dicho, se centra en la articulación teoría y práctica en los espacios curriculares de formación en investigación de las carreras de grado que actualmente se cursan en la Facultad de Filosofía y Letras (UBA).

Como estrategia general metodológica se utilizó *un diseño cualitativo o de Generación conceptual* (a decir de Sirvent y Rigal, 2020) *con instancias participativas.* Desde el enunciado de la tríada objeto-problema-objetivos queda planteado este camino para la estrategia metodológica ya que en todo momento se busca conocer y comprender el objeto de estudio. Las instancias participativas se conciben como sesiones de retroalimentación donde, a través de alguna dinámica, los actores investigados puedan reconocerse y aportar, desde su mirada, a los resultados que se van obteniendo.

Durante el proceso basado en una lógica cualitativa y un modo de operar de Generación conceptual (Sirvent y Rigal, 2020), además de las conceptualizaciones aportadas por la teoría, se consigue la generación de nuevas categorías de análisis que permiten tener una visión más compleja y completa de la realidad estudiada. El énfasis se encuentra en un proceso de raciocinio inductivo o de abstracción creciente donde, a partir de los "incidentes" de la realidad (base empírica) y a través de un avance en "espiral" (que combina obtención de información y análisis), se van identificando en un primer momento conceptos de un nivel de abstracción pegado a la realidad y luego conceptos más abstractos y sus relaciones. Debido a esto, los resultados obtenidos en ese momento (el objeto concreto pensado) son constructos que se obtuvieron de un proceso espiralado de constante interjuego entre teoría y empiria.

En este caso, al hablar de investigación cualitativa, se hace referencia a lo que señalan Strauss y Corbin (1991, p. 76):

> "El término investigación cualitativa se refiere a cualquier tipo de investigación que produce hallazgos a los que no se ha llegado por procedimientos estadísticos o por otros medios de cuantificación. Se puede referir a investigación sobre la vida, historias y conducta de las personas, pero también sobre funcionamiento organizacional, movimientos sociales o relaciones de interacción. Algunos de estos datos pueden ser cuantificados como ocurre con los datos del censo, pero el análisis en sí es cualitativo. En realidad, el término investigación cualitativa es confuso porque él puede tener diferentes significados para diferentes personas. Algunos investigadores reúnen datos a través de entrevistas y observaciones –técnicas normalmente asociadas con métodos cualitativos–. Sin embargo, luego ellos codifican esos datos de una manera que permite analizarlos estadísticamente. Ellos están cuantificando datos cualitativos. Queremos hacer notar que nosotros no nos referimos a este proceso sino a un procedimiento no matemático que produce hallazgos derivados de los datos reunidos con una variedad de medios. Ellos incluyen observación y entrevistas, pero pueden también incluir documentos, libros, videotapes, incluso datos que han sido cuantificados para otros propósitos como los datos censales".

El centro del trabajo se encuentra en el descubrimiento de categorías y proposiciones a partir de una o más bases de datos o fuentes de evidencia. Se utilizan diferentes formas de recolección de la información y se obtienen diferentes tipos de información que se analizan en función del tipo de procesamiento que ella requiere. Pero en todo momento se generan constructos que permiten comprender mejor el hecho estudiado.

Como ya se señaló, la lógica cualitativa o intensiva, pone su énfasis en el hecho que se construye, está más cerca de la inducción analítica y de buscar la generación de teoría, la comprensión, la especificidad y las verdades hipotéticas. La relación sujeto-objeto es cercana, se busca profundizar en los sentidos del otro. Es la que nos habla de trabajar con pocos casos para profundizar en los significados y poder construir los procesos de comprensión de una totalidad. En tal sentido,

> "el objeto cognitivo es imaginar, abrir los significados, unir lo imposible y descubrir lo obscuro e invisible. En este punto el indagador despega, se arma de los oficios del loco y del poeta, e inventa, crea, descubre, y el camino se encuentra con la joya invaluable del sentido y la nueva percepción" (Galindo Cáceres, 1998, p. 357).

Acerca de esta articulación entre teoría y empiria en los diferentes momentos de la investigación cualitativa, dice Sirvent (2006, p. 26):

> "La pregunta inicial es amplia, para permitir la flexibilidad y la libertad para explorar el fenómeno sin compromisos cerrados como punto de partida. Las preguntas iniciales en un estudio cualitativo identifican el fenómeno a ser estudiado; focaliza en el objeto y en lo que se desea saber sobre el mismo. A lo largo del trabajo en terreno, se irá ajustando la lente con preguntas emergentes más específicas... Este modo de operar no es a-teórico. Presenta una manera diferente de operar con la teoría. Cambia la función de la teoría. La teoría previa orienta y focaliza el objeto de estudio y la pregunta inicial y se va construyendo teoría de base a partir de sumergirse en el terreno empírico".

A raíz de esta inserción en la *lógica cualitativa* se elige *trabajar con casos* que permitan profundizar en las formas en que se manifiesta la articulación teoría y práctica en las instancias curriculares de formación en investigación en las carreras de grado de la Facultad de Filosofía y Letras, para comprenderlos como una totalidad y en un sentido dialéctico. Dentro de este encuadre, el juego dialéctico entre la verificación de hipótesis versus la generación de teoría, se resuelve en función de esta última cuando se avanza en la consideración del lugar que juegan los datos empíricos, como base de la identificación de categorías y proposiciones.

La elección de la Facultad de Filosofía y Letras (UBA) se debe a que es una de las unidades académicas de esta universidad que posee mayor producción científica. En ella se desarrollan nueve carreras de grado y alberga numerosos institutos de investigaciones (22 en total) que reúnen a variados programas de investigación, equipos formados y becarios en formación correspondientes a las diferentes carreras.

Así es como en esta investigación se decidió que el universo sean los espacios curriculares de formación en investigación de las carreras de grado que se cursan en la unidad académica mencionada. Por lo tanto, se pueden identificar como unidades de análisis a cada uno de estos espacios curriculares.

En relación a la selección de casos, el muestreo fue intencional. Se definieron las instancias curriculares que explícitamente forman en investigación en las carreras de grado y que resultan obligatorias para los alumnos de las nueve carreras que se cursan en esta casa de estudios: Historia, Ciencias de la Educación, Letras, Filosofía, Bibliotecológica y Ciencia de la información, Edición, Artes, Geografía y Ciencias Antropológicas. Este muestreo intencional se llevó a cabo considerando, entre otros, la línea de trabajo de Tony Becher (2001), quien señala que las formas de organización de la vida profesional de los grupos particulares de académicos están íntimamente relacionadas con las tareas intelectuales que desempeñan. Es más, el mismo autor plantea que las prácticas habituales de una disciplina se correlacionan estrechamente con las características de los dominios de investigación pertinentes. En cada campo de investigación, sus modalidades características de operación difieren de un terreno del conocimiento a otro.

En consideración de estos aportes se tomaron las primeras decisiones en torno al universo y las unidades de análisis en consistencia con la dimensión de construcción del objeto del proyecto. En este sentido, se realizó un fuerte trabajo para la selección de casos, especificando los criterios para el muestro intencional. Inicialmente y luego de la recopilación del material curricular correspondiente a los planes de estudio vigentes en las nueve carreras de la facultad, se analizó cuáles eran las instancias curriculares que cada una tenía en la carrera de grado para la formación en investigación. Es así, como se reconoció que en tres de las carreras de la facultad: Filosofía, Letras e Historia (las tres carreras más tradicionales e históricas dentro de esta unidad académica de la UBA) no existen instancias curriculares en la carrera de grado que explícitamente tengan la intencionalidad exclusiva de formar en investigación. Es decir, no hay materias de "metodología" en estos planes de estudio. A partir de lo cual, se separó a las carreras en dos grupos: las que no poseen instancias curriculares que explícitamente tengan la intencionalidad de formar para la investigación (tres carreras) y las que sí poseen instancias curriculares que explícitamente tengan la intencionalidad de formar para la investigación (seis carreras).

Es así como se opta por iniciar el trabajo en terreno con este segundo grupo. Algunas de las carreras de este segundo grupo poseen asignaturas durante la carrera de grado que forman explícitamente en investigación en diferentes ciclos del plan de estudio: es decir, en el ciclo general durante los primeros años o en el ciclo focalizado u orientado en los últimos años. Estas asignaturas adquieren diferentes modalidades: asignaturas obligatorias, asignaturas optativas, créditos o seminarios (obligatorios u optativos en la elección de la temática) que aparecen como requisitos para finalizar la carrera. Ante esta diversidad de situaciones, se decidió trabajar con las asignaturas obligatorias para todos los alumnos de la carrera que se encuentran en el ciclo general de la carrera de grado y que, por lo tanto, constituyen la formación inicial en investigación.

Por otro lado, con respecto a las carreras que no poseen materias de metodología (las carreras correspondientes al primer grupo), como son: Letras, Historia y Filosofía, se decidió trabajar a partir de un *enfoque etnosociológico* (Berteaux, 2005). Este enfoque permite, a partir de entrevistas a graduados recientemente recibidos (que preferentemente se dediquen a investigación), reconstruir su trayectoria educativa universitaria y determinar a partir de su análisis cuáles han sido las instancias curriculares que propiciaron su formación en investigación en la carrera de grado. Se han podido concretar entrevistas a graduados de las tres carreras. Del análisis realizado se obtuvieron categorías que refieren a rasgos particulares de cada carrera y a aspectos comunes a este grupo. En este sentido, no se pretende profundizar, sino presentar un panorama que complemente la visión sobre el objeto de estudio y permita abrir la puerta para futuras investigaciones.

Respecto a la dimensión de las técnicas de obtención y análisis de la información empírica, y en función de la naturaleza del objeto, de las preguntas realizadas y de los objetivos perseguidos se plantea como técnicas de recolección de datos la *recopilación de material curricular* en los departamentos de las carreras de la facultad y de cada uno de los espacios de formación en investigación seleccionados para el estudio, *observaciones* de los espacios de formación en investigación, *entrevistas* semi-estructuradas a los integrantes de los espacios y mínimas *sesiones de retro-alimentación* con las cátedras estudiadas.

Se recabó y analizó *material documental*, en especial el producido por la cátedra, tal como el correspondiente a propuestas y programaciones curriculares, asignaciones de trabajos para los estudiantes, libros producidos por los docentes y material de difusión. También se consideraron de interés, materiales curriculares correspondientes a la carrera, tal como planes de estudio y orientaciones al respecto.

Las *observaciones* de clases fueron pensadas durante un período mínimo de un mes y máximo de un cuatrimestre, sin un esquema predeterminado para observar. Estas observaciones fueron objeto de un registro escrito en dos columnas: la primera con los observables, es decir, "información" o trascripción de lo que se dice y hace en la clase, incluyendo una referencia horaria; la segunda con los comentarios e impresiones del observador. En estas instancias de observación, como señala Galindo Cáceres (1998, p. 347):

> "El otro está ahí, no pertenece al propio mundo, está lejos aún, a un metro de distancia. El investigador agudiza la concentración en su mundo interior, para observar, y entonces inicia el viaje al mundo del otro, un trayecto que es interior, de lo observado a los paisajes y situaciones propios, y entonces se produce el milagro, el otro empieza a ser comprendido".

Las *entrevistas*, por su parte, de tipo semiestructuradas y en profundidad, se orientaron para que los docentes de los espacios curriculares definan su visión acerca de algunos aspectos claves en torno a la articulación teoría-práctica y la formación en investigación. Se precisan esos aspectos, y la entrevista se desarrolla siguiendo el hilo que marcan los entrevistados. Como plantea Bourdieu (1999, p. 529):

> "Intentamos, por lo tanto, establecer una relación de escucha activa y metódica tan alejada del mero *laissez faire* de la entrevista no directiva como del dirigismo del cuestionario".

Las reuniones grupales con la cátedra (*sesiones de retroalimentación*) se pensaron desarrollar básicamente en la etapa final del trabajo en terreno, para presentar los avances de los resultados provisionales elaborados con propósitos de retroalimentación. La definición de quiénes participarían en esas reuniones quedaría en la decisión del docente protagonista. Estos momentos de intención centrada en la participación, se esperaba que fueran fuente primaria de información para el estudio, permitiendo una construcción colectiva de los datos, un momento de entrelazado de subjetividades y significados atribuidas a los mismos, tanto por el investigador como por los docentes participantes (Sirvent, 1994).

Estas instancias son las formas mínimas en que puede darse la investigación participativa. Constituyen sesiones de retroalimentación donde se busca un intercambio entre sujeto y objeto para ver si quien es investigado se reconoce y logra objetivar su propia realidad. Así entendida, la investigación participativa se caracteriza por la *intencionalidad política* de investigar la realidad para transformarla, propósito que implica, a la vez, la inclusión de los sujetos involucrados (o población en estudio) en el desarrollo del mismo proceso investigativo, en una doble vertiente epistemológica y política. La primera de estas vertientes se fundamenta en un supuesto que reconoce el papel activo y complementario que juegan los diversos sujetos intervinientes en ese proceso de construcción del conocimiento: los "investigadores" que aportan conocimiento técnico y el "grupo en estudio" su forma de ver y de operar acerca de la realidad que vive cotidianamente; el conocimiento se construye a partir del intercambio entre ambos. La vertiente política se relaciona con la posibilidad de que, tanto el proceso de investigación como el conocimiento colectivo así elaborado se constituyan en un instrumento cognitivo para modificar las condiciones de la realidad donde desarrolla sus prácticas cotidianas la población involucrada (Sirvent, 1994).

Estas mínimas instancias participativas se pensaron como momentos de retroalimentación con la instancia curricular analizada, pero no podemos olvidar que las cátedras forman parte de un sistema jerárquico, propio de una institución universitaria. En este sentido, importa considerar las características del fenómeno estudiado como un hecho institucional, es decir de producción colectiva reflejo de una cultura grupal específica. Es así como en estos encuentros se esperó que dar cuenta de estos datos en constante ebullición obligara a construir narraciones que, más que reducir al mínimo común denominador, desplieguen este entrecruzamiento de emociones y discernimientos, de afectos y consideraciones, de ensoñaciones y actos que llamamos institución (Remedi, 2004).

En total se realizaron y analizaron a partir del trabajo de campo: ciento cuarenta y cinco registros de observación, treinta y siete entrevistas y siete sesiones de retroalimentación. La distribución por carrera es la siguiente:

Carrera y Nombre de la asignatura	Cantidad de observaciones	Cantidad de entrevistas	Cantidad de retroalimentaciones.
Cs. de la Educación: Cátedra S	15 teóricos 12 prácticos 3 clases de taller (Total: 30 registros)	3	1
Cs. de la Educación: Cátedra D	6 teóricos 7 prácticos 3 clases de taller (Total: 16 registros)	3	1
Artes: Cátedra M	11 teóricos 8 prácticos (Total: 19 registros)	5	1
Edición: Cátedra F	13 teóricos 8 prácticos (total: 21 registros)	4	1
Geografía: Cátedra E	9 teóricos 8 prácticos (Total: 17 registros)	5	1
Antropología: Cátedra A	10 teóricos 4 prácticos (14 registros)	3	1
Bibliotecología y Cs de la información: Cátedra B1	11 teóricos 8 prácticos (19 registros)	3 (la entrevista consideró las dos materias de la misma carrera)	1 (la retroalimentación consideró las dos materias de la misma carrera)
Bibliotecología y Cs de la información: Cátedra B2	9 teórico-prácticos	— (la entrevista consideró las dos materias de la misma carrera)	— (la retroalimentación consideró las dos materias de la misma carrera)
Filosofía	— (sin materia específica)	3	— (sin materia específica)
Letras	— (sin materia específica)	3	— (sin materia específica)
Historia	— (sin materia específica)	5	— (sin materia específica)
Totales	145 registros de observación	37 registros de entrevista	7 registros de retroalimentación

Con esta variedad de información recolectada se buscó la triangulación de la información, ya que esta permite ahondar en la comprensión del dato, indicar zonas grises de comprensión, controlar su importancia y validez, o señalar contradicciones que ayuden a entender de una manera más totalizadora lo que sucede en el aula de clase y en la institución en torno a la articulación teoría y práctica y la formación en investigación.

En cuanto a la técnica de análisis de la información utilizada, la misma fue el Método Comparativo Constante de Glaser y Strauss (1967), retomado por Strauss y Corbin (1991), planteado y ejemplificado en el informe de la investigación de Rodríguez y Keijzer (2002), el cual consiste en un conjunto sistemático de procedimientos para desarrollar teoría que se deriva inductivamente de los datos empíricos. Implica un análisis de la información en espiral donde se combina la obtención de información y el análisis de la información recolectada. Este método ayuda al proceso de doble hermenéutica, ya que le asigna al investigador un rol de productor de teoría y a la teoría un doble papel: de orientadora en la construcción del objeto y de emergente de la confrontación con la realidad.

Como señalan Glaser y Strauss:

> "...hace probable el logro de una teoría compleja que se corresponda cercanamente a los datos, porque la constante comparación fuerza al analista a considerar mucha diversidad en los datos. Por diversidad nosotros entendemos que cada incidente es comparado con otros incidentes en términos de tantas similaridades y diferencias como sea posible" (1967, p. 8).

En esta investigación se inició el trabajo con conceptos generales y durante el proceso se fueron generando categorías nuevas de análisis, primero correspondientes a las instancias de formación de cada carrera y luego que permitieran comprender la situación de toda la facultad.

Respecto al argumento central de la tesis fue necesario continuar con el proceso de análisis hasta alcanzar, en términos de Strauss y Corbin (2002), la *codificación selectiva*; según esta, siguiendo un proceso de ida y vuelta de la empiria a la teoría, se puede profundizar ese análisis hasta llegar a determinar la categoría central o medular, que represente el núcleo teórico de la tesis. Esta forma de trabajar los datos implica un proceso predominantemente *inductivo,* de *generación de teoría,* orientado a un modelo *comprensivo* de acercamiento al objeto didáctico en su peculiaridad, de reconocimiento de la *interdependencia* entre sujeto que conoce y realidad a conocer, con presencia de instancias *participativas* y, por tanto, inclusión de la *subjetividad* en la construcción del conocimiento. Desde las palabras de Galindo Cáceres (1998, p. 354):

"El conocimiento se construye y la realidad también, el mundo es lo percibido como tal, y diversas percepciones pueden dar cuenta de forma semejante en la acción práctica de ese mundo real configurado perceptivamente".

Considerando la *relación sujeto-objeto*, se parte del reconocimiento de la *interdependencia* entre el sujeto que conoce y la realidad a conocer. Desde allí, y en función de una postura favorable a la inclusión de la *subjetividad* en la construcción del conocimiento, se piensa trabajar la relación con el objeto de estudio a partir de dos puntos de apoyo: el reconocimiento de mi propia *implicación* (como docente de una de estas instancias curriculares) y las *instancias participativas* en la investigación con los docentes de las cátedras analizadas, con quienes se desarrolla una situación de triangulación "in situ".

Resulta interesante rescatar el concepto *implicación* en el sentido que le da Souto (2000):

> "...conjunto de relaciones entre el investigador y los actores de la situación, de carácter consciente o no, en la que ellos 'se entrelazan', 'se vuelven adentro', y construyen una red que se entrecruza a la ya existente".

Si bien no se enfatizará esta perspectiva profunda, es interesante considerar que

> "desde un abordaje psicoanalítico se trata de relaciones transferenciales y contratransferenciales, de intercambios en el nivel imaginario de procesos de identificación, de proyección, etc. que se ponen en juego" (2000, p. 83).

Souto (2000, p. 83) sigue, para el análisis de la implicación, la caracterización de Barbier, quien señala que puede hacerse en tres niveles: por un lado *psicoafectivo*, en tanto se ponen en juego los fundamentos profundos de la personalidad; por otro lado *histórico-existencial*, que remite a los hábitos adquiridos, a los esquemas de pensamiento y de percepción ligados a pertenencia de clase social; y finalmente *estructural funcional*, que consiste en vincularse desde su trabajo profesional, su rol, su función, su remuneración, etc. Consecuentemente se considera la implicación como fuente de un material rico, complejo y muchas veces impreciso desde lo consciente, que posibilita comprender de manera más profunda el hecho social.

En este punto resulta relevante rescatar el concepto *reflexividad* que utiliza Bourdieu y Wacquant (1995) para plantear cómo el investigador social tiene que trabajar con su implicancia. Se trata de un momento de ruptura con los presupuestos del sentido común o científico. En este sentido, se relaciona con lo planteado por Bachelard

(1984) a través del "obstáculo epistemológico" y la posibilidad de salir de él a través de la desnaturalización de la realidad y el espíritu científico basado en la capacidad de interrogarse sobre el mundo que lo rodea. Dice Bourdieu (1999, p. 453) al respecto:

> "Sólo en la medida en que es capaz de objetivarse a sí mismo (el investigador) puede, al mismo tiempo que permanece en el lugar que inexorablemente se le asigna en el mundo social, trasladarse con el pensamiento al lugar donde está su objeto y captar así su punto de vista, es decir, comprender que, si estuviera en su lugar, como suele decirse, indudablemente sería y pensaría como él".

Para Bourdieu y Wacquant (1995, p. 191)

> "la objetivación participante es, sin duda, el más difícil de los ejercicios, porque exige romper con las adherencias y adhesiones más profundas y más inconscientes; a menudo, con aquéllas que fundamentan el interés mismo del objeto estudiado para quien lo estudia. (...) La objetivación de la relación del sociólogo con su objeto constituye la condición de la ruptura con la propensión a invertir en el objeto, lo cual es, sin duda alguna, el motivo de su 'interés' hacia dicho objeto".

En la investigación que sustenta este trabajo, el control de la implicación se desarrolló a través de distintos medios: la incorporación en los registros de observación de una columna destinada a consignar las impresiones personales; la revisión de la empiria recolectada en el campo a través de la observación y las entrevistas inmediatamente posteriores a las bajadas a terreno; el trabajo de análisis y consulta con la directora de tesis; la escritura de la Historia Natural de la Investigación que permite objetivar mi trabajo y explicitar por qué se tomaron las decisiones que se tomaron a través de todo el proceso; y la incorporación de la palabra de los docentes obtenida de las entrevistas y las instancias participativas.

Se ha podido trabajar con todas las cátedras seleccionadas y realizar los procesos de triangulación y validación correspondientes. Esto implica la comparación y cruce de categorías que favorecen la obtención de tramas conceptuales que permitan comprender en su complejidad el hecho social estudiado en esta investigación. En este sentido, cabe una mención especial al valor de la retroalimentación. Resultó importante poder volver a trabajar las categorías obtenidas con cada una de las cátedras observadas y analizadas, no sólo porque es un procedimiento de validación sino también porque permite la producción colectiva de conocimiento y la objetivación de la realidad que viven los actores investigados. A título de ejemplo se transcriben algunos de los comentarios de los sujetos investigados donde ellos expresaron cómo vivieron estas instancias de retroalimentación:

> "P: Ahora yo estoy viendo una cosa maravillosa, en esto que vos presentas. Estoy sintiendo en mí misma lo que tantas veces escribimos acerca que los espacios de retroalimentación... que implican poder facilitar por parte de los actores investigados, que somos nosotros, el proceso de objetivación de sus prácticas cotidianas. Y enriquecerlo y construir otra mirada. Y además también veo, el papel de la teorización del investigador en esta objetivación. Porque yo personalmente estoy sintiendo eso ahora en mí. En el sentido de que estos conceptos que vos colocas, 'falta de ruptura con la lógica dicotómica'... Para mí implican una objetivación de la realidad nuestra, diferente y enriquecedora. (...) Entonces yo ya veo diferente la realidad, más concreta, más profunda y más rica incluso" (S. Retro-Prof. cátedra S-noviembre 2008).

> "P: Esto es algo que a veces también es muy interesante (...) ... a mí me resulto útil. Gracias.
> E: No por favor.
> P: No solamente me siento identificado, sino que además...
> E: ¿Quiere que se lo envíe por mail?
> P: Sería un placer, sí, sí. Si, así reflexiono esos otros dos o tres puntos que yo quiero, que yo también particularmente estoy tratando de reflexionar" (S. Retro-Prof. cátedra M-mayo 2009).

> "P1: Porque en realidad, lo que nosotros tenemos es como un conocimiento tácito...
> P2: ...y la experiencia de tantos años...
> P1: No elaboramos pedagógicamente... que es lo interesante de este trabajo... una sistematización de un hacer... de una práctica..." (S. Retro-Prof. cátedra FS-diciembre 2010).

A través de estos fragmentos, es posible observar cómo los participantes de una sesión de retroalimentación logran sentirse reconocidos y reflejados en las palabras del investigador. Asimismo, estas instancias les permiten reflexionar sobre la propia práctica y conceptualizar (dar nombre a) los procesos experienciales (lo que ellos hacen) alcanzando mayor comprensión de su práctica cotidiana y valorando la tarea que realizan habitualmente. Como señala Sirvent (1994):

> "Estas prácticas procuran la objetivación de la realidad cotidiana por parte de la población involucrada en el estudio y el establecimiento de relaciones entre problemas individuales, colectivos, funcionales y

estructurales. (...) Se busca transformar el tradicional objeto de investigación en sujeto de un proceso reflexivo propio (...)" (1994, p. 45).

Capítulo V

La articulación teoría y práctica en la formación en investigación que presentan los planes de estudios

Análisis comparativo del currículum prescripto

Para analizar el currículum prescripto, se han examinado los planes de estudio vigentes hasta 2015[9] de las nueve carreras de grado que se cursan en la Facultad de Filosofía y Letras (UBA). También, gracias al material curricular recolectado y las entrevistas realizadas, se han podido identificar aspectos ligados a la historia de cada carrera y a los planes de estudio implementados, sus características y materias que lo han conformado. Se identificaron las materias que explícitamente tienen la intención de formar en investigación observando el lugar que ocupan en el plan de estudio y considerando si este lugar facilita o inhibe la articulación teoría y práctica en la formación en investigación en las carreras de grado. La importancia de estos resultados se realza considerando que todas las carreras de la unidad académica estudiada, en su perfil del egresado o campo laboral/profesional señalan el rol de investigador como uno de los centrales.

Como síntesis de la reconstrucción histórica realizada a nivel institucional se puede plantear la siguiente línea del tiempo:

9 Luego de 2015 se modificaron los planes de estudio de las siguientes carreras de grado: Ciencias de la Educación en 2016, Filosofía en 2017 y Artes en 2019. A pesar de los cambios, las asignaturas dedicadas a la formación en investigación son las mismas existiendo en algunos casos solo variaciones en su denominación.

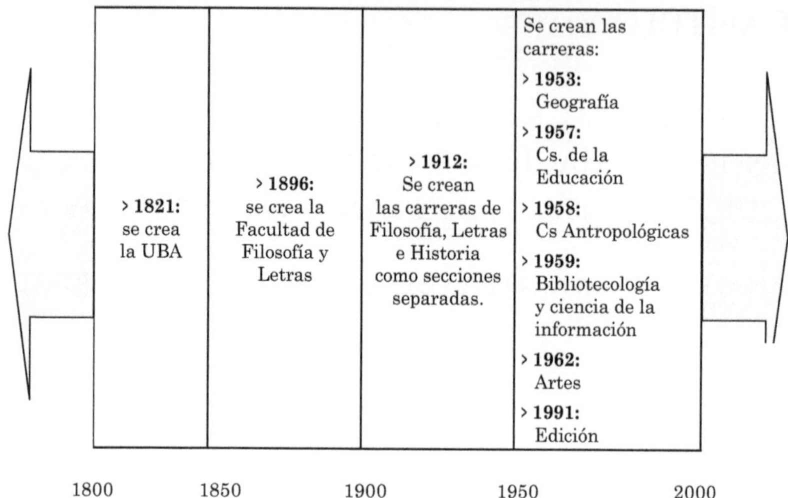

A través de la línea del tiempo se observa que, con la creación de la Facultad de Filosofía y Letras, las tres carreras que nacen son Filosofía, Letras e Historia. Ellas son consideradas las carreras "tradicionales" y aún hoy buscan conservar el espíritu humanista y centrado en la cultura clásica que dio origen a la casa de estudios.

En cambio, el resto de las carreras nacen a mediados de la década de 1950 que, como ya se señaló, fue una época en que el contexto político nacional otorgó un lugar de privilegio a la universidad, y en especial a la actividad científica, en el desarrollo nacional. Buchbinder (1997, p. 194) plantea que en la Facultad de Filosofía y Letras el perfil académico, la estructura curricular y la orientación de la enseñanza, experimentaron cambios sustanciales a partir de 1955. Estos cambios tuvieron su origen en la creación de nuevas carreras más ligadas a las ciencias sociales y con un cierto perfil profesional en sus propósitos formativos, y en el impacto que éstas ejercieron sobre el conjunto de la estructura curricular y sobre las antiguas disciplinas. Este proceso de renovación se efectivizó en un contexto en el que se reformuló la estructura institucional y administrativa de la Facultad, en que se privilegió la aplicación de nuevos criterios para el acceso a los cargos de profesor y para la delimitación de la carrera docente, y que también dio un nuevo perfil a las funciones del profesor universitario.

El desarrollo y la aparición de estas nuevas carreras quebró algunas pautas y rasgos de la estructura curricular de la Facultad que databan prácticamente desde sus orígenes. El primer aspecto modificado con la nueva organización fue el de la unidad de los estudios basado en la cultura clásica. El peso que tenían los estudios clásicos disminuyó notablemente en las carreras tradicionales, especialmente en Historia y Filosofía. Otro aspecto destacable es que la organización curricular experimentó una mayor especialización y los estudios adquirieron una impronta que privilegió la observación, el trabajo empírico y la labor de campo, en una Facultad donde había predominado desde los años veinte una tónica fuertemente antipositivista (Buchbinder, 1997, p. 195).

Con la renovación curricular que se da en la Facultad, a mediados de la década del cincuenta se encuentran en los planes de estudio las primeras materias metodológicas en el área de investigación. Por ejemplo, en el plan del '58 de la carrera de Ciencias de la Educación hay una materia obligatoria: "Técnica de investigación pedagógica". En el plan del '58 de la carrera de Ciencias Antropológicas entre las materias básicas está "Técnica de la investigación" y como optativa del orientado en Antropología Social figura "Elementos de metodología y técnicas de investigación social". Como se observa en los nombres de las materias, la noción de metodología estaba únicamente ligada al conocimiento de técnicas que permitieran la obtención y el análisis de la información en el trabajo de campo.

En los noventa se crea la última carrera: Edición. La misma nace en un clima político y social totalmente diferente a los anteriores, donde, en un contexto político signado por el neoliberalismo, términos como *globalización, sociedad de la información y el conocimiento, privatización, evaluación* y *avances tecnológicos* atravesaban los debates sociales y educativos.

Producto del análisis, se pueden extraer algunas tendencias comunes a los planes de estudios de las nueve carreras que se dictan en la Facultad de Filosofía y Letras:

- *Período de creación*: la mayoría de los planes fueron aprobados por la gestión normalizadora luego del retorno a la democracia en los años ochenta. Los restantes datan de los años noventa y algunos posteriores al 2000. En síntesis, la mayoría de los planes de estudios tienen varias décadas de antigüedad, algunos hicieron modificaciones menores a lo largo de los años y otras carreras cambiaron el plan recientemente. Las carreras se encuentran permanentemente en revisión y buscan una actualización curricular.
- *Estructura General*: se presenta organizada en ciclos (Camilloni, 2001; Zabalza, 2006). Con la normalización pos dictadura a nivel

de la universidad se establecen disposiciones comunes que afectan la organización de todas las carreras de la UBA. Por resolución del Consejo Superior Provisorio N° 323/84 (del 8 de agosto de 1984) se establecen cambios comunes para todos los Planes de estudio. A partir de 1985 se crea un Ciclo Básico Común (CBC) que constituirá la primera etapa de las carreras. Este ciclo tiene la duración de un año académico. En otra resolución del Consejo Superior Provisorio N° 196/84 (del 16 de mayo de 1984) se señala que resulta conveniente la estructuración de los planes de estudio de la UBA en tres ciclos: CBC, el profesional o de grado y el de post-grado. Por su parte, en el caso de la FFyL, dentro de la formación de grado los planes presentan una organización en tres *ciclos*: el CBC, el Ciclo de Grado General o Básico y el Ciclo Orientado o Focalizado. En todas las carreras, menos en Edición, hay orientaciones entre las cuales se puede elegir; además, el régimen de cursada y la duración de las asignaturas es *cuatrimestral,* aunque en algunos casos se combinan con materias anuales, situación que otorga un cierto grado de flexibilidad y apertura. Por otra disposición de la facultad, todas las carreras incluyen el cursado de tres niveles de dos *idiomas* (uno latino y otro anglosajón).

- *Grado de apertura o cierre*: los planes presentan una mayor tendencia a la *apertura* (Camilloni, 2001) y con especial énfasis en el Ciclo Orientado. En general, se encuentra mayor cantidad de instancias curriculares optativas. A lo largo de los años, hay una tendencia a darle al alumno la posibilidad de optar entre distintas orientaciones, como también materias o seminarios según su interés. Y en algunos casos, no solo optativas dentro de un grupo de materias pre-establecidas sino también abierto a cualquier materia de la UBA, previa autorización del Departamento de la carrera.
- *Correlativas*: los planes presentan una mayor tendencia a la *flexibilidad* de las carreras (Camilloni, 2001; Díaz Barriga, 1995). En mayor o menor medida, en todas las carreras, (menos en Artes según el plan 86) existen correlatividades entre las asignaturas que forman el plan de estudios. La mayoría establece correlativas entre los ciclos de formación.

Las tendencias hasta aquí planteadas se pueden relacionar de la siguiente manera (Calvo, 2000):

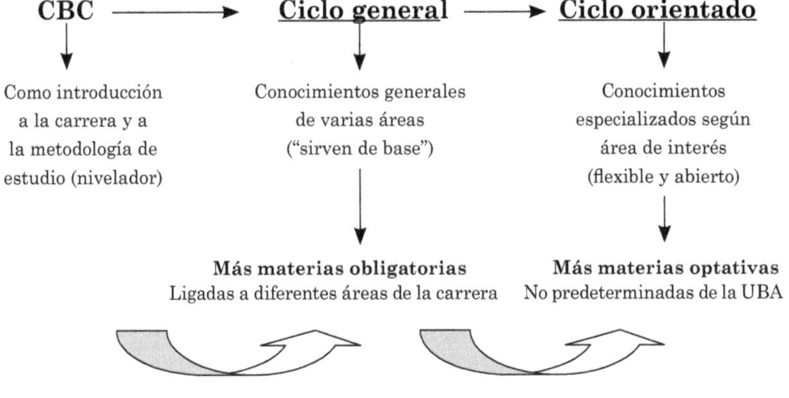

Correlatividades entre los ciclos de formación

A través de este esquema se pretende poder reflejar algunas de las tendencias expresadas. Como se observa, se busca un CBC que cumpla una función introductoria a la carrera y al sistema universitario. Luego, un ciclo general con mayoría de materias obligatorias que provea de conocimientos generales y ligados a diferentes áreas para asegurarse un conocimiento general y sólido de la carrera. Posteriormente, un ciclo de especialización bien armado, con mayoría de materias optativas y con bastante apertura a otras carreras y posibilidad de elección. Las correlatividades funcionarían como necesarias para el pasaje de un ciclo a otro y entre las asignaturas de un área común donde exista real vinculación entre sus contenidos. Es muy interesante ver cómo esta estructura extraída de las tendencias obtenidas coincide con lo planteado por Alicia de Alba (1993), como parte de una propuesta que hace para encarar los múltiples retos que enfrenta actualmente el curriculum de cara al siglo XXI. Entre otras cosas afirma:

"Los campos de conformación estructural curricular podrían permitir y propiciar la generación de una nueva estructura que, al tiempo que recupere los elementos más valiosos de la formación universitaria, brinde la formación dinámica y actual que demanda el presente y el futuro cercano. Esta estructura tendría las siguientes características fundamentales: a) contener un conglomerado de contenidos relativamente cerrados y estables para una formación básica general, que se obtendría en la primera etapa de la formación universitaria; b) contener un conglomerado de contenidos flexibles y dinámicos que pudiesen irse transformando de acuerdo con los cambios del mercado de trabajo y por tanto de la práctica profesional, así como de los acelerados avances de la ciencia y la tecnología, y c) una interrelación entre estas dos etapas formativas en la medida en que la primera posibilita a la segunda" (de Alba, 1993, p. 41).

- *Requisito para el título*: la mayoría de las carreras incluyen la aprobación de una *tesis* como requisito para la licenciatura, con la excepción de cuatro: Letras, Ciencias de la Educación, Bibliotecología y Ciencia de la Información y Arte (Calvo, 2002). En el caso de los profesorados como requisito para el título se pide la aprobación de un promedio de tres materias pedagógicas. Esto muestra una clara tendencia a una formación centrada en los contenidos específicos del área. Como señala Rodríguez Ousset (1994, p. 5):

  "A diferencia de otros procesos formativos, la formación docente implica una capacitación en el campo del saber y una capacitación pedagógica; tiene, por tanto, un doble carácter".

  En la facultad, los alumnos obtienen la capacitación en el campo del saber al cursar toda la carrera para la Licenciatura. La capacitación pedagógica, en relación con la anterior, resulta mucho menor. Esto muestra cómo tradicionalmente la formación pedagógica ha quedado desvalorizada ante la formación en la disciplina. Ante lo planteado, se hace necesario tener en cuenta los aspectos señalados y otros para instrumentar las estrategias necesarias con el fin de contrarrestar los efectos adversos de la especialización en el contexto actual. Esto implicará también pensar en la duración de cada uno de los ciclos y en la calidad/profundidad de las orientaciones.

- *Perfil del egresado*: las carreras buscan formar básicamente *investigadores* en un campo específico y *profesores* del nivel medio y superior (Díaz Barriga, 1984). También se puede encontrar en varias carreras referencia a desempeños profesionales en asesorías sobre la materia de su especialidad. Una de las excepciones es la carrera de Bibliotecología y Ciencia de la Información que incluye también prácticas profesionales para la diplomatura y la licenciatura. Antes de concluir cada una de estas instancias, se pide el cumplimiento de horas de campo o práctica profesional en actividades bibliotecológicas. Lo mismo ocurre en la carrera de Edición que incluye una pasantía en actividades editoriales. En el caso de Ciencias de la Educación se encuentran instancias en formato de créditos o talleres donde se enfatiza la formación en el campo profesional o en investigación. También en el Profesorado de Cs. de la Educación se encuentra la residencia pedagógica a desarrollarse en instituciones educativas del nivel medio y/o superior.

- *Articulación teoría y práctica*: los planes de estudio en la actualidad continúan teniendo una *secuencia vertical,* aspecto que los caracterizó en periodos anteriores. Elisa Lucarelli (2009a) señala que se pueden distinguir dos formas de hacer referencia a la práctica: una como práctica profesional y otra como estrategia metodológica en el desarrollo de toda situación de enseñanza y aprendizaje. Cabe señalar que en el análisis del plan de estudios se hace referencia específicamente al primer sentido, donde la práctica profesional aparece como un elemento definitorio en la incorporación de los problemas significativos que afectan al ejercicio profesional vigente en un campo determinado. Es así como pueden preverse en el plan de estudios pasantías, residencias, trabajos de campo, y otras formas que acerquen al alumno al ejercicio de su rol profesional.
- *Formación generalista o especializada*: en general, las carreras buscan una mayor *especialización* o especificación en su campo profesional (Gómez Campo y Tenti Fanfani, 1982; Zabalza, 2006). Posiblemente, y en función de las entrevistas realizadas en los diferentes departamentos, esto se deba a que en la época de la dictadura muchas de las carreras humanísticas tuvieron que cambiar sus planes y adecuarlo a las disposiciones del momento para seguir existiendo. Una vez, que en el '83 se restableció la democracia, las carreras más afectadas por esta situación modificaron sus planes sacando las materias que no eran específicas del campo y agregando otras más especializadas. También, distintos autores muestran que es una tendencia social la búsqueda de profesionales cada vez más especializados. Al respecto, Gómez Campo y Tenti Fanfani (1982) nos muestran cómo las profesiones han entrado en crisis en los tiempos actuales por diferentes factores sociales y de qué forma el extraordinario crecimiento y transformación del conocimiento científico y tecnológico disponible en las sociedades modernas han llevado al desarrollo y especialización del saber científico. Otro autor, Rolando García (1991), señala algo similar al plantear que para muchas universidades e institutos de investigación la búsqueda de formas de organización que hagan posible el trabajo interdisciplinario surge como reacción contra la excesiva especialización, ya que consideran que tal especialización conduce a una fragmentación de los problemas de la realidad. Sin embargo, también se sostiene que son los especialistas los mejor formados para la investigación ya que aprenden a explorar en profundidad algún problema específico o parte de un problema.

- *Instancias curriculares de formación en investigación*: se puede observar la siguiente situación en torno a la formación en investigación: las carreras que le dieron entidad a la facultad, Filosofía, Letras e Historia, no incluyen asignaturas obligatorias al respecto, mientras que en el resto la presencia de este tipo de formación oscila y se expresa a través de uno a cuatro espacios curriculares de distinto tipo (asignaturas, seminarios, créditos) y con diferencias en cuanto a la obligatoriedad de cursado. Un extremo está representado por Artes y Edición con sólo una asignatura relativa a investigación por carrera. En situación intermedia se encuentran Ciencias de la Educación –que incluye *dos* materias obligatorias en el Ciclo General y dos créditos de investigación, uno en el Ciclo General y otro en el Focalizado a elección según la oferta, aunque de cursado obligatorio–, Ciencias Antropológicas –que ofrece *una* materia obligatoria en el Ciclo General y tres materias obligatorias para el orientado elegido–, Geografía –con *una* materia obligatoria en el Ciclo General y optativas al finalizar la licenciatura–, y Bibliotecología y Ciencia de la Información –con *dos* materias obligatorias para el Ciclo General–. Como se señaló, en esta unidad académica la mayoría de las carreras de grado explicitan la intención de formar investigadores en los perfiles profesionales. No obstante, la formación brindada es disímil en función de las decisiones y tradiciones de cada disciplina. Siguiendo esta línea donde se cree necesaria la formación en investigación en la carrera de grado, autores como Gibaja (1987) y Borsotti (1989) se preguntan acerca de cómo lograr que el currículo universitario de grado incluya explícitamente que los alumnos logren desarrollar la capacidad de observar y problematizar, la capacidad y la valoración positiva de la actualización permanente en el conocimiento y el método científico, así como la capacidad de utilizar dichos conocimientos y métodos en su práctica profesional.

En la unidad académica estudiada, la formación para la investigación presenta situaciones diferenciadas según las carreras: en las más tradicionales (Filosofía, Letras e Historia) no se encuentran materias de metodología en su plan de estudio; en cambio en las restantes sí. No obstante, la formación generalmente queda relegada a unas pocas materias (a veces una) o seminarios desarticulados que se cursan en los extremos de la carrera. Algo similar ocurre con la formación de profesores, donde las asignaturas estrictamente pedagógicas se encuentran al final de la carrera e incluso luego de aprobada la licenciatura. Generalmente se piden dos o tres materias dictadas por el Departamento de Ciencias de la Educación (menos la carrera de Ciencias de la Educación que tiene requisitos diferentes), quedando la práctica como la última instancia de formación antes de graduarse. Evidentemente, estos planes continúan manteniendo la tendencia tradicional basada en una visión dicotómica entre teoría y práctica donde se concibe a la práctica como una mera aplicación de la teoría. Elisa Lucarelli (1994, p. 12) afirma que generalmente en las universidades argentinas

> "...teoría y práctica son entendidas como tareas separadas y hasta excluyentes, que se han desarrollado una al margen de la otra, que han tenido una ubicación institucional desconectada y un reconocimiento intelectual y social también diferentes...".

Esta concepción históricamente remonta a la división aristotélica de las disciplinas en teóricas (cuyo fin es conocer), prácticas (orientadas al actuar) y productivas (que se ocupan del hacer). Esta perspectiva deriva en una determinada forma de explicar teoría y práctica, visualizadas como esferas independientes de conocimiento, diferente valoración y reconocimiento, susceptibles apenas de una mínima relación secuencial. En este sentido, se tiende a considerar todas las disciplinas como teóricas, y los momentos dedicados a las prácticas sirven para la "aplicación" de aquello que se ha trabajado de forma teórica previamente.

En síntesis, de las nueve carreras de grado que se dictan en la Facultad de Filosofía y Letras de la UBA, seis presentan una o dos materias obligatorias en el Ciclo General de Grado que explícitamente tengan la intencionalidad de formar en investigación. Las otras tres carreras no presentan materias obligatorias en el grado que busquen formar en investigación.

En algunas carreras esta materia obligatoria es la única instancia curricular donde se busca formar en investigación. En otros casos, hay materias o seminarios optativos según la orientación seguida; dada esta posibilidad un estudiante puede recorrer el plan de estudio eligiendo no cursar estas asignaturas y llegar a recibirse de licenciado en un área con poca o ninguna formación en investigación.

En este sentido, se puede pensar que *la poca cantidad de instancias curriculares obligatorias metodológicas, su ubicación en el plan (preferentemente en los extremos de la carrera) y la poca articulación que generalmente tienen estas materias metodológicas con otras instancias curriculares existentes en los planes, inhibe la articulación teoría y práctica en la formación en investigación de las carreras de grado.*

También, Rojas Soriano (2008, p. 23) observó en su estudio una situación semejante a nivel curricular cuando dice:

> "A nivel licenciatura se ha impulsado cada vez más la enseñanza de la metodología para preparar a los estudiantes en el campo de la indagación científica. Desafortunadamente, dicha enseñanza se contempla por lo general, de manera aislada dentro de la formación académica, tanto por parte de los profesores como de los alumnos, a pesar de que en el currículo estén presentes los vínculos de las asignaturas sobre metodología con el resto de las materias de una determinada carrera. Lo anterior conduce a que se busque acreditar los cursos como cualquier otra asignatura, sin reflexionar en el hecho de que, desde el punto de vista del diseño curricular, la metodología es el eje articular de todo el proyecto académico por lo que ésta resulta un elemento primordial en todos y cada uno de los contenidos curriculares. (...) La falta de un programa para formar investigadores que se integre como parte sustantiva de la actividad académica de las instituciones de educación superior, refleja el divorcio existente entre docencia y la investigación, así como la reproducción de los esquemas tradicionales del proceso de enseñanza-aprendizaje".

Claramente el autor refleja algunas de las características señaladas en los planes de estudio analizados, principalmente la fragmentación y segmentación del conocimiento que se percibe en la desarticulación existente entre las asignaturas metodológicas y el resto. A nivel curricular, esto implica que, si tomamos en cuenta la descripción que realiza Carlos Ornelas Navarro (1982) sobre la enseñanza universitaria, la caracterización que realiza Elisa Lucarelli (1993b) sobre las universidades latinoamericanas y las tensiones identificadas por da Cunha (1997; 2007) en la práctica pedagógica universitaria, podemos observar que las concepciones sobre la enseñanza universitaria no se han modificado en la actualidad. Características tales como: reproducción fragmentada del saber, estilo de enseñanza verbalista, poca relación con la investigación y producción del conocimiento, poca vinculación con la reflexión y el estudio de problemas concretos, visión dicotómica de la relación teoría-práctica, profundización de la distancia entre trabajo intelectual y trabajo productivo, son aspectos que desde hace tiempo son criticados por diferentes actores curriculares y aún persisten como "núcleos problemáticos" (Calvo, 2000) que necesitan una solución.

En este sentido, uno de los puntos centrales es revisar la relación entre la enseñanza y la investigación en la universidad. Al respecto,

M. I. da Cunha (1997 y 2011) plantea que la lógica de la investigación y de la enseñanza en su modalidad tradicional, es completamente antagónica. Por ese motivo, para pensar la enseñanza ligada a la investigación será preciso revertir la lógica de la enseñanza tradicional e intentar formularla con base en la lógica de la investigación. Sólo con ese esfuerzo se puede pensar en un proceso integrador en el aula universitaria. Pero la misma autora reconoce que no es sólo el aula la que corporiza la contradicción entre enseñanza e investigación. Los propios currículos de los cursos universitarios reflejan esa contradicción. El conocimiento está organizado de lo general hacia lo particular, de lo básico hacia lo profesionalizante, de lo teórico hacia lo práctico, ubicando las instancias de práctica profesional en el final de los cursos. Esta perspectiva parte del presupuesto de que primero se debe tener la información para después practicarla. La organización tradicional de los currículos no reconoce la duda epistemológica como punto de partida del aprendizaje. Con eso, por consecuencia, niega la lógica de la investigación. Es, en este sentido, hacia donde es preciso encarar una reforma curricular.

Capítulo VI

La articulación teoría y práctica en las asignaturas que forman en investigación

Análisis comparativo del currículum en acción

La investigación que dio origen a esta obra ha buscado realizar un análisis didáctico general y un estudio de las modalidades de relación teoría y práctica que adquieren las distintas instancias curriculares que forman en el área de investigación. La selección de las carreras de grado que se cursan en la Facultad de Filosofía y Letras se relaciona con la identificación y el análisis de las posibles diferencias en la formación en investigación en carreras de grado con características disciplinarias y epistemológicas distintas.

Como se señaló en el capítulo anterior, de las nueve carreras que se dictan en esta unidad académica, seis presentan instancias curriculares que tienen la intencionalidad explícita de formar en investigación en el ciclo general de la carrera de grado; las otras tres carreras no presentan estas instancias curriculares. Por lo tanto, éste será un primer criterio de presentación de los resultados.

Carreras que presentan instancias curriculares de formación en investigación

Se han analizado las ocho instancias curriculares formales y obligatorias que explícitamente tienen la intencionalidad de formar en investigación en el ciclo general (llamado o considerado de diferente manera) de la formación de grado de seis carreras: Ciencias de la Educación, Artes, Geografía, Edición, Antropología y Bibliotecología y Ciencia de la Información. El uso del Método Comparativo Constante como técnica de análisis de material curricular, observaciones y entrevistas permitió avanzar en la creación de categorías que posibilitan comenzar a comprender desde el punto de vista didáctico cuáles son los rasgos distintivos de la formación en investigación en estas carreras.

A partir del proceso espiralado entre recolección de la información y análisis de la misma, se fueron comparando los datos obtenidos mediante las observaciones, las entrevistas y los documentos curriculares de cada una de las asignaturas seleccionadas. De la triangulación se obtuvo el esqueleto general, conformado por una serie de categorías que constituyen los ejes del análisis descriptivo a partir del cual se analizan las asignaturas (ver la definición teórica de cada una en el capítulo 3), a saber:

- *Historia de la cátedra.* Se busca contextualizar un análisis didáctico curricular, propio de la mirada teórica que estamos tomando (Didáctica Fundamentada Crítica)
- *La intencionalidad formativa.* Lo que la cátedra pretende, en qué aspectos pretende la cátedra formar a los alumnos. Es decir, qué es lo que la cátedra busca aportar a la formación de los alumnos en la formación en investigación.
- *La organización de la enseñanza* en las instancias curriculares existentes:

- *La evaluación.* Entendiendo a la evaluación desde un sentido amplio: su relación con la acreditación, tipos de evaluación, criterios e instrumentos.
- *La articulación teoría y práctica.* Considerando especialmente las formas de manifestación que aparecen.

- *Dificultades de los alumnos que percibe la cátedra.* Cómo entiende la cátedra los procesos de aprendizaje que realizan los estudiantes y qué dificultad observa en ellos para llevar a cabo la propuesta de la cátedra.

A partir del análisis de cada asignatura en base a estos ejes, la comparación entre ellas facilita el surgimiento de nuevas categorías en torno a cada uno de los puntos antes señalados que permiten caracterizar, por ejemplo, los tipos de intencionalidad formativa que se encuentran en estas materias, las estrategias que se adoptan en la enseñanza de las materias, las modalidades de articulación teoría y práctica que se manifiestan, etc.

Una vez realizado el análisis descriptivo de cada una de las asignaturas estudiadas y en base a los ejes utilizados, se confeccionó un cuadro comparativo síntesis.

Del análisis del cuadro a partir de los ejes tomados se pueden extraer algunas tendencias comunes de las ocho asignaturas analizadas correspondientes a los planes de estudios de las nueve carreras que se dictan en la Facultad de Filosofía y Letras:

- *Historia de la cátedra*: la mayoría de las asignaturas analizadas (cinco) surgieron con los planes de estudio aprobados por la gestión normalizadora luego del retorno a la democracia en los años ochenta. Los restantes (tres) datan de inicios de los años noventa. Durante este tiempo, cuatro de las asignaturas tuvieron cambios de Profesor/a Titular lo cual trajo aparejado, modificaciones en la organización de la asignatura y en la estructura de cátedra. Las otras cuatro, siguen teniendo desde su fundación el mismo Profesor/a Titular y equipo, conservando el estilo de trabajo adoptado desde los comienzos. Varias de estas cátedras a partir de 2010 aproximadamente, se encuentran en proceso de transición hacia un nuevo momento de cambio por la jubilación de sus profesores titulares.

- *Intencionalidad formativa*: se puede desprender del análisis de los documentos curriculares de la cátedra, la entrevista realizada a los docentes y la observación directa de clases. La revisión de los documentos curriculares confeccionados por la cátedra (programa y cronograma) permite acceder a la fundamentación, los objetivos y los contenidos seleccionados para lograr el fin propuesto. Araujo (2006, p. 118) presenta una síntesis de las cuestiones más importantes, que justifican el abordaje de la programación de la enseñanza como una categoría en el ámbito de la didáctica. Entre esos puntos señala que:

"la programación constituye un instrumento de trabajo de docentes y alumnos que sintetiza la finalidad e intencionalidad que caracteriza la práctica docente y, por consiguiente, no es un mero instrumento formal o burocrático de la práctica educativa".

La comparación de programas nos permite visualizar, en cuanto a la intencionalidad formativa desde los objetivos explicitados, que se utilizan enunciados y específicamente verbos (presentar, introducir, desarrollar...) que implican un claro propósito de brindar las bases necesarias para iniciar el proceso formativo en investigación. Asimismo, se busca formar al estudiante como un sujeto pensante, reflexivo y crítico acercándoles procedimientos de estudio y trabajo intelectual propios del quehacer investigativo, pero también utilizados en el desarrollo de las respectivas profesiones. Las palabras de Soria Nicastro (2003, p. 70) sobre el tema coinciden con esta intencionalidad formativa al plantear que

"la formación en y para la investigación promueve el desarrollo de capacidades y destrezas fundamentales en la formación integral del estudiante universitario".

Entre ellas, señala la creatividad, pensamiento riguroso, crítico y sintético; disciplina, constancia, amplitud de criterio y objetividad; apego a la verdad, reconocimiento de limitaciones, solución de problemas, etc. También, el autor sostiene que la formación universitaria debe perseguir de manera intencional y sistemática el desarrollo de tales disposiciones deseables, orientadas a la formación en el estudiante de criterio autónomo, creativo y apegado a la verdad, todos ellos elementos básicos para la formación de hombres libres, en una sociedad abierta y dinámica. Muchas de estas ideas también son explicitadas por los docentes de las cátedras estudiadas en los objetivos de los programas o en las entrevistas realizadas. En cuanto a los contenidos seleccionados para cumplir los propósitos y objetivos planteados, se observa que mayoritariamente se encuentran organizados de lo general a lo particular propiciando un pensamiento deductivo y centrado en tres grandes temáticas: (a) la historia y fundamentos de la ciencia (énfasis en los epistemológico); (b) las problemáticas ligadas a las decisiones que toma un investigador (énfasis en lo metodológico); y (c) el manejo de un conjunto básico de herramientas estadísticas o de técnicas cualitativas que permitan la recolección y el análisis de la información obtenida (énfasis en lo instrumental) (Calvo, 2016). En este sentido, en función de ciertos contenidos mínimos enunciados en los planes de estudio, cada cátedra selecciona, organiza y secuencia los contenidos en función de los ejes centrales por lo que busca iniciar la formación en investigación de los alumnos de su carrera.

- *La organización de la enseñanza*: en las ocho asignaturas la enseñanza se organiza en horas de teóricos y horas de prácticos, siguiendo la disposición general de las carreras y de la facultad. En algunos casos, podemos encontrar teórico-práctico o talleres que buscan plantear otras modalidades de enseñanza. Esta situación de disociación entre las instancias teóricas y prácticas parece repetirse en otros contextos. Elisa Lucarelli (1992, p. 11), en la propuesta preeliminar de un modelo de evaluación curricular para la Facultad de Medicina de la Universidad Nacional de Tucumán, señala que

  "...si bien todas las asignaturas organizan sus actividades en clases teóricas y prácticas, la cotidianeidad pedagógica muestra, la mayoría de las veces, la disociación entre ambas modalidades...".

  Precisamente esta es la situación que parece necesario revertir, "propiciando la integración del conocimiento, permitiendo una fluida relación entre los contenidos y las metodologías desde el comienzo de la carrera", buscando, aprendiendo e implementando efectivamente, modalidades de enseñanza aprendizaje (la tradicional de teóricos y prácticos, seminarios, talleres, etc.) que intenten garantizar que el proceso de enseñanza y aprendizaje no recaiga en la exposición del profesor únicamente, sino que responda a concepciones activas, constructivistas y críticas del aprendizaje y la práctica docente. *En los espacios de teóricos,* la estrategia que predomina es la exposición pura (Eggen y Kauchak, 1999) aunque también se presenta en su versión más dialogada, lo cual reafirma esta modalidad tradicional de enseñanza centrada en la palabra de docente. No obstante, se puede encontrar también, en algunos casos, el uso de dinámicas grupales y seguimientos más personalizados durante las tareas de producción con modalidad de tutorías. Estas formas de trabajo en la clase promueven mayor participación de los alumnos en la construcción del conocimiento y ubican al docente en una posición de guía y andamiaje del aprendizaje del alumno. Más allá de las particularidades que implica el uso de una u otra estrategia de enseñanza, se puede remarcar que tanto el rol del docente como del alumno aparecen como activos en cuanto sujetos pensantes y reflexivos, que interactúan constantemente intercambiando ideas, formulando y respondiendo preguntas en torno al tema tratado (Finkelstein, 2008). La organización del contenido tiende a presentarse en secuencias lineales con complejidad progresiva y encadenada, que permiten el desarrollo de los temas de forma continuada. Sólo en una de las cátedras se ha observado una organización espiralada del contenido que implica una comprensión progresiva y recapituladora (Davini, 2009). En cuanto a los recursos, el uso de la bibliografía y las anotaciones en el pizarrón siguen siendo los más utilizados en las clases, aunque también se ha encontrado la incorporación de recursos audiovisuales o que implican el conocimiento informático (películas, canciones, power point, mail, etc.). *En los espacios de práctico,* la estrategia que predomina es la exposición dialogada (Eggen y Kauchak, 1999) y aquellas que promuevan el diálogo y la discusión entre los participantes de la clase por eso se utiliza de forma más frecuente que en los espacios de teóricos las dinámicas grupales y el trabajo del docente como tutor. Es así como tanto el rol del docente como de los estudiantes aparecen como activos, intercambiando ideas, problematizando y respondiendo preguntas en torno al contenido (Finkelstein, 2008). La organización del contenido generalmente sigue el recorrido de los teóricos y por lo tanto tiende a presentarse en secuencias lineales con complejidad progresiva y encadenada (Davini, 2009) utilizando principalmente como recursos la bibliografía y los esquemas en el pizarrón. También ha observado el uso de guías de lectura para facilitar la comprensión de los textos y la presentación de síntesis de investigaciones para analizarlas como una forma de acercar a los alumnos al quehacer el investigador.

- *La evaluación:* cuatro de las asignaturas observadas presentan la opción de promoción directa y otras cuatro promoción con examen final lo cual no señala una tendencia definida al respecto. Tampoco se encuentra una tendencia marcada en el uso de evaluación sumativa y formativa ya que están presentes en todas las asignaturas (Sanjurjo y Vera, 1994). Dado que la evaluación sumativa se encuentra en estrecha relación con la calificación y la acreditación, este punto aparece signado en gran parte por la normativa institucional que establece la cantidad de parciales y de notas necesarias. Donde se percibe mayor variedad es en la modalidad de parcial que elige cada cátedra (presencial/domiciliario; individual/grupal; libro cerrado/libro abierto; monografía u otro trabajo de producción) y en los criterios de evaluación donde se plantean los aspectos más subjetivos de la evaluación (Camilloni, 1998b). La evaluación formativa se encuentra presente en todas las asignaturas analizadas, pero con más fuerza en los espacios de prácticos dado que generalmente es el ayudante quien corrige los parciales y trabajos de su comisión realizando las devoluciones correspondientes y entablando un vínculo docente-alumno más cercano.

- *La articulación teoría y práctica* se manifiesta en las ocho asignaturas a través de distintas modalidades particulares de articulación teoría y práctica (Lucarelli, 2009a), tales como: a) la ejemplificación, entendida como situación para demostrar, probar o explicar a través de ejemplos, casos o situaciones particulares, lo expresado por un concepto general, es la forma que más aparece en las clases observadas; b) la demostración que realiza el profesor de cómo se tiene que resolver un ejercicio o actividad; c) la ejercitación, donde se propician actividades en las que los alumnos realicen ejercicios de aplicación o analicen algún material sobre la base de conceptos teóricos trabajados con anterioridad; d) análisis reflexivo, a través del estudio detallado de informes de investigación donde los alumnos puedan reconocer las decisiones metodológicas que fue tomando el investigador en el proceso de construcción de su objeto científico; e) situación problemática con simulación, en la cual se plantea un escenario simulado donde el alumno debe tomar decisiones metodológicas como si fuese un investigador, f) producción (con o sin ingreso al campo) que implica la realización de un producto (por ejemplo,un diseño de investigación) o trabajo que posibilite sintetizar, identificar, derivar o retrabajar contenidos conceptuales, procedimentales o actitudinales.
- *Dificultades de los alumnos que percibe la cátedra:* la falta de hábitos de estudio respecto a la lectura y escritura es una de las dificultades más habituales que los profesores universitarios señalan acerca de los alumnos ingresantes, ante lo cual se instrumentan diferentes dispositivos didácticos (Alonso y Sanjurjo, 2008). Otro de los aspectos más nombrados por los docentes en las entrevistas en torno a las dificultades que presentan los alumnos en el cursado de la asignatura es la relación que los estudiantes entablan con el conocimiento ya sea: numérico, teórico, metodológico o instrumental. Los docentes perciben una visión enciclopedista y acumulativa del conocimiento por parte de los estudiantes y una falta de ruptura con la visión dicotómica de la relación teoría y práctica producto de los años de escolaridad previos. Ambos aspectos resultan obstaculizadores en la formación en investigación ya que resulta necesario modificar esta relación alumno-conocimiento hacia un vínculo más dinámico, reflexivo y crítico que permita la problematización de la realidad. Algo más que señalan los docentes es la falta de conoci-

miento sustantivo sobre la carrera que tienen los alumnos lo cual representa un desafío para los docentes de estas asignaturas ya que tienen que introducir a los estudiantes en un quehacer nuevo para ellos como es el investigativo, pero con poco conocimiento teórico del área de interés (dado que están en los primeros años de la carrera de grado) y poco conocimiento teórico-epistemólogico-metodológico que sustente las decisiones que se tomen en el proceso de investigación. El trabajo con estos dos tipos de teoría (sustantiva y metodológica) y su relación con la práctica investigativa es uno de los desafíos mayores que presentan a nivel didáctico las asignaturas que buscan formar en investigación en las carreras de grado.

- *Enfoque didáctico*: este eje no fue considerado inicialmente, sino que surge como fruto del análisis del sistema de relaciones verticales y horizontales entre las asignaturas. Cabe preguntarse, para sistematizar estas relaciones, primero como rasgo general: qué mirada o *enfoque* tienen estas instancias. En este punto se considera al término *enfoque didáctico* como *la forma en que la cátedra selecciona y organiza el contenido en función de un eje de predominio o interés formativo y que se manifiesta a través de cierta metodología didáctica o estrategias de trabajo con los alumnos*. A su vez, cada enfoque implica una postura epistemológica peculiar en torno a los aspectos metodológicos en el quehacer investigativo que se reflejan en propuestas didácticas distintas. Se pueden identificar tres enfoques didácticos: epistemológico, metodológico e instrumental (Calvo, 2016). Esta trilogía que se presenta para nominar los enfoques didácticos se inspira en el marco teórico relativo a la tridimensionalidad del diseño de investigación (Sirvent, 2006) pero a su vez adquiere un sentido particular dado que aquí el foco está puesto en los aspectos didácticos propios de los procesos de enseñanza. Los enfoques didácticos pueden encontrarse de forma pura o combinada de la siguiente manera: a) cátedras que manifiestan un enfoque "puro", es decir, que mantienen el enfoque propuesto en las instancias de teóricos y prácticos y a lo largo de la cursada; b) cátedras que evidencian distintos enfoques en los teóricos y en los prácticos los cuales se mantienen en los diferentes momentos de la cursada; y c) cátedras que evidencian distintos enfoques según los momentos de la cursada (inicio, desarrollo y cierre), los cuales se mantienen en las instancias de teóricos y prácticos. El análisis comparativo de las asignaturas que presentan el mismo enfoque permitió llegar a un esquema de categorías que da lugar a la siguiente tipología:

TIPO A

Enfoque epistemológico

- *La intencionalidad formativa*
    - Desde los objetivos (en los documentos y/o la voz de los entrevistados)
        - introducir en las problemáticas y los fundamentos epistemológicos, presentar un encuadre epistemológico
        - lograr una lectura crítica epistemológica de la historia de la ciencia
        - formar en habilidades que sirvan al futuro profesional, formar un licenciado pensante, crítico y reflexivo, que pueda: identificar los supuestos epistemológicos, generar nuevas preguntas, razonar articulando posturas teóricas, constituir al alumno en un sujeto lector.

    - Desde los contenidos propuestos
        - Tipo de contenido:
            - centrada en una mirada epistemológica; contenidos epistemológicos y relacionados con la historia de la ciencia.

- *La organización de la enseñanza*
    - Teóricos (en algunos casos con modalidad teórico-práctico)
        - Estrategia
            - exposición pura
            - exposición dialogada
        - Estructura de los contenidos desarrollados (secuenciación y organización del contenido):
            - sucesión de temas de forma secuencial-lineal y encadenados
            - de lo general a lo específico; de lo abstracto a lo concreto (en la mayoría de las clases observadas)
        - Recursos del docente
            - pizarrón
            - bibliografía
    - Prácticos
        - Estrategia
            - breves exposiciones puras
            - exposiciones dialogadas
        - Estructura de los contenidos desarrollados (secuenciación y organización del contenido):
            - sucesión de temas de forma secuencial-lineal y encadenados
            - de lo general a lo específico; de lo abstracto a lo concreto (en la mayoría de las clases observadas)
        - Recursos del docente
            - pizarrón
            - textos / citas de autores / bibliografía
- *La articulación teoría y práctica*
    - Ejemplificación

TIPO B

Enfoque metodológico

- *La intencionalidad formativa*
  - Desde los objetivos (en los documentos y/o la voz de los entrevistados)
    - la conceptualización básica de las ideas iniciales acerca de lo que implica investigar
    - conocer los métodos, conocer las técnicas propias de cada método
    - introducir al alumno en la "cocina de investigación"; analizar investigaciones, desarmarlas, deconstruir el trabajo, dar cuenta de los procesos de elaboración y vivir la experiencia de elaborar un proyecto o diseño de investigación.
  - Desde los contenidos propuestos
    - Tipo de contenido:
      - centrado en las problemáticas metodológicas ligadas a las decisiones que toma un investigador.
- *La organización de la enseñanza*
  - Teóricos (en algunos casos con modalidad teórico-práctico)
    - Estrategia
      - exposición dialogada / exposición pura
      - trabajo con grupo grande / trabajo en pequeños grupos
      - tutoría
    - Estructura de los contenidos desarrollados (secuenciación o organización del contenido):
      - se organizan de un forma espiralada ya que se retoman constantemente para el análisis y la producción
      - de lo general a lo específico; de lo abstracto a lo concreto (en la mayoría de las clases observadas)
    - Recursos del docente
      - pizarrón / bibliografía / powerpoint / películas / guías, etc.
  - Prácticos
    - Estrategia
      - exposiciones dialogadas
      - dinámicas grupales
    - Estructura de los contenidos desarrollados (secuenciación o organización del contenido):
      - se organizan de una forma espiralada ya que se retoman constantemente para el análisis y la producción
      - de lo general a lo específico; de lo abstracto a lo concreto (en la mayoría de las clases observadas)
    - Recursos del docente
      - pizarrón / textos / citas de autores / bibliografía / guías / informes de investigaciones como ejemplo
- *La articulación teoría y práctica*
  - Ejemplificación / demostración / ejercitación / análisis reflexivo / situación problemática / producción (con o sin trabajo de campo)

TIPO C

Enfoque instrumental

- *La intencionalidad formativa*
  - Desde los objetivos (en los documentos y/o la voz de los entrevistados)
    - introducción a la noción de lo que significa investigar desde una lógica cuantitativa
    - brindar las herramientas básicas de la estadística
  - Desde los contenidos propuestos
    - Tipo de contenido:
      - centrado en una de las formas de recolectar y analizar información desde una determinada perspectiva epistemológica y metodológica. Por ejemplo, desde el modo de operar verificativo se trabaja el concepto de matriz, variable y relaciones entre las variables.
- *La organización de la enseñanza*
  - Teóricos (en algunos casos con modalidad teórico-práctico)
    - Estrategia
      - exposición pura (predomina) / exposición dialogada
    - Estructura de los contenidos desarrollados (secuenciación o organización del contenido):
      - sucesión de temas de forma secuencial-lineal y encadenados. Los bloques se organizan siguiendo la lógica propia del tema. Se van conformando como árboles conceptuales, centrado en su mayoría en un planteo de corte cuantitativo.
      - de lo general a lo específico; de lo abstracto a lo concreto (en la mayoría de las clases observadas)
    - Recursos del docente
      - pizarrón / bibliografía.
  - Prácticos
    - Estrategia
      - exposiciones dialogadas / breves exposiciones puras
      - trabajo en pequeños grupos
    - Estructura de los contenidos desarrollados (secuenciación o organización del contenido):
      - sucesión de temas de forma secuencial-lineal y encadenados. Los bloques se organizan siguiendo la lógica propia del tema. Se ven conformando como árboles conceptuales, centrado en un planteo de corte cuantitativo generalmente
      - se realiza la ejercitación de los contenidos trabajados en las clases teóricas. Siguen la misma secuencia de los teóricos.
    - Recursos del docente
      - pizarrón / textos / citas de autores / bibliografía
- *La articulación teoría y práctica*
  - Ejemplificación / demostración / ejercitación

En forma gráfica y más sintética, la tipología queda representada de la siguiente manera:

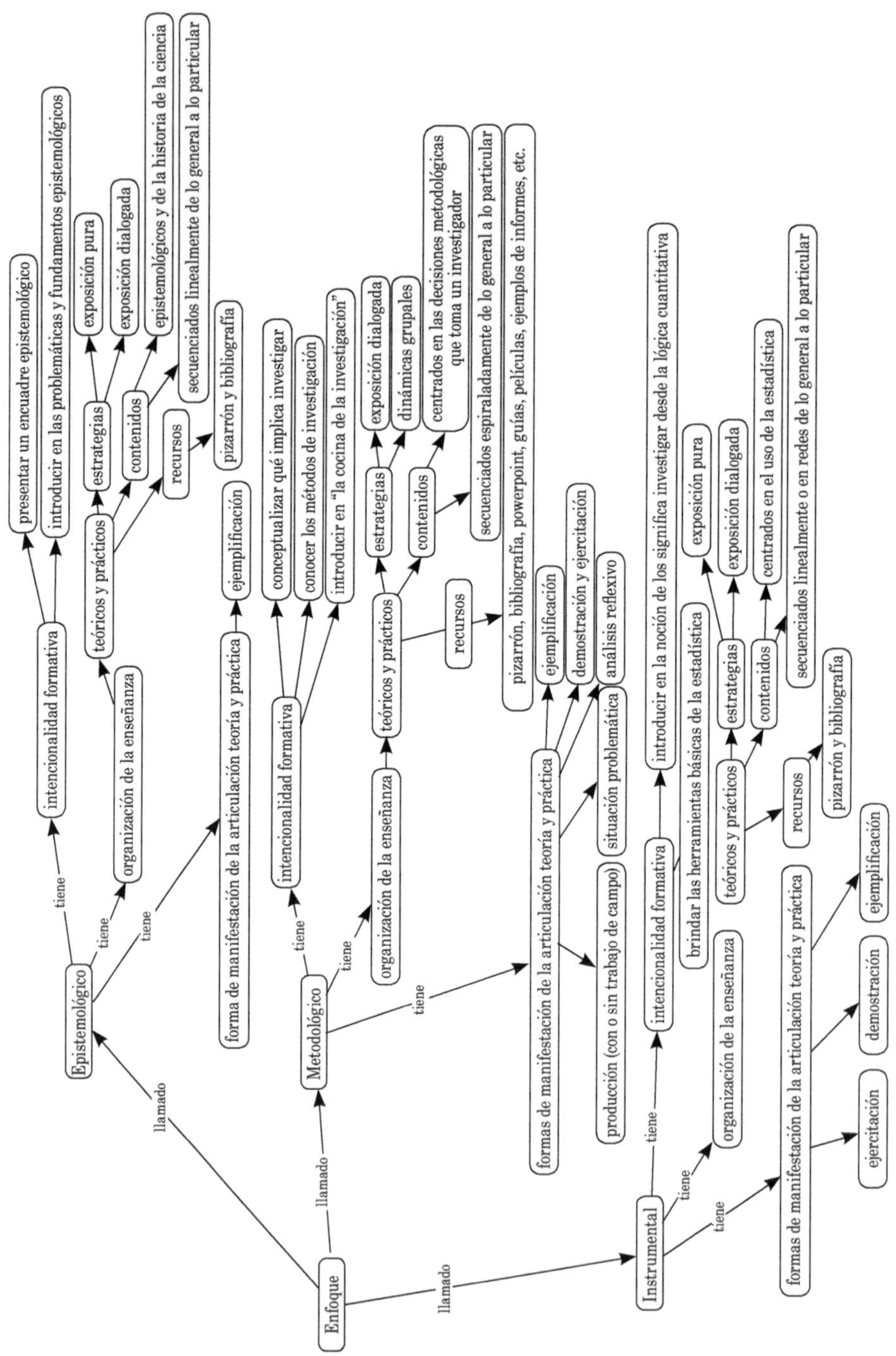

Los *enfoques didácticos* de las instancias curriculares de grado de formación en investigación que se han observado, adoptan alguno de los siguientes formatos:

- *Epistemológico:* Es el enfoque que se caracteriza generalmente por un desarrollo básicamente teórico y apunta a la comprensión de temáticas como la Historia de la Ciencia y la vida y obra de los grandes pensadores de la historia que dieron origen a la ciencia actual. Se trabaja a partir de la lectura reflexiva e interpretativa de sus obras principales. Generalmente se encuentra a cargo del profesor que aparece como poseedor del saber que busca transmitirlo a sus alumnos a través de la exposición en las instancias de teóricos o con formato de seminario. Su intencionalidad formativa así es expresada por un profesor:

  "P: lo que también le aporta... es una introducción crítica a algunas lecturas que se pueden considerar esenciales para tener un background crítico y utilizar como lecturas de base para cualquier estudio en las disciplinas o sea hay una mínima enciclopedia de autores que se los refiere y se les menciona autores que no son tratados en otras materias, o son tratados muy al pasar y nosotros a veces a algunos los tratamos más sistemáticamente, no necesariamente para que lo adopte pero sí, como para que se introduzca en lecturas distintas, en perspectivas distintas..." (Entrevista 15/05/07).

- *Metodológico:* Es el enfoque que se caracteriza generalmente por centrarse en mostrar el proceso de elaboración de una investigación que incluye la toma de decisiones del investigador mientras realiza su trabajo. Se desarrolla en torno a los puntos que componen la Dimensión de construcción del objeto de un Diseño (Sirvent y Rigal, 2020): la elección del tema, el objeto, el problema, los objetivos, el marco teórico, las hipótesis, etc. En algunos casos, también comienzan a delinear la Dimensión de la Estrategia General, planteando el tipo de diseño (Sirvent, 2006). Se busca la identificación de los elementos de un diseño y/o la elección de los mismos para realizar uno propio. Aquí se pone énfasis en situaciones didácticas que impliquen al alumno "ponerse en la piel" de un investigador. Así lo expresa una docente entrevistada:

  "P: ...Si queremos que esa materia de investigación, de metodología, sirva y tenga como insumo para una formación básica, tiene que hacerse a través de la cocina de la investigación: la ya hecha analizando investigaciones o en el hacer mismo de los alumnos..." (Entrevista 07/06/07).

Es así como se reconocen diferentes formas de aproximación...

- desde las más distanciadas o externas como es la lectura reflexiva de un informe de investigación y reconocer en él las decisiones que tomó el investigador.
- pasando por situaciones de contacto con el investigador donde personalmente le cuenta al alumno sus vivencias, le muestra *"su cocina de investigación"* y justifica las decisiones que tomó.
- hasta propuestas donde los alumnos a partir del contacto con la empiria, tiene que ponerse en situación de producción, tomar decisiones y armar un diseño propio.

• *Instrumental:* Es el enfoque que se caracteriza generalmente por centrarse en el trabajo específico con algún instrumento o técnica. Es decir, focaliza su trabajo en la adquisición de alguna técnica de recolección de información o de análisis como: la observación, la encuesta, la entrevista, el análisis estadístico, etc. Por ejemplo, existen asignaturas basadas en el análisis estadístico. Se centran en el planteo de ejercicios donde se ponga en juego las herramientas estadísticas, la justificación de su uso y la interpretación de los resultados. En estos casos, el trabajo se encuadra en una lógica cuantitativa, con la intención de introducir nociones que permitan la lectura crítica de trabajos cuantitativos y el uso de las herramientas estadísticas como técnicas de análisis de la información recogida. En este sentido, la interpretación de los resultados estadísticos aparece como un eje principal. Así expresa un profesor su intencionalidad formativa:

> "P: ... Recuperar un sentido de manejo de datos de grandes agregados, de manejo de datos estadísticos, de conocimiento de herramientas de coeficientes que permitan usar el sentido crítico de estas herramientas" (Entevista 03/04/07).

En términos generales, se ha podido observar que el enfoque epistemológico aporta como contenido un conocimiento general propio de las ciencias sociales, centradas en las grandes problemáticas de la dimensión social en su contexto histórico y actual donde no se presentan grandes diferencias en el desarrollo de las clases, aunque se esté formando para profesiones distintas. En cambio, en el enfoque instrumental y, fundamentalmente, en el metodológico, se puede percibir en los contenidos mayores rasgos propios de la disciplina de formación, no necesariamente en cuanto a la teoría metodológica en sí, sino, por ejemplo, en los casos que se analizan, los objetos y las preguntas de estudio que se enuncian, las referencias empíricas, etc. Como también lo afirman Cohen y Piovani (2008) en su trabajo

> "lo que diferencia a las distintas disciplinas de las ciencias sociales no es el método sino la naturaleza de los problemas, las preguntas que se formulan los investigadores, las teorías que se utilizan y el contexto histórico en el cual se investiga con su espacio y tiempo" (Cohen y Piovani, 2008, p. 46).

También Sánchez Puentes (1987) reafirma esta idea cuando sostiene como una de sus ideas centrales que:

> "(...) tanto las formación de investigadores como sus programas deben atender a dos reclamos estrechamente relacionados: el de la especificidad del enfoque social que tendrá como consecuencia la especificidad de la formación de investigadores en ciencias sociales, y el de la particularidad de cada una de las ciencias sociales que se expresará en las peculiaridades singulares de los diferentes programas de formación" (Sánchez Puentes, 1987, p. 53).

Tipos de manifestaciones de articulación entre teoría y práctica en la enseñanza

Asimismo, se han podido identificar algunas formas de articulación teoría y práctica (Lucarelli, 2004). Las mismas se observan tanto en las clases teóricas como prácticas adoptando en una cátedra una o varias de estas manifestaciones como modalidades particulares de la articulación teoría y práctica:

- *Ejemplificación:* de conceptos que permitan ilustrar y comprender mejor su significado.
- *Demostración:* el profesor resuelve un ejercicio y lo interpreta frente a los alumnos para mostrar cómo se hace.
- *Ejercitación:* los alumnos resuelven ejercicios recortados, justifican el uso de las herramientas estadísticas e interpretan los resultados. Generalmente hacen siguiendo los procedimientos pautados en las demostraciones.
- *Análisis reflexivo:* a partir de extractos de informes de investigaciones de investigadores expertos donde la tarea consiste en la identificación de la cocina de la investigación y de los elementos de un diseño. Requiere una lectura atenta y comprensiva, como también la puesta en juego de conocimientos metodológicos para el reconocimiento, comprensión y la interpretación de todo el proceso de una investigación.

- *Situación problemática:* se concreta en base a la simulación del proceso de investigación presentada a través de una situación que pone a los estudiantes como partícipes de un problema que la cátedra se plantea y los alumnos son los sujetos investigados.
- *Producción:* con trabajo en terreno a partir del cual tienen que realizar un diseño y tomar las decisiones para un proyecto personal. Aquí el alumno tiene que ponerse en el rol de productor del conocimiento.

Como señala Lucarelli (2009a, p. 274) el análisis de la articulación teoría y práctica en el desarrollo de los procesos de enseñanza y aprendizaje permite reconocer modalidades que, a su vez, pueden estructurarse en niveles de diverso grado en cuanto a la tensión generalidad-especificidad. En este caso, las modalidades particulares de expresión de la articulación teoría y práctica que se enumeraron anteriormente (correspondientes al tercer nivel que plantea la autora) se pueden relacionar con el primer nivel, de mayor generalidad. En ellas, las cátedras articulan momentos teóricos y prácticos en el desarrollo de los procesos de enseñanza y aprendizaje a través de dos vías principales: el desarrollo de situaciones de enseñanza que propicien un proceso genuino de aprendizaje y el desarrollo de enseñanzas y de espacios curriculares que posibiliten la adquisición de conocimientos, actitudes y habilidades específicas de la práctica profesional. Claramente las cátedras estudiadas dan cuenta de esta segunda vía o modalidad de articulación teoría y práctica ligada a la formación en la profesión, en este caso de investigador.

Carreras que NO presentan instancias curriculares de formación en investigación

Las carreras que no presentan instancias curriculares explícitas en formación en investigación son las tres carreras con mayor antigüedad en la facultad, con varios institutos de investigación, gran cantidad de becarios y que señalan como un campo laboral de la carrera a la investigación: Filosofía, Letras e Historia.

Estas carreras no fueron el eje principal de análisis, pero en este apartado, se buscó llegar a una primera aproximación con el fin de abrir líneas para futuras investigaciones.

Al no encontrar instancias curriculares que explícitamente formen en investigación la pregunta que surge es: ¿Qué es investigar en estas carreras? ¿Cómo se investiga? ¿Cómo se forman en investigación? Para indagar en torno a estos interrogantes se realizaron varias entrevistas semi-estructuradas a diferentes actores de las carreras: miembros de los Departamentos, de los Institutos de Investigaciones, estudiantes y fundamentalmente graduados que estuvieron realizando investigaciones para que pudieran contar cómo se formaron en investigación en sus carreras, cuáles fueron los momentos más significativos en su trayectoria educativa universitaria y cómo se introdujeron al quehacer del investigador.

Como es dable esperar la respuesta a la pregunta qué es investigar no fue única. En el capítulo 4 explicito que, desde el marco teórico metodológico que utilizo, se responde a esa pregunta diciendo que investigar es "una práctica social dirigida a crear conocimiento científico: serio, riguroso y original. Toda investigación implica confrontar teoría y empiria" (Sirvent, 2007, p. 24). No obstante, en algunos de los testimonios presentados se observa que en estas carreras no se maneja esta concepción, ya que algunos hablan de una "investigación teórica" y otros reconocen la presencia de la empiria o el campo solamente en algunos casos. En este contexto el concepto de empiria no es comprendido de igual forma por todos. Por ejemplo, en algunos casos, cuando el objeto de estudio es la obra de algún autor, los sujetos entrevistados consideran que no hay empiria porque se analizan únicamente textos y en ese sentido se habla de investigación teórica. Si bien es un tema controvertido según la perspectiva que se adopte, desde el marco teórico que sustenta este trabajo esos textos son empiria. Al respecto, Schuster (1992, p. 10) sostiene que:

> "La confrontación es importante en toda ciencia, tanto en la física como en el psicoanálisis, aunque, naturalmente, en la física se refiera a entidades físicas y en el psicoanálisis a entidades de la índole que este sostiene. Y lo mismo ocurre en el caso de las restantes ciencias sociales o humanas".

En los casos analizados, en cambio, se reconoce la empiria solamente cuando en alguna orientación de estas carreras se piensa, por ejemplo, en hacer entrevistas. Al interior de cada campo disciplinar se reconoce que existen diferentes maneras de pensar qué es investigar y de cómo llevarlo a cabo. Por ejemplo, no es lo mismo investigar en el área literaria que en lingüística dentro de la formación en Letras, ya que, en el primer caso, la investigación literaria es productora de un saber sobre los textos que se alcanza mediante la elaboración de hipótesis descriptivas y explicativas de diferentes aspectos del fenómeno literario. En cambio, en el segundo caso, la lingüística tiene un doble objeto, es ciencia del lenguaje y ciencia de las lenguas. Esta distinción, no siempre establecida, es necesaria: el lenguaje, facultad humana, característica universal e inmutable del hombre, es otra cosa que las lenguas, siempre particulares y variables, en las cuales se realiza. Es de las lenguas de lo que se ocupa el lingüista, y la lingüística es ante todo la teoría de las lenguas. Estos ejemplos confirman lo señalado anteriormente respecto a que al interior de cada campo disciplinar se reconoce que existen diferentes maneras de pensar qué es investigar y de cómo llevarlo a cabo.

Del análisis de la información obtenida, se pueden enumerar algunos aspectos comunes que caracterizan la formación en investigación en estas carreras que no presentan instancias formales específicas en el plan de estudio para tal fin:

- Se sostiene la idea de que "aprender a investigar se aprende investigando" es decir en contacto con otros de más experiencia que realicen la tarea. Llevan así al extremo de lo absoluto la afirmación de Bourdieu y Wacquant (1995, p. 164):

  "(...) Los historiadores y filósofos de las ciencias –y sobre todo los propios científicos– han observado con frecuencia que una parte muy importante del oficio del científico se adquiere de acuerdo a modos de adquisición totalmente prácticos (...)".

- Se discute si es necesario alguna instancia formal obligatoria dentro del plan de estudio que permita la sistematización de aspectos metodológicos dentro de la carrera. Dentro de cada disciplina la mayoría cree que no es necesario.
- La formación en investigación se presenta hacia el final de la carrera, especialmente en los seminarios (en su mayoría optativos) del ciclo orientado.
- En la mayor parte de estas materias o seminarios se desarrollan aspectos teóricos conceptuales de algún tema de interés propio del área. Los profesores interesados en acercar a los alumnos a la tarea de investigar comentan en sus clases su propia experiencia o invitan a algún investigador en el área para que hablen de su quehacer. Queda a criterio del profesor realizar o no este tipo de actividades.
- En los testimonios, varios señalan que no hay teoría acerca de cómo se investiga en su especialidad. Es decir, que si bien algunos profesores comentan sus experiencias no se toma este material como contenido que permita tratar o discutir el aspecto metodológico en sí.
- Aquellos alumnos o graduados que se han dedicado a investigar, generalmente lo han hecho porque se pusieron en contacto con

alguno de estos profesores o cátedras que desarrollan esa tarea; este acercamiento se motivó en el interés personal de los alumnos o porque estos fueron invitados a participar de las actividades que desarrolla la cátedra. En este contexto, la figura del adscripto ocupa un lugar importante en la formación en investigación, ya que su tarea se centra principalmente en un plan de trabajo relacionado con actividades que le permitan acompañar a la cátedra en tareas cotidianas, incluidas las de investigación.

- Otro lugar importante en la formación en investigación para los estudiantes avanzados o los graduados noveles lo constituyen los grupos de discusión que se conforman de manera autogestivas, fuera de los ámbitos formales de la carrera, para compartir entre ellos o con algún docente: dudas, bibliografía y formas de trabajo. Estos grupos se conforman por motivación e interés de los alumnos que están por recibirse (y tienen que hacer su tesis) o ya graduados que están investigando (por ejemplo, porque están haciendo un posgrado o tienen una beca) y que se sienten desorientados acerca de cómo encarar esta tarea.
- De lo que se ha hablado en párrafos anteriores es de la formación en investigación, no específicamente de la articulación teoría y práctica. Al respecto, por todo lo indicado, se puede señalar que en la formación en investigación en estas tres carreras esa articulación se da con características particulares según lo planteado por los entrevistados. Se busca que cada materia y cada docente desde su especificidad transmita sus experiencias a los alumnos para que conozcan cómo ellos realizan su tarea de investigador y así también pueda transferirse esta experiencia a los estudiantes para cumplir con el requisito de la tesis o en el futuro profesional. Generalmente, son los profesores, a través de los relatos de sus experiencias a los estudiantes, quienes pueden mostrar formas de relacionar aspectos teóricos con las prácticas en la tarea de investigar. Estas instancias, podrían homologarse con el nivel más bajo de articulación que se da en el desarrollo de las clases cuando el docente presenta ejemplos para explicitar una dimensión teórica del tema en tratamiento.
- Pero también aparece una vacancia sobre el tema de la enseñanza de la investigación considerando que varios entrevistados destacan la falta de desarrollos teóricos y metodológicos sobre qué es investigar y cómo se investiga en el área.
- Cabe observar también que la institución delega en los estudiantes la responsabilidad de tomar la iniciativa de acercarse a una

actividad que caracteriza y da sentido a una de las prácticas profesionales más importante reconocidas en su formación, dado que si un alumno no se interesa por el trabajo que presenta un profesor, no toma contacto con una cátedra o no se moviliza por iniciativa personal porque quiere saber más sobre lo que es investigar y cómo se hace, puede pasar por la carrera sin tener contacto con los modos de operar y la practica investigativa para el cual se supone que está formando según lo explicita el perfil del egresado.

- Como se señaló en el capítulo 3, al respecto, Ickowicz (2004) sostiene la presencia, en el ámbito de la universidad, de por lo menos dos modelos formativos. Por un lado, aquel ligado a la formación en el trabajo, al que llama Modelo Artesanal (denominación que alude al modo de formación en los modelos medievales), por ser una formación que se realiza en el propio contexto de la producción siendo el trabajo y la experiencia en torno a él, el núcleo a partir del cual se desarrollarán los demás aprendizajes. Sus unidades organizativas básicas son las ayudantías y las adscripciones. Dentro de estos espacios se siguen sosteniendo rasgos del modelo del artesanado: elección mutua entre maestro y el discípulo, una enseñanza y un aprendizaje en el propio contexto de producción, una adecuación de los procesos de enseñar y aprender que surgen de los problemas específicos del trabajo sin programas preestablecidos, es decir, un espacio en el que se contratan y acuerdan trayectos formativos. Por otro lado, la autora denomina Modelo Sistemático o Escolar a aquel cuya formación se caracteriza por definir el recorrido que realizará el aspirante, de modo previo a su ingreso e independientemente de él, con un tiempo preestablecido y un número preciso de asignaturas en las que se sistematizan y ajustan unos conocimientos determinados. La formación se caracteriza por un recorrido en el que intervienen diversos maestros, unos contenidos y modos de transmitirlos predeterminados en el que se fijan tiempos y espacios separados de los espacios de la producción. Estos rasgos, constituyen el recorrido típico de la formación en las diversas carreras. (Ickowicz, 2004, pp. 14-15) En las tres carreras que integran este grupo (Filosofía, Letras e Historia) se observa un predominio de la enseñanza incidental, es decir, en ambientes propios donde se desarrolla habitualmente la tarea de investigar sobre la sistemática, y de la formación artesanal sobre la estructurada.

Capítulo VII

Presentación analítica de dos casos

En la Unidad Académica seleccionada para este estudio, la Facultad de Filosofía y Letras de la UBA, se han podido identificar dos grupos de carreras respecto a la formación en investigación que brindan: las que presentan instancias curriculares que tienen la intencionalidad explícita de formar en investigación en el ciclo general de la carrera de grado; y las carreras que no presentan de estas instancias curriculares y que desarrollan esa formación a través de otras modalidades. Se tomará este criterio para seleccionar un caso de cada grupo y presentar el análisis detallado del mismo que permitirá establecer relaciones con conceptos centrales de la Didáctica de Nivel Superior.

Caso 1: Ejemplo de análisis de una carrera que presenta instancias curriculares de formación en investigación

Carrera de Ciencias de la Educación

Su historia

El presidente José E. Uriburu firmó el decreto de creación de la Facultad de Filosofía y Letras el 13 de febrero de 1896 y dio así sanción legal a una disposición del Consejo Superior de la UBA de abril de 1888 que daba origen a una nueva facultad en el seno de la casa de altos estudios. En marzo del mismo año se sanciona la primera ordenanza sobre el plan de estudios. Había un único plan de estudios de cuatro años que otorgaba el título de Doctor en Filosofía y Letras. Este primer plan de estudios incluía cursos regulares, las materias de examen obligatorio y cursos libres cuyo número se fijaría anualmente.

Contenía un núcleo esencial de asignaturas de Filosofía, Historia y Literatura, más algunas de Geografía, Ciencias de la Educación y Sociología. La materia Ciencia de la Educación se encontraba en el tercer año.

Cuenta Buchbinder (1997, pp. 34-35) que este primer plan fue reformado en 1899 imponiéndose también nuevos requisitos para el ingreso a la Facultad. Los cursos se dividían ahora en generales o especiales. Los cursos generales respetaban básicamente los principios del plan anterior, agregándose un año de estudios. Los alumnos de cursos especiales, en cambio, podían elegir un grupo de asignaturas, siete u ocho en el área de la Filosofía, la Historia o la Literatura, más el curso de Ciencia de la Educación. En todos los casos debían se aprobados los exámenes generales y la tesis. Al finalizar los cursos, los alumnos regulares accedían al título de Doctor en Filosofía y Letras, mientras que los de los cursos especiales conducían a la obtención de un título de Profesor en el área elegida.

El Poder Ejecutivo, en 1903, estableció que los diplomados de las diversas facultades de la UBA no podrían optar por las cátedras de segunda enseñanza sin poseer un certificado de competencia en Ciencia de la Educación, en Historia y en Arqueología Americana expedido por la Facultad. Así, los alumnos esperaban obtener ventajas para acceder con mayor facilidad a los puestos en la enseñanza media. De esta manera, la Facultad adquiría el derecho exclusivo de dar preparación teórica a los aspirantes al profesorado secundario en las áreas de formación propia y, además, el de preparar en Ciencias de la Educación a los diplomados en las demás facultades.

En 1904 existía en Buenos Aires un instituto consagrado exclusivamente a la formación docente: el Instituto Nacional del Profesorado (hoy IES "Joaquín V. González"). Fue inaugurado con carácter de Seminario Pedagógico en junio de ese año. A fines de 1904, se le adjudicó a la Facultad de Derecho ese instituto y con él la atribución de preparar profesores. De esta forma, se eliminaba el requisito de cursar la asignatura Ciencias de la Educación en la Facultad de Filosofía y Letras, ya que se podía reemplazar por un curso en el Seminario Pedagógico (que adoptó entonces el nombre de Instituto Nacional del Profesorado). En 1905 el Instituto fue reorganizado, independizó su currícula de la UBA y se estableció un plan de tres años en base a dos grandes secciones: una en Filosofía y Letras y otra en Ciencias Exactas. Los egresados de la Facultad de Filosofía y Letras (tanto del doctorado como del profesorado) quedaban exentos de cursar en el Instituto.

A fines de 1906 el Instituto Nacional del Profesorado es anexado a la Facultad de Filosofía y Letras fundamentando la decisión en base a la analogía de estudios y a la existencia de fines comunes entre las dos instituciones. Entre 1906 y 1907 se incrementó el número de los inscriptos en los cursos del profesorado lo que revelaba la demanda que existía por los mismos ya que conducían a la obtención de un título profesional. La necesidad de compatibilizar los planes de estudio y la enseñanza en ambos institutos planteó diversos problemas y el Ministro de Instrucción Pública consideró a fines de 1908 derogar el decreto de anexión del Instituto Nacional del Profesorado. Desde 1909 el Instituto volvió a la dependencia directa del Misterio de Instrucción Pública. En 1911 se dispuso por decreto presidencial que podían acceder a cargos directivos y docentes en la educación secundaria quienes tuvieran título de profesor expedido por algunas instituciones específicas, incluidos los egresados de la Facultad de Filosofía y Letras que hubiesen cursado y aprobado Crítica y Práctica Pedagógica. La disputa entre la Facultad y el Instituto para hacer prevalecer los derechos de sus egresados en la provisión de cargos en la enseñanza media duró varias décadas y su origen se confunde con el de las mismas instituciones.

El peso cada vez mayor que las tareas de formación docente adquirían en la Facultad, llevaron a conformar en 1923 una sección especial de estudios: la Sección Didáctica. La misma agrupaba a las materias específicamente pedagógicas que debía cursar todo aquel que aspirase a obtener el título de profesor. La sección estaba constituida por las materias: Ciencia de la Educación (en realidad era un curso de teoría e historia de la educación), Metodología General, Legislación Escolar, Metodología Especial y Crítica y Práctica Pedagógica.

Una importancia cada vez mayor adquirieron las tareas de investigación científica en la Universidad con posterioridad a la Reforma de 1918. En la Facultad de Filosofía y Letras, entre 1921 y 1942 fueron creados dieciséis Institutos a través de los cuales la Facultad se proponía canalizar la investigación y la producción científica. En octubre de 1927 fue creado el Instituto de Didáctica que se organizó definitivamente en 1929. Con posterioridad a la reforma del plan de estudios de la Facultad en 1928, se efectuaron leves modificaciones que no afectaron sustancialmente los planes de las tres secciones principales de la Facultad; incluso muchas de las reformas previstas debieron demorarse a causa de los problemas presupuestarios derivados de la crisis del treinta. Señala Buchbinder (1997, p. 115) que una de las innovaciones centrales del período fue la creación de la carrera de

Pedagogía en 1936 (como profesorado), en base al proyecto presentado por el entonces Director del Instituto de Didáctica, Juan E. Cassani. El proyecto fue reformulado por el Decano Alberini y establecía que la nueva carrera tenía por objetivo lograr que la UBA contribuyese a elevar el nivel de los estudios pedagógicos radicados, por lo general, en instituciones de segunda categoría intelectual. El plan original incluía unas once materias de diferentes secciones de la Facultad (sobre todo del área de Filosofía) a las que se agregaban materias específicas como Historia de la educación, Ciencia de la educación y dos materias semestrales: Legislación Escolar y Metodología. Para obtener el título debía presentarse un trabajo final de investigación. Cuando, en el año 1941 el plan de estudio fue reformado, se introdujo la enseñanza de las lenguas clásicas.

En agosto de 1948, con el interventor Francois, fue modificada la ordenanza referente a carreras y cursos de la Facultad. Estas disposiciones llevaron a derogar el profesorado en Pedagogía y se dispuso que, en adelante, ese título fuese otorgado a los profesores en Filosofía que hubiesen aprobado Introducción a la Pedagogía, Legislación Escolar y Psicología Aplicada. A partir de 1950, una vez finalizado el período de intervención y normalizada la Facultad, el Consejo Directivo se abocó a la discusión de un nuevo plan de estudios que fue aprobado casi dos años más tarde. Así en 1952 se reestableció el profesorado de Pedagogía.

En la reforma de planes de 1952 (que entró en vigencia en 1953) se pueden encontrar cinco carreras: Filosofía, Letras, Historia, Geografía y Pedagogía. El plan de la carrera de Pedagogía consta de 24 materias distribuidas en 5 materias por año (salvo el primer año que tiene 4 materias). En este plan, además de materias ligadas a Historia, Filosofía y Letras, se encuentran otras como: Didáctica (General y Especial), Pedagogía, Psicología I y II, Política educacional y organización escolar y fue incluida la asignatura Psicología de la infancia y la adolescencia. A partir del cursado de este plan se podía obtener el título de Profesor de Enseñanza secundaria, normal y especial de Pedagogía o de Licenciado en Pedagogía, aprobando además de las materias una tesis de licenciatura. También se podía acceder al título de Doctor en Filosofía y Letras cumpliendo con la licenciatura de alguna de las carreras (incluida Pedagogía) y aprobando una tesis doctoral.

A partir de 1955 la UBA y la Facultad de Filosofía y Letras volvieron a ocupar un lugar destacado en el mundo intelectual. El período entre 1955 y 1966 ha sido conocido como la “época de oro” de la Universidad, dado el talante inédito que adquirió la investigación científica y la vida académica en general. En este nuevo período, se destaca la creación de nuevas carreras y la reformulación de los planes de estudio de las antiguas. Como señala Rodríguez (2019) varias investigaciones en las últimas décadas (Neiburg, 1988; Buchbinder, 1997 y 2005; Calderari y Funes, 1997; Arias 2005, Noe, 2005) ya han dado cuenta de la permanente tensión y equilibrio entre sectores tradicionales y renovadores en esta etapa de la universidad. Este aspecto fue particularmente notable en algunas facultades, entre ellas, la Facultad de Filosofía y Letras de la Universidad de Buenos Aires. Allí las carreras de humanidades clásicas ya existentes, como Historia, Filosofía o Letras tuvieron que comenzar a convivir con otras de reciente institucionalización como Sociología, Antropología o Psicología; las tradicionales concepciones sobre las humanidades, sus enfoques y propuestas empezaron a ser contrastadas con nociones más novedosas acerca de las Ciencias Sociales. Como resultado, los referentes de uno y otro sector se vieron obligados a compartir espacios académicos, recursos y consensuar proyectos para la Facultad.

La carrera de Ciencias de la Educación fue creada por Res. (C.S.) Nº 529 el 14 de marzo de 1957 y reemplazó a la carrera de Pedagogía. Se crea junto a las carreras de Psicología y de Sociología, siguiendo la línea de formación de un nuevo tipo de profesionales contrastantes con las de formación clásica que se originaron con la creación de la Facultad de Filosofía y Letras. Ya en marzo de 1956 el rectorado de la UBA recomendó a las facultades que procedieran a organizarse en base a departamentos. A fines de 1957, el Consejo Superior de la UBA aprueba el cambio de nombre del Instituto de Didáctica por el de Instituto en Ciencias de la Educación. Este cambio de nombre refleja en realidad un cambio de funciones. Antes, dicho Instituto tenía a su cargo la regulación y organización de la enseñanza y de las escasas aún tareas de investigación. Con la creación del Departamento en Ciencias de la Educación (que tiene lugar en 1958) estas dos funciones se dividen: el Departamento se hace cargo de la enseñanza y el Instituto de la investigación. Aquí se instala la discusión de una reorientación de la Carrera desde el contenido filosófico a una carrera de corte empírico. La búsqueda de un referente empírico que sirva de contrastación a la teoría o de punto de partida para construir el dato científico. (Carlino, 1993)

El primer plan de estudios al cual se accedió es el que aprueba por Res. (C.S.) Nº 53 el 27 de diciembre de 1958 para el Profesorado en Ciencias de la Educación. Una nueva reforma se produce en 1960 donde podemos encontrar dos planes diferenciados: uno para el profesorado (Res. C.S. N° 1104/60) y otro para la licenciatura (Res. C.S. N° 1105/60).

En general, a partir de los setenta, la vida universitaria queda muy ligada a la vida política del país. Estos vaivenes también quedan reflejados en los cambios de plan de estudio. En 1974 se instaura un nuevo plan por Res C.S. N° 313 del 12 de marzo de 1974 y su modificatoria Res C.S. N° 176 del 15 de mayo del mismo año. El mismo no logra implantarse completamente ya que el 28 de abril de 1975 una resolución deja sin efecto el plan de 1974 y reestablece transitoriamente a partir del primer cuatrimestre de 1975 el plan del Profesorado en Ciencias de la Educación Res. C.S. N° 1104 del 9 de abril de 1960.

El 24 de marzo de 1976 se produce el golpe de estado que marca el inicio del período de dictadura más violento de nuestro país. En ese contexto, el 1° de febrero de 1977 se aprueba un nuevo plan de estudio para la carrera de Ciencias de la Educación por Res. (C.S.) N° 19/77.

Con el retorno de la democracia en el año 1.983 asume la presidencia Raúl Alfonsín y se inicia un proceso de normalización en la UBA. En ese período hubo un cambio de plan de estudio de la carrera de Ciencias de la Educación que fue aprobado por la Res. C.S. N° 1607 del 4 de diciembre de 1985. Este plan ha estado vigente hasta 2016 y es el que se toma como base de este caso de análisis.

Análisis de los planes de estudio

El plan de estudios de la carrera puesto en vigencia en 1985, se considera heredero, en muchos aspectos, del primer plan de 1958, el cual aparece como un referente fuerte de la nueva propuesta curricular. Este reconocimiento alude tanto a los sujetos protagonistas, como a las orientaciones epistemológicas, teóricas y políticas del contenido formativo del histórico plan (Carlino, 1993).

A continuación, se analizan en detalle los últimos cuatro planes de estudio de la carrera de Ciencias de la Educación a los cuales se ha podido tener acceso a través de sus resoluciones. Para facilitar la comparación de los mismos, se presenta el siguiente cuadro:

PLANES / CATEGORÍAS	1958	1960	1977	1985
Nombre de la carrera	**Ciencias de la Educación**	**Ciencias de la Educación**	**Ciencias de la Educación**	**Ciencias de la Educación**
Estructura general	- 4 materias cuatrimestres introductorias - 18 materias cuatrimestrales obligatorias - 6 materias electivas (de integración cultural) entre un listado de 18 materias predeterminadas de la Facultad. Total: 28 materias.	- Curso introductorio de 4 materias cuatrimestrales. - 18 materias cuatrimestrales obligatorias divididas en dos niveles (A y B) de 9 materias cada uno. Para el profesorado: - 6 materias electivas (de integración cultural) entre un listado de materias predeterminadas también divididas en nivel A y nivel B. Total: 28 materias Para la licenciatura: - 2 materias electivas (de integración cultural) del listado. - 4 seminarios electivos de la orientación elegida (5 orientaciones: psicológica, sociológica, teórico-pedagógica, histórico-pedagógica y técnico-educativa) - un trabajo de investigación	- 24 materias anuales distribuidas en 5 años. (más dos de práctica para el profesorado) - Tres niveles de un idioma latino y otro anglosajón	- CBC (6 materias) - Ciclo de Formación General: 21 materias básicas cuatrimestrales (obligatorias y optativas) + 100 horas de Trabajo de campo + 100 horas de trabajo de investigación - Ciclo de Formación Focalizada: 4 materias en función del área elegida (profesional o académica) + 100 horas de Trabajo de campo + 100 horas de trabajo de investigación - Tres niveles de idioma (uno latino y otro anglosajón)
Grado de apertura o cierre	Cerrado. Hay optativas entre opciones predefinidas.	Tendencia a la apertura. Hay optativas entre opciones predefinidas. En la licenciatura los seminarios de la orientación se eligen con un consejero.	Cerrado. No hay optativas	Tendencia a la apertura. Vuelve a aumentar al número de optativas

Correlatividades	Rígido. Correlaciones entre materias.	Rígido. Correlaciones entre materias y entre el nivel A y el nivel B. Solo se inicia la especialización de la licenciatura después de aprobar todas las materias del ciclo introductorio y de los niveles A y B.	Rigidez de año a año.	Tendencia a mayor flexibilidad. Mayor rigidez entre ciclos. Aprobación de las materias del Ciclo de Formación General (menos dos) para pasar al Ciclo de Formación Focalizada.
Requisitos para el título	Licenciatura: No se menciona Profesorado: Aprobación de todas las materias	Licenciatura: - Aprobación de las materias obligatorias y 2 optativas. - los 4 seminarios del orientado. - un trabajo de investigación Profesorado: Aprobación de todas las materias	Licenciatura: - Aprobación de las 24 materias. Profesorado: Los licenciados en cs de la ed. que aprueben: - "Observación y práctica en Jardín de Infantes y Escuela Primaria". - "Observación y práctica de las materias pedagógicas en la Educación Media y Superior"	Licenciatura: - Aprobación de todas las materias de los tres ciclos Profesorado: El ciclo de formación general para la licenciatura más las siguientes 5 materias: - Análisis Institucional de la Escuela y los Grupos de Aprendizaje - Didáctica de Nivel Medio - Didáctica de Nivel Superior - Formación y Reciclaje Docente - Residencia (anual)
Perfil del egresado	No se menciona	No se menciona	No se menciona	La carrera se propone formar profesionales (para el asesoramiento y la gestión) investigadores y docentes (de nivel medio y superior) en el campo de la educación.

Enfoque	- Histórica-política-social - Didáctica - Psicológica	- Histórica-política-social - Didáctica - Psicológica	- Histórica-política-social - Didáctica - Psicológica	- Histórica-política-social - Didáctica - Psicológica
Formación generalista o especializada	Generalista	Tendencia generalista. Surgen las orientaciones con pocas materias.	Generalista	Tendencia generalista. Hay varias orientaciones con pocas materias.
Articulación teoría-práctica	Entre las materias obligatorias finales se encuentra: "Observación y práctica pedagógica en el jardín de infantes y escuela primaria" y "Observación y práctica pedagógica en la escuela media"	Entre las materias obligatorias finales (Nivel B) se encuentra: "Observación y práctica pedagógica en el jardín de infantes y escuela primaria" y "Observación y práctica pedagógica en la escuela media"	Entre las materias obligatorias finales se encuentra: en 4to año "Observación y trabajo de campo I" (que se cumplirá en pre-escolar y primaria); en 5to año "Observación y trabajo de campo II" (en nivel medio) Para el profesorado se requieren dos materias de prácticas en los diferentes niveles luego de la licenciatura.	Se encuentra en el Ciclo de Formación General y en el Ciclo de Formación Especializada el cumplimiento de horas o créditos de Trabajo de Campo (profesional) y de Trabajo de investigación electivo en función de la oferta de las cátedras. En el profesorado se encuentra al final la materia: "Residencia"
Instancias curriculares de formación en investigación	Entre las materias obligatorias finales se encuentra: "Técnica de investigación pedagógica"	Entre las materias obligatorias finales (Nivel B) se encuentra: "Técnica de investigación pedagógica"	Entre las materias obligatorias finales se encuentra: en 3er año "Estadística" y en 4to año "Teoría y Técnica de la Investigación educativa".	Entre las materias obligatorias del Ciclo de Formación General se encuentra: "Investigación y Estadística Educacional I" e "Investigación y Estadística Educacional II". También se encuentran los créditos de Trabajos de Investigación en el Ciclo General y en el Ciclo Especializado.

Para el análisis de los planes de estudio de la carrera de Ciencias de la Educación se han considerado una serie de categorías. A continuación, las mismas se desarrollan brevemente y se analizan los planes a partir de ellas.

Nombre de la Carrera: permite observar si ha cambiado el nombre de la carrera en los diferentes planes de estudios y si ese cambio implica un cambio de enfoque. En este caso, no se ha observado cambio de nombre en los planes encontrados en la carrera y ha permanecido una coexistencia entre tres enfoques: histórico-político-social, psicológico y didáctico.

Estructura general del Plan: da cuenta de la forma en la que está organizada la carrera. En la misma, las materias pueden presentarse en un listado, estar agrupadas por años, ciclos o por áreas temáticas (Camilloni, 2001 y Zabalza, 2006). La carrera de Ciencias de la Educación, en los planes encontrados, estuvo organizada generalmente por materias cuatrimestrales (plan 58 y 60), salvo el plan de 1977 que se organizó en años. En el plan del '85 se organizó en ciclos y áreas. La licenciatura y el profesorado presentan materias comunes en el ciclo general de formación. La diferencia se encuentra en el ciclo focalizado ya que para obtener el título de profesor es preciso aprobar las asignaturas del focalizado en educación formal (4 asignaturas) y la Residencia (que es de cursada anual).

Grado de apertura: es posible determinar el grado de apertura o cierre de un plan de estudio a partir de la posibilidad de elección que tienen los alumnos dentro de un recorrido curricular (Camilloni, 2001). Por ejemplo, la existencia de materias optativas a lo largo de la carrera lo demuestra, al igual que la elección de orientaciones.

Los planes del '58 y 77 son los más cerrados, ya que no existen en ellos materias optativas o las pocas que se pueden elegir son entre opciones predeterminadas del mismo departamento.

Por el contrario, el plan de 1960 tiene una mayor apertura electiva en materias o seminarios. El plan de 1985 sería notablemente el más abierto, en tanto el ciclo de general se conforma de asignaturas obligatorias y de otras que pueden ser elegidas por el alumno según áreas. También se puede optar entre varios focalizados y se puede elegir alguna de las opciones ofrecidas por las cátedras al Departamento en cada cuatrimestre, para cumplir con el requisito de los Trabajos de Campo y los Trabajos de Investigación.

Correlatividades: El plan de estudios puede considerarse más rígido o flexible en función de la existencia o no de correlatividades y la ubicación que se establece para el cursado de las materias: las correlatividades por año son más rígidas que las correspondientes a los Ciclos, ya que aquellas permiten al estudiante mayor movilidad en la realización del trayecto de formación (Camilloni, 2001 y Díaz Barriga, 1995).

Los planes del '58, '60 y '77 son más rígidos debido a que las correlatividades se establecen entre materias, ciclos y años. En el plan del '85 se busca mayor flexibilidad, si bien siguen existiendo las correlatividades, éstas se establecen entre los ciclos de formación principalmente y entre algunas materias básicas.

Requisitos para el título: Toma en consideración todas las materias y prácticas necesarias de acreditar para obtener el título (Calvo, 2002):

a) Para la obtención del título de Licenciado: Toma en consideración todas las materias y prácticas necesarias para obtener el título. La carrera ha estado más ligada al título de Profesor que al de Licenciado. Una vez que se instaló la licenciatura bastó cumplir con las materias planteadas para obtener el título, salvo en el '60 que se debía presentar un trabajo de investigación derivado de lo realizado en algún seminario de la orientación elegida.
b) Para la obtención del título de Profesor: (Lucarelli, 1997 y Rodríguez Ousset, 1994) en general, se ha mantenido el requisito de la aprobación de materias pedagógicas al finalizar el cursado del plan general. Luego de ser formados en los contenidos propios del área se les pide como requisito aprobar tres asignaturas dedicadas a la formación en la práctica profesional docente. La concepción que prevalece es que, para formar en la profesión docente, y por tanto para enseñar, basta con el dominio del contenido disciplinar. Históricamente, en la universidad, para acceder a un cargo docente se ha considerado primordialmente la trayectoria profesional (abogacía, ingeniería, medicina, etc.) antes que la formación docente. Esta situación se viene modificando en las últimas décadas con la presencia de las carreras de formación docente y los posgrados en docencia universitaria. No obstante, sigue existiendo un predominio de la formación profesional de base sobre la formación docente.

Perfil del egresado: El campo en el que se espera que se desempeñen los egresados de la carrera se puede inferir, en algunos casos, del perfil de egreso, mientras que en otros este se encuentra enunciado explicitado (Díaz Barriga, 1984).

En los cuatro primeros planes encontrados no se hace ningún tipo de mención al perfil del egresado que se pretende formar. En oposición, en el plan del '85 se hace referencia que entre las diferentes tareas para las que está formado un egresado de la Carrera de Ciencias de la Educación se puede encontrar: la docencia, la investigación y realizar tareas profesionales como el asesoramiento pedagógico, la capacitación y la gestión en instituciones.

Formación generalista o especializada: De acuerdo al tiempo de cursado y a la cantidad de materias que corresponden a uno u otro año o ciclo es posible hablar de una formación más especializada o generalista de los alumnos. Es generalista cuando la mayoría de los cursos son de fundamentación, disciplinas genéricas y de formación socio-cultural. En cambio, es especializada cuando se prioriza el cursado de instancias curriculares propios de una disciplina o campo profesional (Gómez Campo y Tenti Fanfani, 1986; Zabalza, 2006).

Se observa en el cuadro comparativo que a lo largo de los años sigue existiendo una formación generalista, pero se va observando una leve tendencia hacia la especialización ampliando la cantidad de opciones entre las cuales poder elegir. No obstante, la cantidad de materias del ciclo general de mantiene aproximadamente igual (27 ó 28 materias y/o seminarios).

Articulación teoría y práctica: Se busca identificar si dentro del plan de estudio existen instancias de formación que relacionen el contenido teórico con la práctica profesional. Lucarelli señala que se pueden distinguir dos formas de hacer referencia a la práctica: uno como práctica profesional y otra como estrategia metodológica en el desarrollo de toda situación de enseñanza y aprendizaje. Cabe señalar, que, en el análisis del plan de estudios, se hace referencia específicamente al primer sentido (Lucarelli, 1994 y 2009a).

A partir de la lectura de los planes de estudios es posible identificar explícitamente instancias curriculares de articulación entre la teoría y la práctica profesional para la licenciatura y para el profesorado, encontramos por lo general, un par de materias referidas a observación y práctica de la enseñanza al final. En este sentido, es posible pensar que la concepción que subyace a esta manera de organizar el currículum es dicotómica, dado que prevalece una separación entre la teoría y la práctica, entendidas éstas como tareas excluyentes, desarrolladas al margen una de la otra, con una ubicación institucional desconectada.

También cabe destacar que se encuentran las materias de práctica pedagógica en las últimas instancias de la carrera. El hecho de ubicarse al finalizar la formación nos estaría indicando existencia de una concepción aplicacionista, dado que el alumno deberá aplicar en esta oportunidad los contenidos teóricos adquiridos a lo largo de la carrera.

La existencia en el pan del '85 de trabajos de campo y de investigación en los dos ciclos (en el general y el especializado), busca romper con estas tendencias arraigadas en la confección de planes universitarios.

Instancias curriculares de formación en investigación: Tal como se señaló en este trabajo resulta de interés identificar la existencia de instancias curriculares que explícitamente promuevan la formación en investigación, observando si las mismas son obligatorias u optativas. Su ubicación dentro del plan de estudios, nos permite pensar acerca de qué manera se concibe la investigación dentro de la carrera y qué importancia se le da a la misma. En los planes analizados a partir del plan del '58 y '60 se encuentra una materia orientada a la formación de técnicas de investigación educativa: "Técnica de investigación pedagógica". Luego, en el plan '77 se incrementa el número a dos materias obligatorias destinadas a la formación en investigación: "Estadística" y "Teoría y técnica de la investigación educativa". Posteriormente, con el plan '85, se mantiene la cantidad de dos asignaturas, pero la diferencia se encuentra que en el plan del '77 eran anuales y se encontraban en los últimos años, en cambio en el plan del '85 son cuatrimestrales y forman parte del Ciclo de Formación General. La existencia en el pan del '85 del requisito que señala el cumplimiento de créditos de investigación en los dos ciclos (en el general y el especializado), busca acercar a los estudiantes a equipos de investigación de la carrera e iniciarlos en el perfil profesional de investigación a través de instancias de práctica.

El plan de estudios '85: El plan de estudio que estuvo vigente por tres décadas en la carrera se aprueba el 4 de diciembre de 1985 (Res. C.S. N° 1607) en el período de recuperación democrática. El mismo introduce una serie de cambios interesantes de destacar con respecto al plan anterior que se aprobó en el año 1977 en la época de la dictadura militar. Estas modificaciones son:

- Antes la carrera se estructuraba en 5 años, estableciendo qué materias corresponden para cada año. La carrera, a partir de 1985, pasa a estructurarse en tres ciclos: Ciclo Básico Común (de 6 materias), Ciclo de Formación General (de 21 materias) y un Ciclo de Formación Focalizada u Orientada (4 materias). Lo que varía es la estructura del plan: de años a ciclos.
- Las materias de anuales pasan a ser cuatrimestrales. Al respecto hay que considerar que las asignaturas cuatrimestrales duplican

la obligación de tiempo de clase: la asignatura anual puede exigir entre 3 y 5 horas de clase semanal obligatoria; una asignatura cuatrimestral puede exigir entre 6 y 10 horas de clase semanales obligatorias. En términos generales, el régimen cuatrimestral significa una intensificación y concentración de esfuerzo y tiempo.

- Así para obtener el título de Licenciado en Ciencias de la Educación, de 24 materias se pasa a requerir la aprobación de 31 materias.
- En cuanto a las asignaturas que figuran en uno y otro plan, se puede observar que en el Plan '85 no aparecen: Lógica, Historia de la cultura, Pedagogía, Psicología Social, Didáctica del jardín de infantes y escuela primaria y Didáctica de la educación media y superior. Algunos contenidos de estas materias fueron absorbidos por otras asignaturas nuevas: como en el caso de las didácticas donde surgen las didácticas específicas por nivel o el caso de lógica que aparece como contenido de una materia del CBC (Introducción al pensamiento científico). En el caso de las didácticas, se observa una tendencia hacia la especialización ya que, además de las dos Didácticas de corte más general en el Ciclo de Formación General, aparecen otras que se ubican en el Ciclo Focalizado correspondiente al Área "Educación formal", y se especifican desarrollando el contenido de la didáctica de cada nivel en particular (Didáctica de Nivel Inicial, Didáctica de Nivel Primario, Didáctica de Nivel Medio y Didáctica de Nivel Superior).
- En cuanto a la formación en investigación, las asignaturas cambian de nombre y de extensión/duración, pasando de tener dos materias anuales: "Teoría y técnica de la investigación educativa" y "Estadística", a dos materias cuatrimestrales: "Investigación y Estadística Educacional I" e "Investigación y Estadística Educacional II", ambas en el Ciclo de Formación General.
- En el Plan del '77, la organización es por asignaturas sin la existencia de áreas que las articulen ni materias optativas: es un plan cerrado. Esto cambia, en el Plan '85, el Ciclo de Formación General se estructura en 9 áreas y se incluyen materias optativas: hay que aprobar 17 asignaturas obligatorias y 4 asignaturas optativas (1 en el área de Educación y Psicología, 1 en el área Educación y Ciencias Sociales, 1 en el área Educación y Ciencias de la Comunicación y 1 a elegir entre las ofertadas en las áreas de Educación y Filosofía, y Educación e Historia). Si bien consta de materias optativas, éstas se eligen dentro de un grupo de materias pre-establecidas. El porcentaje de materias optativas en este ciclo es de: 19%. En comparación con el Plan anterior, y en relación a la cantidad total de materias

pedidas para la Licenciatura, el porcentaje de optativas aumenta: de un 0% a un 19 % (considerando todo el Plan e incluyendo las asignaturas del Ciclo Focalizado) lo cual implica mayor apertura y flexibilidad.

- En el plan del '77 no se encuentran orientaciones en la carrera de grado. En una resolución posterior, el ciclo de especialización pasa al posgrado. En cambio, en el plan del '85 se incluye un Ciclo de Formación Focalizada compuesto por 4 asignaturas o seminarios, 100 horas de trabajo en prácticas profesionales y 100 horas de trabajo en prácticas de investigación en un área electiva. Al finalizar las asignaturas obligatorias del ciclo de formación general el estudiante elige, un área de formación focalizada. Por el momento puede elegir entre las siguientes: Educación Formal, Educación No Formal, Psicopedagogía, Tecnología Educativa, Administración y Planeamiento (todas ellas orientadas hacia los desempeños profesionales), Educación Formal – Profesorado (con esta obtiene el título de profesor); Teoría de la Educación, Educación e Historia, Educación y Política, Educación y Ciencias Sociales, Educación y Psicología, Educación y Filosofía, Didáctica (orientadas a la especialización en un campo disciplinar).
- Existen correlatividades entre las asignaturas en ambos planes
- La exigencia de los tres niveles de un idioma latino y un idioma sajón, presente en el plan 77 continúa sin modificaciones ya que es reglamentado para todas las carreras de la facultad.
- En ninguno de los dos planes se pide una tesis para el título de Licenciado en Ciencias de la Educación.
- En el Plan '85 aparece la exigencia de obtener 50 créditos de trabajo de campo y 50 créditos de trabajo de investigación tanto en el Ciclo de Formación General como en el Ciclo de Formación Focalizada como requisito para obtener la Licenciatura. Esta nueva exigencia, según algunas resoluciones (Resol. 614/87 y 2516/90) analizadas tiene como objetivo:

  Trabajo de campo:

  - Proporcionar oportunidades para el conocimiento sistemático directo de la realidad educacional en sus diversas manifestaciones y ámbitos.
  - Estimular la elaboración teórica de los datos de la realidad y la reflexión consecuente.
  - Posibilitar la visualización y definición de los diferentes roles profesionales, así como la toma de conciencia de los requerimientos de formación que supone su desempeño.

- Iniciar la adquisición de experiencias en las diferentes esferas y actividades de la práctica profesional.

TRABAJO DE INVESTIGACIÓN:
- Proporcionar oportunidades para adquirir las actitudes y habilidades que permitan transformar en interrogantes científicos los problemas detectados en el ámbito de la acción profesional y el desarrollo del trabajo académico.
- Facilitar el aprendizaje de las herramientas teórico-metodológicas para elaborar e implementar diseños de investigación.
- Estimular el desarrollo de las capacidades para el análisis crítico de las investigaciones: fundamentos epistemológicos marcos teóricos, diseños e informes.

Como se advierte, con la introducción de estos créditos se busca que el alumno tenga una formación en su campo profesional (tanto en el Ciclo General como en el de focalización) y que lo realice en paralelo con la cursada de las materias del ciclo correspondiente. Ese requisito lo establece cada propuesta, y sólo se exige que para ingresar al Ciclo Focalizado se haya concluido el Ciclo General.

En contraste en el plan del '77 existen dos materias a las que podría asimilarse esta formación: en 4to año: Observación y trabajo de campo I y en 5to año: Observación y trabajo de campo II. En este caso, el objetivo era que, en el final de la carrera, el alumno se acercara al campo profesional como una aplicación de la teoría estudiada durante años en las asignaturas. En cambio, en el plan '85 se busca dinamizar la relación teoría y práctica incluyendo instancias de práctica a lo largo de la carrera.

- Asimismo, en la propuesta curricular del Profesorado, también aumentó las exigencias ya que en el Plan '77 sólo se requerían 2 asignaturas: Observación y práctica del jardín de infantes y la escuela primaria y Observación y práctica de las materias pedagógicas en la educación Media y Superior. En cambio, en el Plan '85, se piden 4 asignaturas (dos obligatorias y dos optativas) más la Residencia.

Como se observa, el plan del '85 busca mayor exigencia académica: concentración de tiempos (por ser cuatrimestrales), más asignaturas (de 24 a 31) y mayor duración en los estudios. Así también, se trata de presentar un plan más abierto, agregando optativas y focalización en diferentes áreas. Cabe aclarar que las materias optativas están establecidas entre una serie de materias ofrecidas y las correlatividades siguieron en vigencia, aunque algunas se fueron modificando a lo largo de los años.

La formación en investigación

En el plan de estudio que corresponde al año '85, el Ciclo de Formación General presenta dos instancias curriculares obligatorias las que explícitamente desde sus nombres y sus objetivos, buscan la formación en investigación en los alumnos que cursan la carrera: Investigación y Estadística Educacional I e Investigación y Estadística Educacional II. Ambas tienen un régimen cuatrimestral. Habitualmente Investigación y Estadística I se dicta en el 1° cuatrimestre e Investigación y Estadística II en el 2° cuatrimestre (aunque según las necesidades esto puede variar) y existe correlatividad entre ellas.

Otro requisito de la carrera son los Trabajos de créditos de investigación, que tienen la intención de que los alumnos se inserten en una investigación que realizan las cátedras y vivencien parte del proceso. Los alumnos deben cumplir 50 créditos en el Ciclo de Formación General y 50 créditos en el Ciclo de Formación Focalizada obligatoriamente, pero son optativos en cuanto a la temática, ya que se definen en cada cuatrimestre según la oferta que presenten las cátedras.

Por este motivo, en el marco del presente trabajo, se consideran las dos asignaturas obligatorias del Ciclo de Formación General que todos los alumnos que forman parte de la carrera de Ciencias de la Educación tienen que aprobar para poder obtener la licenciatura. Por lo tanto, constituyen las instancias curriculares básicas de formación en investigación en esta carrera. Sobre ellas los actores entrevistados han señalado que:

a) Ambas instancias curriculares no están articuladas entre sí y sería deseable una mayor coordinación entre ambas: una docente de una de las materias dice...

> "(...) no está lograda aún una articulación de contenidos que, de todos modos, yo intento traccionar a que la formación en estadística esté muy centrada en el sentido que tiene para la investigación, no tanto en el procedimiento o aún en el cálculo..." (Entevista Prof. 03/04/07).

Pero también en la otra materia se reconoce esta falta de articulación:

> "(...) me parece que tienen que estar bastante cerquita. Lo bueno sería articular... que ellos retomaran el diseño... articular las cátedras...

(...) Estaría bueno... sería bárbaro que ellos tomaran lo que nosotros usamos... el mismo trabajo y las continuaran... si tomaran las mismas investigaciones... nos tenemos que poner de acuerdo. Nosotras mismas, tomar investigaciones que ellos les interesen. Hacer un pool... eso sería una cosa bien pensada. Tomar un pool de investigaciones, que nosotros veamos algunas antes y otras ellos... seleccionarlas en conjunto, eso sería maravilloso" (Entrevista Prof. 17/07/07).

Estos testimonios reconocen como dificultad en el proceso formativo de la carrera, una fragmentación y segmentación de las propuestas y de las formas de operar en la enseñanza y el aprendizaje propias de una perspectiva didáctica tecnicista. Díaz Barriga (1990) comenta el respecto que esta concepción refleja la influencia positivista del conocimiento, concretada en planes de estudio que establecen cursar seis, ocho, diez materias por semestre, lo que origina una dispersión conceptual, tanto de esfuerzos del docente, como de los alumnos.

b) Las materias aportan a la formación del licenciado ya que permiten sistematizar los conocimientos en torno a temas epistemológicos y metodológicos, siguiendo el modelo de formación escolar (Ickowicz, 2004). Asimismo, se señala la importancia del modelo de formación artesanal (Ickowicz, 2004) al sostener que también *a investigar se aprende... investigando.*

Se consideran materias de *entrada* al tema y que brindan *herramientas* para comenzar a comprender de qué se trata investigar. Por otro lado, su ubicación en el Ciclo de Formación General tiene sus ventajas (como abrirse a nuevas experiencias sin tantos prejuicios) y desventajas (como la falta de conocimientos teóricos propios del área disciplinar). En cuanto al lugar que ocupan las materias en el plan de estudio y la contribución que se le puede adjudicar en la formación de grado, los actores señalan lo siguiente:

> "...vos debés conocer muy bien la tensión entre la gente que dice que se aprende a investigar investigando y hay gente que dice que los cursos de metodología sirven... yo creo las dos cosas. Yo creo que es un espacio de sistematización de lo que es investigar en algún momento en la formación tiene utilidad (...) Cada una de las decisiones que se toman en un proceso de investigación dependen de tantas variables que evidentemente hay que hacerlo, pero tener sistematizadas una cantidad de cuestiones... que yo no sé si lo hemos logrado tampoco... pero creo que sigue siendo interesante tener un espacio sistemático, yo no aboliría las materias, como materias, de investigación educativa" (Entrevista Prof. 03/04/07).

> "Si me preguntás a mí, yo creo que a la carrera le faltan lugares donde profundizar después... le estamos dando la puerta de un grado y después no tienen muchos lugares más donde puedan decir: "A mí esto me interesa... pero dónde sigo..." Yo creo que nosotros somos, las dos materias de investigación, tanto la I como la II, somos puerta de entrada. Somos puerta de entrada porque es el único lugar donde se ve investigación. Creo que le falta a nuestro plan otro espacio... no sé... quizás una orientación en investigación... así como lo hay en otras áreas... poder valorizar la investigación en el plan" (Entrevista Prof. 05/12/06).

Estos testimonios dan cuenta del lugar que ocupan y la función que cumplen las dos instancias curriculares obligatorias que se encuentran actualmente en el plan de estudios de la carrera de grado para la licenciatura en Ciencias de la Educación. Los entrevistados valoran la presencia de estas asignaturas dado que ofrecen a los alumnos la posibilidad de acceder a herramientas de forma sistemática acerca del quehacer investigativo. A través de ellas se sigue el modelo de formación escolar (Ickowicz, 2004). Se espera que luego de su cursada, los alumnos logren no sólo interpretar el conocimiento que producen otros a través de una investigación, sino también que comiencen a posicionarse como posibles productores de conocimiento científico. En este sentido, son espacios reconocidos pero que aún resultan insuficientes para lograr, dentro de la carrera de grado, una formación en profundidad en el campo investigativo.

c) En cuanto a la posibilidad de cambio del plan de estudio, los profesores se han explayado en cómo les parece que tendría que estar ubicadas las materias que forman en investigación para que promuevan un mejor aprendizaje en los alumnos en el área. Uno de los profesores planteaba lo siguiente:

> "Yo pensaba... estábamos conversando sobre las alternativas que podría tener la materia, cómo se podría llamar en un futuro plan. Para mí, más allá de que establecería una división que en esencia es táctica y no estratégica, en un segundo nivel... sería la investigación educativa con orientación cualitativa y la investigación educativa con orientación cuantitativa cada una de un año. (...) Así que yo pretendería en un futuro que fuese así y que no se cometiera el grave error, para la formación de los chicos, de crear una materia que se llame estadística. (...) Estadística en realidad sirve para un momento en la investigación de orientación cuantitativa que es el análisis de datos. Entonces, en ese momento se dan las herramientas que se van a usar" (Entrevista Prof. 19/12/06).

La carrera de Ciencias de la Educación, como parte de las ciencias sociales define a la investigación científica como una relación entre teoría y empiria y básicamente se maneja utilizando la lógica cualitativa o la lógica cuantitativa donde la estadística es sólo una herramienta más de análisis de la información obtenida. En este sentido, esta propuesta tiene en cuenta los aspectos sustantivos de la carrera y la centralidad de su objeto de estudio en el hecho educativo.

Su planteo no queda únicamente en la organización de las materias dentro de un plan de estudio o el nombre que deberían llevar. También se expresa en cuanto al hacer investigación en la carrera, pero no sólo del alumnado sino incluso del papel que los profesores de cada una de las cátedras tendrían que desarrollar en relación a la formación en investigación y cómo el área de investigación tendría que jugar un rol transversal. Así lo señala:

> "Eso sería la parte que yo veo para la formación del alumnado y por otra parte me parece que... y yo he insistido mucho, no sé si me habrás oído... que el alumno de Ciencias de la Educación particularmente está muy acostumbrado a consumir información... consumir información, leer lo que hacen los autores franceses sobre todo y hacer desarrollos sobre cosas que están hechas, pero no trabajar en investigación. Investigación quiere decir generar nuevo conocimiento a partir del conocimiento existente por la vía de la investigación, no por la vía de la simple lectura y eso exige por lo menos, en la estructura curricular futura, investigación tenga en cuanto a carga horaria y en cuanto a carga cuatrimestral, una cosa mucho más importante de la que tiene ahora de un año. Esto me parece a mi... y que haya por ejemplo... estos créditos de investigación funcionen de forma paralela porque acá hay una cosa... en realidad, todas las cátedras tienen que hacer investigación. (...) Lo mejor sería que los profesores de la materia, estarían obligados... obligados... este término puede ser un poco feo... o antipático... obligados a hacer investigación. Yo creo que no hay otra alternativa. Porque sino se transforma en simple volcado de conocimientos. Se les vuelcan conocimientos a los alumnos, los alumnos lo vuelcan en el final y se quedan con muy poquitito, con muy poquitito..." (Entrevista Prof. 19/12/06).

Aquí se busca un cambio de rol en los estudiantes: de consumidores de información a productores de conocimiento. Desde la Didáctica, se afirma que detrás de una propuesta de enseñanza se encuentra una concepción acerca de cómo aprenden lo alumnos y cuál es el rol que deben cumplir en el proceso de aprendizaje. En este sentido, pensar en un cambio de rol en los estudiantes, tendría que implicar una reflexión en torno a cómo se planifican las propuestas de enseñanza con el fin de lograr esos objetivos. Como ya se ha mencionado, da Cunha (1997) lo plantea con claridad al referirse a la relación entre enseñanza e investigación en la universidad y señalar que la lógica de la investigación y de la enseñanza –en su modalidad tradicional– es completamente antagónica ya que: la enseñanza está construida sobre una concepción de conocimiento como producto, donde no se tiene en cuenta la provisionalidad y la construcción del conocimiento desde lo epistemológico, en que las certezas son estimuladas y los errores castigados en la evaluación; en cambio, la investigación funciona trabajando con la duda, que es su presupuesto básico y con el error y la incertidumbre que son los que abren los caminos de la investigación.

> "(...) Si deseamos una enseñanza con investigación, tenemos que considerar al alumno capaz de producir su propia experiencia de aprendizaje y, al mismo tiempo, contar con un profesor que sepa trabajar con la duda, con lo nuevo, sustituyendo la respuesta acabada a las preguntas de los alumnos, por la capacidad de reconstruir con ellos el conocimiento" (da Cunha, 1997, p. 23).

Otra profesora aporta una idea similar al respecto de cómo lograr que la formación en investigación tenga un lugar más abarcativo en el plan de estudios:

> "Una de las propuestas que nosotros hicimos como grupo, para el plan de estudio, independientemente del tipo de modalidades para concretizarlo, en general tenemos... o tuvimos en la cabeza la idea de poder cruzar toda la carrera con situaciones problemáticas donde las diferentes materias pudieran concurrir al desarrollo de investigaciones desde diferentes perspectivas: la sociología de la educación, la psicología institucional, la psicología del aprendizaje como aristas de una situación problemática. Suponete el fracaso escolar, para decir algo, donde cada uno de los profesores fuera tomando eso, como también trabajo en sus diferentes materias y un taller de investigación a lo largo de toda la carrera acompañando la resolución investigativa de esas situaciones problemáticas. Si vos me preguntás ahora más detalles, no te puedo decir. Creo que hay otras carreras, la de Tandil, por ejemplo, en algún momento tiene taller 1, taller 2, taller 3... no es una idea innovadora la introducción de talleres de cualquier tipo en una carrera universitaria. En este caso, sería encontrarle la vuelta a que la formación en investigación no se concentrara sólo en Investigación I e Investigación II, que eso siguiera existiendo porque hay concursos, etc. etc.... que en esas dos materias se pudiera tener muy en cuenta este principio de la cocina de la investigación, es decir,

ponerse de acuerdo de alguna manera de que eso es lo que hay que hacer y después buscar la manera de que esa formación se continúe en la práctica investigativa: talleres, situaciones problemáticas en común, un equipo de profesores... no sé qué pero que se continúe a lo largo de la carrera. En la medida que, en realidad, lo ideal sería que cada materia se tomara la parte investigativa que es la otra posibilidad, que no es excluyente de esto" (Entrevista Prof. 07/06/07).

Esta propuesta nos muestra una forma de revertir la distancia entre la lógica de la enseñanza tradicional y la lógica de la investigación a través de la introducción de problemas que crucen las diferentes áreas de conocimiento y que, desde sus procesos investigativos específicos, aporten nuevo conocimiento científico que contribuya a reflexionar sobre la complejidad del hecho social y educativo estudiado o tienda líneas para ayudar a solucionarlo. Esta forma de organización curricular centrada en ejes no sólo contribuirá a la formación de un profesional en el ámbito educativo, sino también a la formación en la profesión académica, la cual tiene a la práctica de investigación como uno de sus núcleos. Da Cunha (1997) acuerda con esta idea cuando plantea:

> "Para pensar la enseñanza con la investigación será preciso revertir la lógica de la enseñanza tradicional e intentar formularla con base en la lógica de la investigación. Solo con ese esfuerzo se puede pensar en un proceso integrador en el aula universitaria" (da Cunha, 1997, p. 22).

Por su parte, otro docente también plantea el tema de que la formación en investigación no quede reducida a las dos materias existentes y se integre a lo largo de la carrera:

> "(...) Si cada materia o cada conjunto de materias o instancias curriculares, se haría cargo un poco más de cómo se investiga en su área, el área socio-histórica, el área psicológica, el área de la didáctica, pensando en las grandes áreas... podría haber algún contacto un poquito más transversal... yo creo que es un área transversal... debería ser... no un área sino... (Piensa)... otro nombre que no remita a las áreas de las focalizadas o a las áreas en las que está nuestro diseño curricular. Nuestro plan de estudio está organizado en áreas. No creo que deba ser un área. Creo que tienen que ser un... un... un espacio curricular, llamémoslo no sé cómo pero que nucleara el componente de investigación que las distintas ciencias de la educación tienen. (...) Hacerse un poco más cargo de la formación en investigación en los espacios curriculares. Esto sería un poco hacia donde me parece que hay que ir y va a ser mi propuesta. (...) ... que la formación en investigación

se desarrolle en distintos niveles: un nivel que sean las materias, otro nivel que sean los Créditos de Investigación y otro nivel que sea un espacio curricular de gestión transversal, colegiada, colectiva, no sé porque lo estoy nombrando recién ahora, pero asegurar o por lo menos enfatizar que en cada una de las materias se sepa cuándo se está trabajando directamente con una investigación" (Entrevista Prof. 03/04/07).

Esta idea de transversalidad busca romper con la visión dicotómica del conocimiento y la separación entre teoría y práctica como dos compartimentos aislados; por el contrario, esta propuesta, al igual que las anteriores, pueden vincularse a la necesidad de lograr una articulación dialéctica entre teoría y práctica durante la carrera. Así, de forma gradual, se podría plantear a lo largo de la carrera, instancias formativas que le permitan al alumno ir teniendo un rol más activo y protagónico en el proceso de aprendizaje y en la construcción del conocimiento. Como afirma da Cunha (1997, p. 25)

> "la idea de práctica, en la enseñanza universitaria, ha acompañado la equivocada perspectiva de que ella es apenas la comprobación de la teoría... (...) En vez de eso, tomar a la práctica como punto de partida de la teoría puede ser la alternativa de una nueva forma de construir el saber. Esta es, sin duda, una condición que lleva a una crisis paradigmática y deviene en un nuevo contorno para el aula universitaria, donde la teoría y la práctica establecen nuevos parámetros de relaciones".

En términos generales se puede percibir que hay un interés en los profesores entrevistados porque la formación en investigación se amplíe en la carrera ocupando un lugar más transversal que le permita al alumno ir apropiándose de manera paulatina del quehacer de un investigador en diferentes áreas de conocimiento propias de un licenciado en educación. Este tema se encontraba aún en discusión en las reuniones departamentales que se realizaron durante más de una década (aprox. 2001-2011) con miras a un cambio de plan de estudio.

Resulta interesante considerar todas las alternativas que se proponen con la intención de mejorar la formación en general y la formación en investigación en particular (como la introducción de un eje transversal problematizador). No obstante, cabe preguntarse si las acciones que se vienen llevando a cabo, sostienen la ilusión de que el cambio curricular fundamentalmente centrado en el plan, promoverá las modificaciones esperadas en la formación, cuando en realidad la estructura organizativa académica se encuentra fragmentada y no existen instancias de articulación entre las cátedras. En efecto, el entender el currículum como un proceso que no se agota en la etapa de elaboración de planes y programas de estudio, abre una serie de aspectos a considerar en torno a la implementación efectiva de la propuesta, las formas de abordar las problemáticas curriculares de manera participativa, el compromiso de los actores involucrados, sus funciones en el seguimiento y la búsqueda de las formas organizativas más pertinentes (en tiempo, espacio y disponibilidad) para cumplir estas actividades sin afectar negativamente su tarea institucional.

Los procesos de enseñanza y aprendizaje en una cátedra[10]

Se parte de la idea de entender a la cátedra como una institución en tanto se define institución como las formaciones culturales (normas, pautas, normas muy formalizadas, a leyes, conjuntos de ideas que tienen mucha penetración en el grupo, ideologías organizadas y sistematizadas, mitos, relatos, a formas de historizar los acontecimientos) cuyo propósito o cuya función no intencional y consciente es la regulación del comportamiento de los individuos dentro de los márgenes permitidos por el grupo social al cual esos individuos pertenecen (Fernández, 2003). Esta autora señala que las instituciones representan a los custodios del orden establecido que permiten organizar el mundo, de otro modo caótico y amenazante (Fernández, 1996). Desde esta perspectiva se analiza el devenir histórico de la cátedra considerando que la historia cumple la función de garantizar la identidad institucional.

La historia de la cátedra: en la historia de la cátedra se pueden identificar cinco momentos que nos permiten contextualizar el hacer pedagógico:

---

10 Durante el año 2006 se ha realizado el trabajo de campo en esta asignatura obligatoria del Ciclo de Formación General de la carrera. Se han utilizado como fuentes de información: a) documentos curriculares: el programa, orientaciones para parciales y el final, observaciones propias y a través de las memorias de teóricos, prácticos (centrado en uno de ellos) y talleres; b) entrevistas a: la Profesora Titular Consulta, la Profesora Adjunta y una Ayudante de primera (del práctico tomado para el análisis) y c) una sesión de retroalimentación con el equipo docente de la cátedra en noviembre de 2008. En el año 2006 la cátedra está compuesta por una Profesora Titular Consulta, una Profesora Adjunta, dos Jefas de Trabajos Prácticos, seis ayudantes de primera y ocho adscriptos. La Profesora Titular Consulta y la Profesora Adjunta dictan los teóricos. Ocasionalmente también dictan algunos teóricos o parte de ellos las Jefas de Trabajos Prácticos quienes tienen a su cargo los talleres. Hay seis parejas pedagógicas (ayudante-adscripto) para seis comisiones de prácticos. Dos adscriptos colaboran únicamente en los teóricos realizando las memorias.

a) Primer momento: *Nueva fundación a partir del plan que se crea con el advenimiento de la democracia.* La denominación de la asignatura surge en 1985 con el Plan de Estudio que aprueba la Gestión Normalizadora, el cual modifica el plan anterior del año 1977. La profesora G era su Titular y tenía un equipo docente conformado desde hace años.
b) Segundo momento: *Cambio.* En 1997-1998 hay un cambio. Luego del fallecimiento de la profesora G, una nueva profesora titular S se hace cargo de la cátedra a pedido del Departamento de la carrera. Se conforma un nuevo equipo: tres profesoras quedaron del equipo anterior y se incorporó una nueva profesora (que había trabajado con S en otras instancias de formación). También se incorporaron cuatro adscriptas (que habían sido alumnas de S en el año 1995).
c) Tercer momento: *Organización y consolidación.* A partir de 1998 con la Profesora S como titular se va consolidando la cátedra: ingresan ayudantes y adscriptos, otros se van, se consiguen más rentas, se amplía el número de integrantes.
d) Cuarto momento: *Transición a un nuevo cambio.* En el año 2005 la profesora R (que forma parte de la cátedra desde sus orígenes) pasa a desempeñarse como Profesora Adjunta luego de ganar el concurso. En el año 2006 se jubila la profesora titular S, pero continúa en la cátedra como Profesora Titular Consulta. En este momento de la trayectoria histórica de la cátedra se ubica el trabajo de campo realizado.
e) Quinto momento: *El recambio generacional.* En 2016 la profesora R asume como nueva Profesora Titular por concurso.

Según Sandra Nicastro (1997) entre los antecesores y los sucesores se establecen relaciones de tipo filial, en donde los primeros representan desde lo imaginario a los padres. Los sucesores, al asumir el rol de los antecesores deben resolver la siguiente cuestión: ¿Cuánto de igual o de diferente se debe ser respecto al antecesor? Los sucesores establecen vínculos con los antecesores que determinan sus modos de funcionamiento al momento de hacerse cargo del proyecto. Pareciera que en el caso que nos ocupa la modalidad de desempeño asumida por los sucesores se ubica en una suerte de intermedio entre dos tipos: el doble y el regulador (Nicastro, 1997).

En la primera modalidad, el sucesor se mantiene indiferenciado al sucesor, desempeñando el rol de manera semejante, en una suerte de dependencia de los modos de ser y de hacer, como única manera posible de darle continuidad al proyecto. Priman fuertes sentimientos de lealtad. Implica cumplir con las expectativas de los antecesores y también con la que los otros miembros depositan en el sucesor. La segunda modalidad implica realizar un recontrato consistente en aceptar y revisar lo sucedido en el pasado, en el presente y proyectarse hacia el futuro. Implica que, a partir del mandato fundacional y su devenir, se analiza cómo continuar con lo que se venía haciendo y qué modificaciones hacer. En suma, los fines y proyecto se recrean y resignifican en diferentes oportunidades y situaciones.

La intencionalidad formativa: La planificación general del curso o materia, según Davini (2009, p. 169) constituye el primer mapa y mantiene el mayor vínculo con el plan de estudios o currículo institucional. Su función es definir las principales ideas reguladoras de la enseñanza y organizar los núcleos o unidades de contenido. De esta forma, la planificación expresa las ideas y decisiones centrales que regularán las prácticas y adquiere un estado público comunicando las intenciones educativas y las formas de realizarlas. El programa de la materia que llega a manos de los alumnos consta de los siguientes ítems: algunos presupuestos iniciales, objetivos generales de la materia, unidades temáticas distribuidas según sesiones teóricas con la bibliografía básica y obligatoria para cada una, la descripción de la organización de la materia a través de las sesiones de teóricos, talleres y trabajos prácticos y la evaluación.

En los presupuestos iniciales del programa se señala que se espera que los alumnos terminen... *manejando conceptos e instrumentos básicos* para: analizar la realidad social y educativa; elaborar un esquema básico de proyecto de investigación; trabajar con información empírica; relacionar teoría y empiria en términos de interpretar datos de realidad y de generar categorías básicas de análisis; trabajar con la teoría como instrumento de análisis de la realidad; leer una investigación e interpretar sus diferentes componentes; tomar decisiones relativas a diferentes modos de investigar según la naturaleza del objeto y de las preguntas de la investigación analizando su convergencia/divergencia y tener una introducción a enfoques participativos en investigación social.

En el programa de la asignatura 2006 se presentan también tres objetivos centrales. Estos expresan los aprendizajes que se espera que los alumnos alcancen (Davini, 2009, p. 171). Desde la cátedra se promueve que los alumnos...

- Finalicen la cursada con una primera aproximación rigurosa a los conceptos básicos sobre: características de una Investigación científica, Metodología, Dimensiones del proceso metodológico, diferentes modos de investigar científicamente en ciencias sociales.

- Se apropien de los conceptos a través de operar con espacios de la cocina de la investigación.
- Finalicen la cursada con una valorización positiva del proceso de investigación.

Como se observa, se espera que la materia sea una introducción al tema metodológico y una puerta de entrada al quehacer del investigador en el área educativa. Los docentes entrevistados al ser indagados sobre el tema, explicitaron las finalidades que tiene la cátedra a través de la propuesta que presenta y en este sentido comentaron que se busca:

1. Lograr una conceptualización básica y mínima de las ideas iniciales acerca de lo que implica investigar en ciencias sociales.
2. Introducir al alumno a la "cocina de investigación" dado que aprender a investigar se aprende investigando.
3. Acercar al alumno "al barro de la realidad" educativa, no sólo dentro de la escuela, sino también en el más allá de la escuela.
4. Despertar un sentimiento positivo hacia el acto de investigar.
5. Formar en habilidades que sirvan al futuro profesional.

Existe concordancia entre lo explicitado en los propósitos y los objetivos del programa y la voz de los entrevistados. De manera gráfica se podrían sintetizar estas ideas de la siguiente forma:

La intencionalidad formativa

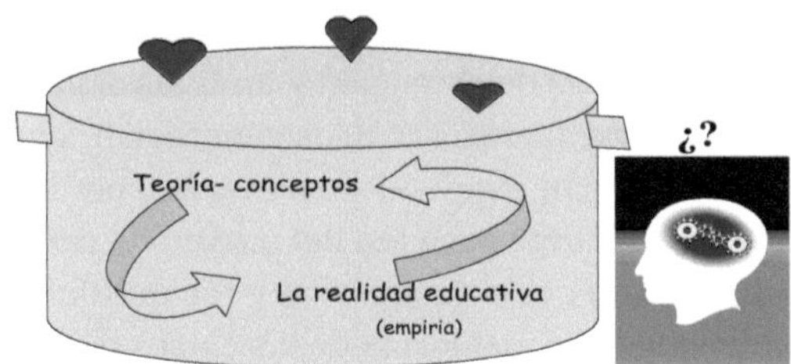

En el gráfico se muestran los componentes que conforman la "cocina de la investigación" como idea central de esta cátedra. Por eso se eligió la imagen de una olla, donde el cocinero debe ser un sujeto pensante, reflexivo y como diría Bachelard (1984): *el hombre de la pregunta*, que problematice la realidad. En esa olla es necesario amasar o procesar teoría y empiria, componentes básicos de una investigación científica. Este proceso debe ser realizado agregándole los condimentos necesarios como la *pasión*, la *entrega* y el *compromiso* que implica llevar a cabo esta tarea. Durante la retroalimentación, los miembros de la cátedra señalaron que les parecía adecuada la idea para representar algunos de los aspectos que conforman la intencionalidad formativa.

En cuanto a cómo se manifiesta en la selección y organización de los contenidos, en el programa, los contenidos se distribuyen en las dos partes en que está organizada la cursada:

- 1ra parte: ÉNFASIS EN LECTURA DE INVESTIGACIONES.
- 2da parte: ÉNFASIS EN EL TRABAJO EN TERRENO.

En cada una de las partes, los contenidos se encuentran organizados en unidades temáticas distribuidas en una o más sesiones teóricas. Se presentan en total: 9 unidades distribuidas en 15 clases, donde los contenidos están desagregados, con la bibliografía básica y obligatoria correspondiente.

El programa intenta articular: por un lado, la organización del desarrollo de las instancias teóricas (estructuradas según la secuencia de unidades y de clases) y, por el otro, la organización del desarrollo de las instancias de prácticos. La organización del contenido a lo largo de la cursada está planteada de lo general a lo específico en torno a problemáticas ligadas a las decisiones que toma un investigador. Se organizan a partir de las nociones generales que se profundizan y especifican a lo largo del proceso en torno a: qué es investigar, las tres dimensiones del diseño del proceso de investigación (Dimensión de la construcción del objeto, Dimensión de la estrategia general y Dimensión de las técnicas de obtención y análisis de la información) y los tres modos de operar (verificativo, de generación conceptual y participativo). Se podría decir, siguiendo lo planteado por Davini (2009, p. 176) que se adopta una organización del contenido *con idas y vueltas* que implica una comprensión progresiva y recapituladora.

En las observaciones y memorias de las clases teóricas y prácticas se confirma el temario y la secuencia planteada en los documentos curriculares de la materia. El eje del desarrollo conceptual de la cursada es concordante con lo planteado en los propósitos y objetivos de los documentos curriculares y la intencionalidad formativa planteada por los entrevistados.

La organización de la enseñanza: La cátedra prevé tres instancias de trabajo: los teóricos, algunos a cargo de la Profesora Titular Consulta, otros a cargo de la Profesora Adjunta y eventualmente alguno a cargo de las Jefas de Trabajo Práctico; los prácticos, a cargo de una pareja pedagógica conformada por una Ayudante de primera y un adscripto; y los talleres a cargo de las Jefas de Trabajo Práctico. Así presenta esta organización, según las memorias, la Profesora Titular Consulta en el primer teórico:

> "A continuación comenta la situación de su jubilación y su nombramiento de Profesora consulta y presenta a la Profesora Adjunta, con quien compartirá el dictado de las sesiones teóricas. Seguidamente presenta a las Jefas de Trabajo Práctico y comenta que las clases prácticas se desarrollan con parejas pedagógicas, es decir, con un profesor y un adscripto y así presenta al resto del equipo docente" (Memoria del Teórico N° 1, 21/03/06).

En el programa de la materia 2006 aparece explicitada la función que cada una de estas instancias brinda a los alumnos, la carga horaria que implican y los responsables de cada espacio:

> "La materia busca una continua integración de la teoría con la práctica de investigación. Abarca las siguientes instancias de trabajo grupal e individual:
>
> Sesiones teóricas de 3 horas en total. Se recomienda la asistencia a las mismas en la medida que se tomará como eje de trabajo el análisis de investigaciones y la realización de ejercicios grupales. Las sesiones teóricas se ilustrarán continuamente con ejemplos de la 'cocina de la investigación'. La organización de los trabajos prácticos se apoyará en el desarrollo de las sesiones teóricas.
>
> Sesiones de trabajos prácticos de 3 horas de duración. Los trabajos prácticos consistirán en: a) el análisis de investigaciones; b) la realización de ejercicios que permitan 'operar' con las nociones teóricas y armar una trama de articulación dialéctica entre teoría y práctica de investigación; c) el análisis de videos y otro material audiovisual, d- la organización y análisis del trabajo en terreno (por ejemplo, observaciones y entrevistas cortas).
>
> Trabajos individuales y grupales de los alumnos durante la semana de articulación teoría/realidad: visita a terreno, realización de observaciones y entrevistas, lecturas críticas, análisis de investigaciones, etc. El trabajo en terreno intenta ofrecer a los alumnos un primer acercamiento a la práctica misma de la investigación social y educativa.
>
> La asistencia a cuatro talleres obligatorios. Los temas de los talleres estarán vinculados en principio con técnicas de observación y obtención de datos y lectura de investigaciones en marcha por integrantes de la cátedra".

En la memoria del primer teórico de la materia, se vincula explícitamente el desarrollo de cada una de estas instancias con la clara intención de lograr articular teoría y práctica en el desarrollo de la cursada. Durante las primeras clases se observa que la cátedra incluye este punto en el planteo de un encuadre pedagógico previamente pensado y acordado. Se plantea a los alumnos en los siguientes términos:

> "Encuadre pedagógico de articulación de teoría de investigación y práctica de investigación, con el fin de facilitar el trabajo de articulación de teoría y práctica.
>
> - Teóricos: Conformado por momentos de desarrollo conceptual y momentos de ejercicios prácticos
> - Talleres: Coordinados por las Jefas de Trabajos Prácticos. Énfasis en el entrenamiento de los alumnos en la práctica de investigación.
> - Prácticos: Énfasis en la articulación del material teórico y la práctica de la salida a terreno. La función del práctico es el apoyo del trabajo de los alumnos de articulación del material conceptual con la salida a terreno" (Memoria del Teórico N° 1, 21/03/06).

En el segundo teórico se vuelven a plantear las características específicas de cada instancia de trabajo y también se hace alusión a la función de los diferentes espacios de la materia en el primer práctico:

> "[La profesora] desarrolla el encuadre pedagógico de la materia, explicitando la modalidad de la pareja pedagógica y el rol de la adscripta. Al presenta el programa, aclara que para la concreción de los objetivos y propósitos que la materia posee, la cátedra propone distintos espacios y modalidades: Talleres, Teóricos y Prácticos...Enfatiza que son espacios con identidad propia que se articulan y no se superponen. Explica las características de cada una de las instancias, y sugiere respecto de los talleres que, aunque se opte por la promoción con examen, algún integrante del grupo asista" (Memoria del Práctico N° 1, 30/03/06).

Se observa coherencia entre el encuadre planteado por la cátedra en los documentos escritos como en lo explicitado por los diferentes miembros del equipo a los alumnos en cada espacio curricular durante la primera clase de teóricos y prácticos. Al respecto, Zarzar Charur (1988, p. 91) señala:

> "El profesor llega a la primera sesión con un grupo; de ésta y el encuadre que se defina en ella, dependerá en gran parte el éxito del trabajo grupal a lo largo del curso. El encuadre es la delimitación clara y defi-

nida de las principales características, tanto de fondo como de forma, que deberá ser establecido en base a un acuerdo grupal (...) es decir, se trata de que el grupo tenga claras las especificaciones establecidas y se comprometa responsablemente con ellas".

La articulación entre estas diferentes instancias se realiza utilizando *las memorias*. Las mismas son realizadas por adscriptos para que circulen al interior de la cátedra. Estas permiten saber cómo se desarrolla la cursada y hacer alusión a lo que se trabaja en otra instancia. El siguiente testimonio da cuenta de esta contribución:

> "La profesora comienza el teórico haciendo referencia a las memorias, diciendo que por medio de ellas acompaña el trabajo en la cátedra y que hoy está aquí para trabajar un tema que le han pedido. Cuenta que ha leído tanto la memoria de los teóricos como la de los prácticos y que la funcionalidad de las mismas es efectivamente poder socializar y articular los mismos" (Memoria del Teórico N° 4, 11/04/06).

En síntesis, los procesos de enseñanza y aprendizaje se dan en torno a tres espacios curriculares:

- Teóricos (4 horas semanales).
- Prácticos (3 horas semanales).
- Talleres (3horas una vez por mes).

En *los teóricos* se utilizan diferentes estrategias de enseñanza. Al respecto, la Profesora Titular Consulta plantea cuáles serían, a su criterio, las formas de trabajo centrales a partir de las cuales desarrollar las clases:

> "Yo si pudiera, pero creo que no es tan fácil, haría toda la enseñanza, absolutamente toda, no sé si sería posible, y creo que de alguna manera lo intentamos hacer, alrededor del análisis de investigaciones y de la cocina de la investigación..." (Entrevista Prof. Titular. 07/06/07).

A lo largo de las clases se observa que ambos tipos de análisis de encuentran presentes, pero también se pueden identificar las siguientes estrategias de enseñanza:

- La exposición dialogada como estrategia predominante.
- Los momentos de exposición pura que se usan para presentar, explicar o sintetizar un concepto o tema.
- El relato narrativo (recurso discursivo hasta en algunos casos cuasi dramatizada) acerca de "la cocina de la investigación" de situacio-

nes reales vividas por los investigadores durante el desarrollo de su tarea.

- Trabajos grupales y plenarias.

El trabajo de los tres primeros teóricos tiene características didácticas particulares, ya que se le otorga una fuerte participación al alumno. Se busca que forme parte de ciertos aspectos del proceso de investigación en un dispositivo preparado para eso. Según Lucarelli (2009 a) podríamos decir que se presenta una situación problemática en base a la simulación del proceso de investigación donde se espera que el alumno reflexione sobre un proceso investigativo que se lleva a cabo en clase, usando diferentes modos de operar y donde el mismo alumno es el objeto estudiado. Litwin (2009, p. 102) define a la simulación como una estrategia que se organiza para que los estudiantes aprendan mediante la participación en una situación similar a la real, conscientes que es una participación ficcional. Es posible que una vez que se ha participado de la experiencia se analice cómo resultó. El análisis posterior permite un nuevo aprendizaje y provee de una experiencia que tiende un puente a la teorización.

Los conceptos allí presentados son fundantes para una posterior construcción espiralada del conocimiento. Se busca la contrastación con las ideas previas y vivenciar los diferentes modos de operar. El trabajo que se realiza en estas primeras clases se puede sintetizar de manera gráfica de la siguiente manera:

TEÓRICOS

- □ Organización del contenido a lo largo de la cursada:

CONSTRUCCION ESPIRALADA DE CONOCIMIENTOS: articulación teoría y práctica

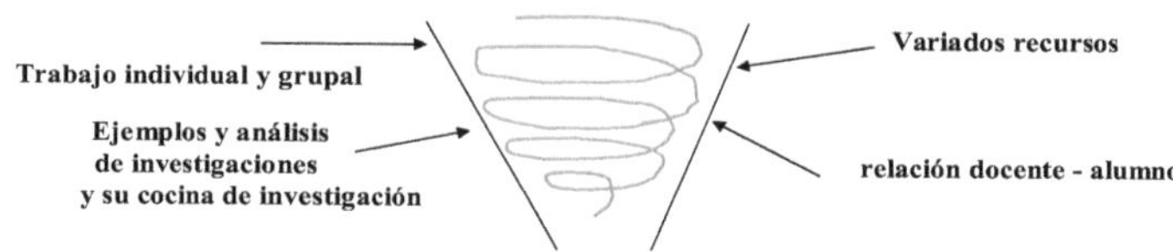

BASE: **Teórico 1, 2 y 3**
Situación problemática que utiliza la simulación o ejemplo del proceso de investigación
Se observa la articulación teoría y práctica:
- □ Como proceso genuino de aprendizaje
- □ Como proceso de formación en la práctica profesional de la investigación
- □ Como construcción del objeto de estudio

(Lucarelli, 1994)

Aquí aparece la articulación teórica y práctica como un eje central y las tres maneras en las que se manifiesta: como proceso genuino de aprendizaje, como introducción a una práctica y como construcción del objeto de estudio (Lucarelli, 2009a). Porque también, a partir de eso, se va construyendo todo el objeto de estudio de la asignatura. También se puede observar que a lo largo del cuatrimestre se usa: la ejemplificación y el análisis reflexivo como formas de manifestación de la articulación teoría y práctica. Los siguientes fragmentos dan cuenta de ello:

> "Se enfatiza la importancia de que exista consistencia entre el objeto y el problema. Las preguntas no pueden de ninguna manera exceder al objeto, todas las preguntas deben estar contenidas por el objeto. Para *ejemplificar* esto, se retoma el ejemplo de la investigación de la cátedra: ..." (Memoria del Teórico Nº 5- 18/04/06).

> "En la sesión de hoy vamos a *analizar en 3 investigaciones* diferentes:
> - cómo se articula la teoría y la empiria en cada modo de operar,
> - cómo se da en esos tres modos de operar la relación Sujeto-Objeto" (Memoria del Teórico Nº 6, 25/04/06).

> "Por otro lado hablamos de un raciocinio inductivo con *ejemplos* como el de Doña Felipa que comienza con supuestos de anticipación de sentido (y no de hipótesis). El investigador siempre tiene teoría, pero al trabajar desde el abordaje cualitativo debe tratar de no sesgar el abordaje del tema y dejar que la empiria hable" (Memoria del Teórico Nº 7, 02/05/06).

El contenido de la materia está centrado en la enseñanza de *la cocina de la investigación*, es decir, en la toma de decisiones que hace un investigador cuando realiza su tarea. A partir de los primeros tres teóricos se van retomando los conceptos presentados a lo largo de las siguientes clases en un proceso de aprendizaje espiralado donde el nuevo proceso de construcción adopta antiguos elementos ya existentes y alcanza nuevos niveles de complejidad (Sanjurjo y Vera, 1994). La construcción se da a través de un proceso espiralado-dialéctico del conocimiento donde se retoman constantemente los conceptos y se profundizan o resignifican a partir de situaciones nuevas. El orden en el que se van incorporando los conceptos a la espiral es: contexto, contexto de descubrimiento, situación problemática, objeto-problema, modos de operar (lógica-metodología/pares lógicos/modos suposicionales), diseño y su tridimensionalidad, diseño modo generación de conceptos, diseño combinado, diseño modo verificativo, diseño modo participativo. Este proceso se explicita a los alumnos de la siguiente manera:

> "La profesora destaca que es muy interesante la escultura del grupo, y que gran parte de los conceptos y aspectos que se han trabajado en

teóricos y prácticos puede observarse en la enumeración realizada. Enfatiza que estos conceptos que ya se comenzaron a procesar se van a ir desarrollando a lo largo de la cursada, siendo por ahora 'semillas'. Esto se debe a la manera de trabajo pedagógico de la materia en espiral dialéctica. Por ejemplo: Relación teoría/empiria es una conceptualización compleja, pero ya hay una captación y en el transcurso se lo irá profundizando" (Memoria del Teórico N° 4, 11/04/06).

Según Camilloni (2001) la organización del contenido en espiral es el que se considera, en general, la mejor forma de diseñar una secuencia, porque si bien va retomando conceptos fundamentales los va reconstruyendo, va agregando nuevos campos de aplicación, nuevos problemas y esto reúne tanto algunas de las ventajas que tiene la secuencia lineal, como las que tiene la secuencia concéntrica evitando sus desventajas.

En toda la materia, pero en este caso, especialmente en los teóricos, la concepción del conocimiento que se manifiesta es como *construcción*, en torno a: por un lado, el contenido de la asignatura (construcción del conocimiento científico) y por el otro, la concepción en torno al aprendizaje que sustenta la propuesta de la cátedra.

Especialmente en este último punto, se nota una clara referencia a la noción de aprendizaje significativo. Como señalan Ausubel, Novak y Hanesian (1983) el aprendizaje significativo es opuesto al aprendizaje repetitivo, producto de la memorización mecánica. Este aprendizaje es posible cuando quien aprende relaciona las informaciones y el significado del contenido sobre el que trabaja, los vincula con sus conocimientos, significados y experiencias previas, y por ello, los comprende. Ello demanda una intensa actividad participativa de quienes aprenden, reflexionando, debatiendo y descubriendo relaciones.

Como se viene observando, la búsqueda del aprendizaje significativo tiene implicaciones directas con la enseñanza. Es así como en la relación docente-alumno, se observa un cambio alternativo a los roles tradicionalmente concebidos: por un lado, el rol del docente asume el lugar de guía del proceso, propone situaciones de reflexión y contrastación; por el otro, el rol del alumno es activo, reflexivo y productor de conocimiento. Esta postura remite a la conceptualización de la enseñanza como guía (Davini, 2009, p. 30) donde se destaca la guía sistemática y metódica por parte del adulto o profesor y el papel central de la actividad de quienes aprenden, a través de la observación directa de los fenómenos, la búsqueda y la indagación activa, la resolución de problemas, la reflexión activa y la inventiva. La enseñanza es vista como un andamio para que los alumnos elaboren el nuevo conocimiento en una secuencia progresiva de acciones.

En este sentido, otro aspecto para señalar es que las docentes guían el proceso a través del uso de preguntas (Finkelstein, 2008):

- Abiertas... para:
  - conocer la opinión

"Luego de escuchar la canción, S. pregunta a los alumnos por qué piensan que ha decidido traerla a clase" (Memoria del Teórico N° 1, 21/03/06).

"La profesora continua la sesión preguntando a los-as alumnos-as: ¿Hacia dónde vamos?, ¿Qué se imaginan?" (Memoria del Teórico N° 4, 11/04/06).

  - pedir aclaraciones

"[La profesora] pregunta el por qué del nombre y formula preguntas aclaratorias de lo escrito [por el grupo] cuando es necesario" (Memoria del Teórico N° 1, 21/03/06).

- Retóricas

"¿Por qué escuchamos Itaca? Porque iniciamos con los alumnos –dice la Prof. S- el camino a Itaca..." (Memoria del Teórico N° 1, 21/03/06).

"Ahora bien, pregunta la docente, ¿Qué caracteriza a una investigación científica? La profesora anticipa las siguientes características:..." (Memoria del Teórico N° 4, 11/04/06).

- Para conocer ideas previas

"Se pregunta a los alumnos: ¿Qué piensan que buscamos explicar a partir de este cuadro?
Alumnos: Si la elección del práctico depende de la ocupación" (Memoria del Teórico N° 3, 04/04/06).

"A continuación, la profesora pregunta a los-as alumnos-as: ¿cuál creen ustedes que es la génesis de una investigación?" (Memoria del Teórico N° 4, 11/04/06).

- Para confirmar si se han adquirido conocimientos ya trabajados en la cursada (evaluación en proceso)

"La profesora consulta a los alumnos si recuerdan cómo se clasifican las variables, de acuerdo a lo visto en teóricos anteriores" (Memoria del Teórico N° 6, 25/04/06).

"La profesora pregunta a la clase si alguien tiene presente la noción de diseño que se trabajó en otras clases. Un alumno contesta que el diseño es un esquema" (Memoria del Teórico Nº 10, 23/05/06).

En general se utilizan preguntas que estimulan la participación espontánea de los alumnos. Los alumnos intervienen espontáneamente para:

✓ expresar su opinión, comentario o conocimiento ante una consulta que le realizaron las docentes.

"Los alumnos comentan que en los prácticos han visto cuál era el objetivo del trabajo en terreno, estuvieron pensando en ámbitos para realizar las observaciones, y armaron una red de ideas previas sobre el eje de la situación problemática propuesto por la cátedra.
En cuanto al desarrollo del taller, una alumna comentó que lo percibió como desorganizado, que el aula era demasiado chica y eso dificultada el trabajo en grupos.
Otros alumnos consideraron que el mayor bullicio o desorden es característico de la modalidad del taller, donde se participa más que en un teórico tradicional.
También rescataron que en el taller se dieron las pautas para realizar las observaciones" (Memoria del Teórico Nº 6, 25/04/06).

"La docente pregunta a los alumnos si pudieron señalar algún párrafo que diera cuenta de la combinación.
Un alumno lee un párrafo de la página 10 donde se muestra cómo las conceptualizaciones de la etapa cuali dieron lugar a las variables a medir en la etapa cuantitativa" (Memoria del Teórico Nº 8, 09/05/06).

✓ preguntar por la bibliografía

"A su vez, la alumna consulta sobre el autor R. Rojas Soriano" (Memoria del Teórico Nº 6, 25/04/06).

"Una alumna hace referencia a una diferencia nominal entre los textos de Sirvent y Sautu. Señala que ella ve que llaman de manera distinta a los mismos elementos, y que le costó encontrar las diferencias. P le contesta que a veces tienen matices distintos" (Memoria del Teórico Nº 9, 16/05/06).

✓ preguntar por el contenido que se está enseñando

"Una alumna pregunta por el porcentaje esperable de la categoría "No sabe / No contesta": ¿cuál debe ser ese porcentaje de manera tal que no signifique que la pregunta fue mal construida? C responde que en la investigación en Ciencias Sociales suele aceptarse para procesamientos estadísticos un 5% de error, es probable que sea ese mismo porcentaje" (Memoria del Teórico N° 3, 04/04/06).

"Una alumna pregunta cómo es que el investigador toma la decisión de a partir de cuándo comenzar la descripción del contexto, si es que es necesario remitirse siempre a los 5 años anteriores. C responde que no existen recetas, se les ha pedido que traigan información a partir del 2001 porque en este caso se produjo un corte histórico en nuestro país, pero eso depende de cada caso" (Memoria del Teórico N° 5, 18/04/06).

Estos testimonios nos permiten identificar cuál es la concepción didáctica que sostiene la cátedra. Recuperar el diálogo en la enseñanza como un proceso de comprensión interpersonal, como espacio de negociaciones sociales sobre los significados, implica reconocer y respetar las diferencias y considerar que éstas son oportunidades positivas para alcanzar perspectivas nuevas. Implica, también, por un lado, reconocer al estudiante no sólo como mero receptor de conocimiento. Y, por otro, correr al docente del lugar protagónico de la enseñanza permitiéndole que esté abierto a los intereses del otro y que tenga la posibilidad de escuchar y de seguir formándose.

En cuanto a los recursos se puede identificar el uso de una importante variedad como:

- el pizarrón

"La Prof. A señala que las características de los modos deben pensarse como "estar más cerca de ", debemos pensarlas como un énfasis, pero no como algo absoluto. Cuando uno explica los modos de operar hay un gráfico muy claro. Dibuja en el pizarrón los siguientes esquemas:..." (Memoria del Teórico N° 7, 02/05/06).

"Se dibuja en el pizarrón un esquema para cada uno de los grandes pasos de Glaser y Strauss" (Memoria del Teórico N° 11, 30/05/06).

"Los conceptos claves se van anotando en el pizarrón y en el presente texto están con negrita en la parte derecha de los cuadros" (Memoria del Teórico N° 14, 20/06/06).

- material gráfico de exposiciones (eventos)

"La Prof. S. comenta una exposición que se realizó en el Palais de Glase, 'La Normalidad' que trataba de lo que continúa del pasado, lo que se nos hace normal. Muchas generaciones recibieron a la idea de subversión como mala.... como mala palabra.... pero tiene que ver con la búsqueda de transformar la sociedad, de generar cambios en el orden de las cosas (como decía el Grupo 'el hombre mediocre') y surge el dilema que parece entre otros grupos de producir o reproducir... para nosotros la idea de cambio es muy fuerte" (Memoria del Teórico Nº 1, 21/03/06).

▹ uso del video

"La profesora S proyecta un segundo video con el objeto de profundizar el tercer momento presentado. El mismo se titula "Asambleas Populares, contra el poder... un nuevo poder" del Grupo Ojo Obrero de Starmedia. El video muestra imágenes de 19 y 20 de diciembre de 2001 en la Plaza de Mayo y sus inmediaciones, luego se suceden imágenes de las distintas Asambleas barriales de Capital Federal y de la Asamblea Interbarrial y se pueden observar las discusiones que se dan al interior de ellas: ¿Cómo organizarse?, ¿Qué problemas hay que resolver: ¿salud, vivienda, jubilación, ...? ¿Qué hacer en el futuro? ¿Con qué herramientas cuentan?" (Memoria del Teórico Nº 4, 11/04/06).

▹ los textos y su fichado

"En relación a este tema se les sugiere a los alumnos la lectura y fichado del texto de G. Bachelard, en particular lo referido a la tensión entre lo conocido y lo desconocido" (Memoria del Teórico Nº 5, 18/04/06).

"Se pregunta por la bibliografía y cómo se trata el proceso de focalización del objeto problema. ¿Qué dice Rojas Soriano con respecto a la focalización?..." (Memoria del Teórico Nº 9, 16/05/06).

▹ canciones y poemas

"Un último punto que toma la Prof. S. es acerca del vínculo estrecho entre ciencia y arte.... y por eso, trajo una canción de Jorge Drexsler que comparte con los alumnos" (Memoria del Teórico Nº 1, 21/03/06).

"El poema: 'Itaca' es una metáfora que ilustra el proceso y producto de la investigación, es por ello a Prof. S lee fragmentos de una conferencia de Lambros Comitas, un antropólogo griego que fue director de la tesis que presentó al obtener el título de Ph.D. en Columbia University, en la que hace referencia a este poema" (Memoria del Teórico Nº 4, 11/04/06).

"La sesión teórica finaliza con la reproducción de la canción 'Escaramujo' de Silvio Rodríguez" (Memoria del Teórico Nº 4, 11/04/06).

▹ filminas y afiches

“Ilustrando con la filmina, la profesora retoma el trabajo realizado la sesión pasada. Cada alumno había escrito las tres primeras ideas que activaba, las tres ideas más fuertes acerca de la investigación científica. Luego se reunieron en grupo y realizaron un afiche en la que se expresaban las ideas comunes y no comunes del grupo” (Memoria del Teórico Nº 2, 28/03/06).

“P hace referencia a la memoria del teórico Nº 5 y muestra la siguiente filmina sobre el contexto de descubrimiento y la situación problemática” (Memoria del Teórico Nº 9, 16/05/06).

“La profesora C presenta una filmina en la que se detallan todos los usos del terreno tanto para la elaboración del mini-diseño de investigación como para la investigación propiamente dicha” (Memoria del Teórico Nº 11, 30/05/06).

▹ artículos de diario

“P: Se percibe la sociedad dividida en desigualdades de clases sociales discriminatorias.

La profesora ilustra este aspecto con un artículo del diario El Tribuno de la provincia de Jujuy cuyo titular señalaba: ‘Entre ricos y pobres hay la mayor brecha de la historia’ (9/4/06)” (Memoria del Teórico Nº 4, 11/04/06).

“Con relación a lo anterior, se presenta un artículo periodístico publicado en el diario Perfil, en el cual se entrevista a Inés Dussel. Si bien, esta investigadora no trabaja desde el modo participativo aporta conocimiento sobre el tema de la construcción de significados relacionados con el racismo en el ámbito escolar” (Memoria del Teórico Nº 14, 20/06/06).

▹ investigaciones o elementos usados en las investigaciones

“Prof. S. interviene mostrando el material de observaciones, fotografías de las zonas, mapas, etc., que fueron la empiria de su investigación” (Memoria del Teórico Nº 14, 20/06/06).

“En un primer momento se entrega una síntesis de la investigación sobre ‘El juego en el jardín de Infantes’ realizada por P S que se utilizará para identificar algunos de los conceptos que se traten en el teórico. Se pide a los alumnos que numeren los párrafos y lean el texto” (Memoria del Teórico Nº 9, 16/05/06).

Los recursos o material didáctico son aquellos medios o recursos concretos que auxilian la labor del docente y sirven para facilitar la comprensión de conceptos durante el proceso de enseñanza y aprendizaje. El variado uso de recursos observados en esta cátedra lleva a afirmar que ellos permiten: presentar los temas o conceptos de un tema de una manera clara y accesible, proporcionar al aprendiz medios variados de aprendizaje, estimular el interés y la motivación del grupo, acercar a los participantes a la realidad y a darle significado a lo aprendido y facilitar la comunicación complementando las técnicas didácticas y economizando el tiempo.

Los *prácticos* se organizan en dos partes que representan dos de las maneras en que se manifiesta la articulación teoría y práctica en la materia y se puede sintetizar de la siguiente manera:

a) Primera parte: antes del primer parcial se basan en el *análisis reflexivo de investigaciones* en función de las preguntas centrales del proceso de investigación: qué, para qué y cómo. (7 prácticos aprox.) Como estrategia de enseñanza se utiliza el diálogo docente-alumno con todo el grupo para promover el intercambio, el debate y la discusión. Se hace constante uso de las preguntas por parte del docente: prioritariamente abiertas, para conocer la opinión de los alumnos y para guiar la producción colectiva. Algunos fragmentos dan cuenta de esta dinámica:

> "Al finalizar A señala al grupo que en el práctico se espera que todos participen y que este es un espacio para hablar, debatir, discutir..., luego les pregunta qué opinan al respecto.
> Una alumna dice que para ella se ha hablado mucho a diferencia de la mayoría de los prácticos a los que asisten...y que no le gusta que se discuta...
> Otra le dice que para ella está bueno que existan opiniones diferentes" (Memoria del Práctico N° 2, 06/04/06).

> "Los-as alumnos-as trabajan individualmente y luego en pequeños grupos. Al terminar los afiches se pegan sobre las paredes. Antes de la puesta en común, A pregunta: ¿qué piensan de lo que decía M (la alumna que cuestionó el eje ofrecido por la cátedra) al comenzar el práctico?, ¿cómo ven incluir el 'más allá de la escuela'?, ¿qué piensan?" (Memoria del Práctico N° 4, 27/04/06).

> "Al finalizar, A pregunta: ¿cómo ven el enunciado del grupo 3?, una alumna contesta si ese no sería el modo de operar, el 'cómo llegar a conocer el objeto'. Luego A subraya edad en la pregunta (grupo 1) y

edad en lo enunciado por el grupo 3, ¿cuál sería la diferencia entre la edad como variable y la edad de la pregunta?, otra alumna contesta: las variables son parte de la hipótesis que serían parecidas a las preguntas...” (Memoria del Práctico Nº 5, 04/05/06).

El uso de la pregunta cobra sentido, como en este caso, ya que ayuda a comprender mejor, favorece los procesos de transferencia y estimula la construcción de niveles cada vez más complejos del pensar. Como plantea Litwin:

> “la buena pregunta ayuda y no entorpece, entusiasma y no inhibe, estimula y no atemoriza. Se basa en la confianza y en el deseo por parte de los docentes de que sus alumnos aprendan y comprendan, y se transforma en un verdadero desafío de la cognición para los estudiantes” (2009, p. 84).

En algunas de las consignas, también se propone el trabajo en pequeños grupos y plenario para analizar investigaciones, como en los siguientes fragmentos:

> “Siendo las 10hs. A pide al grupo que en dos grupos lean el guión de la película (recomienda verla para el-la que no lo hizo) y traten de reconstruir el contexto desde sus conocimientos y desde lo que pueden ver en la película. Señala también, que traten de ver qué aspectos de ese contexto ayudaron y cuáles no. Trabajo en pequeño grupo. 10.30hs. Puesta en común:...” (Memoria del Práctico Nº 1, 30/03/06).

> “10.30 hs. Trabajo en pequeño grupo (sobre la investigación del Hospital) el QUE –distinguiendo objeto y problema–, PARA QUE y PARA QUIEN. Elegir uno y justificar. (Como si fuera el parcial). Puesta en común del QUE. (Cada grupo cuenta su respuesta)” (Memoria del Práctico Nº 6, 11/05/06).

> “9.10hs. Primer consigna: en cinco minutos trabajar el cómo del Hospital que debían traer ya graficado para la clase en el pequeño grupo. Puesta en común: Cada grupo presenta su gráfico: ...” (Memoria del Práctico Nº 7, 18/05/06).

Es sabido que las propuestas constructivistas que privilegian el trabajo en grupo favorecen los vínculos entre los diferentes actores del proceso de enseñanza y aprendizaje y con el objeto de conocimiento, superando la relación unidireccional entre profesores y alumnos. Numerosos estudios confirman que las actividades que promueven una interacción entre los alumnos mejoran el aprendizaje al producir conflictos cognitivos entre individuos con opiniones divergentes que deben intercambiar ideas para llegar a un consenso.

En los prácticos, también los recursos son variados como: pizarrón, películas, afiches, uso de textos / citas de autores / fichado e incluso alguna canción. Así lo muestran los siguientes observables:

"A retoma el concepto de "educación permanente" tal como fue presentado en el teórico (se hace el gráfico en el pizarrón)" (Memoria del Práctico Nº 5).

"A pregunta a l@s alumn@s si vieron la película (Casas de fuego). Solo dos alumnas lo hicieron" (Memoria del Práctico Nº 1, 30/03/06).

"A partir del intercambio entre las-o alumnas-o y A se construye el siguiente afiche:..." (Memoria del Práctico Nº 2, 06/04/06).

"A señala que en el cuadernillo de Lógica cualitativa de Strauss y Corbin pueden encontrar los antecedentes de ambos. Lee el siguiente fragmento..." (Memoria del Práctico Nº 6, 11/05/06).

"Se muestran fichas a modo de ejemplo, señalándose algunos errores que algunas de ellas presentan (por ejemplo, falta de todas las referencias bibliográficas)" (Memoria del Práctico Nº 2, 06/04/06).

"Se invita a los-as alumnos-as a escuchar la canción 'El ángel de la bicicleta' de León Gieco (letra al final de la memoria) Al finalizar, A pregunta si alguien conoce la historia de la canción..." (Memoria del Práctico Nº 3, 20/04/06).

b) Segunda parte: luego del primer parcial, se centra en la vivencia del alumno que entra en contacto con la realidad al *realizar un trabajo en terreno* (práctico 8) y *la producción de un mini- diseño de investigación*: raconto holístico, escritura de la situación problemática, etc. (práctico 9, 10, 11, 12, etc.). Como estrategia de enseñanza predomina la modalidad de taller, donde el eje es la producción de los alumnos y el docente es guía y tutor. La docente durante las clases trabaja alternativamente:

- Con el grupo total a través de:
  - Consignas o preguntas abiertas que promueven el intercambio de ideas y de experiencias individuales y grupales de lo vivido en terreno.

"Luego se pregunta por el trabajo en terreno (registros, talleres, dificultades...). Cada grupo comenta su situación al grupo" (Memoria del Práctico Nº 8, 24/05/06).

"La clase se inicia compartiendo cada grupo la segunda ida a terreno:..." (Memoria del Práctico Nº 11, 15/06/06).

"Puesta en común de la 1° definición de objeto-problema. Al finalizar cada grupo su lectura de O-P, se invita a lo-as alumno-as a realizar sugerencias:..." (Memoria del Práctico N° 11, 15/06/06).

"El práctico se abre con una ronda en la que cada grupo cuenta por "dónde va", dificultades...a fin de brindar sugerencias entre todos-as" (Memoria del Práctico N° 12, 22/06/06).

- ▹ Preguntas para trabajar los contenidos (conceptos) con el grupo total

"A pregunta: ¿qué entendemos por Sit Problemática?" (Memoria del Práctico N° 8, 24/05/06).

"A pregunta al grupo: ¿qué es fichar? y ¿para qué sirve? Pide al grupo que retomen lo trabajado en el teórico 11" (Memoria del Práctico N° 12, 22/06/06).

- ▹ Citas de la bibliografía.

"A está explicando que esa descripción va a ser de suma importancia para construir la SP; se leen del cuadernillo cada uno de los elementos y se le pide a los-as alumnas-os que identifiquen cuáles ya aparecen en la descripción" (Memoria del Práctico N° 8, 24/05/06).

"A señala que en esta clase cada grupo hará su primera definición de objeto-problema. Se sugiere leer del cuadernillo "El Proceso de la Investigación" la definición de objeto-problema y las características de una pregunta científica. Se señalan las páginas" (Memoria del Práctico N° 11, 15/06/06).

▹ En pequeños grupos sobre la producción (mini-diseño) haciendo:

- ▹ Seguimiento constante sobre el trabajo en terreno (en la clase y de clase a clase). En las últimas clases adoptan la forma de tutorías.

"11.45 hs. Se pacta con los-as alumnos-as traer los materiales que se vayan pidiendo en esta segunda parte del cuatrimestre los días martes al finalizar el teórico, a fin de poder contar el tiempo suficiente para revisarlos y hacer devolución de ellos los días jueves" (Memoria del Práctico N° 8, 24/05/06).

"Se arman los grupos de trabajo (cada uno trabaja según los materiales). Se pasa por los grupos haciendo devolución de SP, registros, racontos. Se les indica según el recorrido cómo seguir" (Memoria del Práctico N° 10, 08/06/06).

▹ Solicitando tareas clase a clase sobre el trabajo en terreno.

"Se les pide para el próximo martes:
Llevar los registros con los ajustes necesarios.
Llevar las descripciones holísticas.
Identificar los elementos de la SP" (Memoria del Práctico Nº 8, 24/05/06).

"12 hs.
Se le entrega a cada alumno-a una hoja con las consignas y fechas de entrega.
Se recuerda que deben traer al práctico todos los materiales que el grupo va produciendo.
Se enfatiza la necesidad de llegar a las 9hs." (Memoria del Práctico Nº 9, 01/06/06).

Especialmente sobre la segunda parte del trabajo realizado en los prácticos, Alonso y Sanjurjo (2008) aclaran que el taller es una modalidad de trabajo en la que el eje es la producción, sea material o intelectual. Un aspecto destacable es que la producción y el aprendizaje se articulan, como dos caras de una misma moneda. Dos fortalezas son destacables de esta modalidad: por un lado, la teoría y la práctica no son procesos separados ya que el alumno (cual aprendiz) participa de todo el proceso de producción. Por el otro, se entiende como un espacio para la acción, la reflexión y la conceptualización. En el taller se produce la síntesis entre el pensar, el hacer y el sentir; proceso y producto se articulan dinámicamente.

Como se observa, durante el desarrollo de los prácticos, el eje del contenido está puesto en la cocina de la investigación, es decir, en las decisiones metodológicas que toma un investigador al desarrollar su tarea. Se articulan y acompañan los contenidos de teóricos y prácticos. Como señala Davini (2009, p. 115) este tipo de propuestas muestran una creciente conciencia acerca de que los dilemas y desafíos de los problemas prácticos no se resuelven ni se agotan en la asimilación de conocimientos académicos.

En estos espacios se observa el uso de: la ejemplificación, el análisis reflexivo y la producción con trabajo en terreno como manifestaciones de articulación teoría y práctica. La producción por parte de los alumnos con acceso a un trabajo de campo implica un alto nivel de articulación teoría y práctica (Lucarelli, 2004). Algunos testimonios empíricos de las observaciones dan cuenta de ello:

✓ Ejemplificación (durante toda la cursada)

"12.05 hs. Se entrega a cada grupo una ficha sobre Antecedentes. A lo define brevemente. Señala su función. A presenta dos ejemplos en relación a su proyecto sobre la propiedad, uno sustantivo y otro metodológico. Se indican lugares para realizar la búsqueda.
A partir de los ejemplos se presenta también como un mismo trabajo puede ser por ejemplo antecedente metodológico y formar parte del marco teórico" (Memoria del Práctico N° 10, 08/06/06).

✓ Análisis reflexivo (con mayor énfasis en la primera parte de la cursada)

"En pequeños grupos leer lo ya trabajado en las investigaciones de Venezuela y el Hospital (se les entrega un cuadro comparativo con las respuestas que fueron construyendo ellos en las clases anteriores y otro cuadro vacío). Luego completar el siguiente cuadro, haciendo un 'análisis del análisis'. Los grupos trabajan por un lapso de media hora. Puesta en común:..." (Memoria del Práctico N° 7, 18/05/06).

✓ Producción con trabajo en terreno (con énfasis en la segunda parte de la cursada)

"Luego se pregunta por el trabajo en terreno (registros, talleres, dificultades...). Cada grupo comenta su situación al grupo" (Memoria del práctico N° 8, 24/05/06).

En la cursada, además encontramos espacios particulares denominados "los *talleres*". Estos son tres durante el cuatrimestre y son coordinados por las JTP. Adquieren características particulares según el tema que trabajen y los objetivos específicos planteados. Se vinculan a los temas trabajados en los teóricos y prácticos. Es una instancia de intercambio inter-prácticos. Las características que se pueden señalar son:

- Se usan diferentes estrategias de enseñanza individuales o grupales, según el tema y los objetivos.
- Se vinculan a los temas trabajados en los teóricos y prácticos, pero centrado en la práctica de algún aspecto específico de la práctica investigativa.
- Centrados en:
  - ✓ el entrenamiento en alguna técnica que sirva para el trabajo en terreno
  - ✓ la reflexión sobre las propias producciones de los alumnos.
- Es una instancia que favorece el intercambio inter-prácticos.

Estas características se hacen visibles de la información obtenida a través de diferentes fuentes. Existe concordancia entre lo planteado en documentos curriculares, observaciones y entrevistas en torno al objetivo que cumple su existencia: durante el Taller N° 1 se recuerda el objetivo de los talleres:

"El objetivo de los talleres es acompañar los alumnos durante el trabajo en terreno, a partir del cual elaborarán un mini-diseño de investigación en función de un objeto-problema que focalicen" (Memoria del Taller N° 1, 21/04/06).

"Los temas de los talleres están vinculados en principio con técnicas de observación y obtención de datos y lectura de investigaciones en marcha por integrantes de la cátedra" (Programa de la materia).

"...Son espacios donde se juntan alumnos de distintos prácticos y se trabaja con algunos conceptos, pero ya más cercanos a las estrategias. Es decir, por ejemplo, entrevista; por ejemplo, observación y registro de observación, y tiene que ver con conceptos más instrumentales en el sentido de que los chicos aprenden cuestiones de la cocina trabajando con algunos ejemplos y también reflexionando sobre sus propias experiencias ... sus observaciones, sus entrevistas, es un espacio muy interesante el del taller" (Entrevista Ayte, 28/09/07).

"Énfasis en el entrenamiento de los alumnos en la práctica de investigación." (Memoria del Teórico N° 1, 21/03/06).

"...En estos espacios se van a desarrollar los conceptos básicos relacionados con el trabajo en terreno. El objetivo es poder andamiar dicho trabajo. En estos espacios no se da un desarrollo puramente conceptual, sino que, de manera similar a las sesiones teóricas, se trabaja en base a las producciones de los alumnos que se piden con anticipación." (Memoria del Teórico N° 2, 28/03/06).

En síntesis, podemos decir que los tres espacios curriculares son: teóricos, prácticos y talleres. Cada uno presenta sus particularidades, pero están articulados entre sí con el fin de cumplir los objetivos y el desarrollo de los contenidos propuestos. En la sesión de retroalimentación realizada con todo el equipo docente se plantea esta intencionalidad de articulación teniendo como eje la relación teoría y práctica:

"A mí me parece, que en el modo en que se conceptualiza los espacios del teórico, del práctico y del taller... también se expresa la articulación teoría y práctica. (...) Como si la organización de las tres instancias a la vez buscará articulación teoría y práctica" (S. Retro-Prof. cátedra S-noviembre 2008).

La evaluación: En el programa de la materia se especifica cuáles son las instancias de evaluación existentes y cómo se acredita la materia:

> "La materia tendrá dos modos de promoción: con examen final y con promoción directa. Los alumnos que elijan la promoción sin examen final deberán cumplir los siguientes requisitos:
> - Asistencia al 80% de las clases teóricas, prácticas y los talleres.
> - Aprobación de las dos instancias parciales con un promedio de 7 o más puntos.
> - La resolución de los ejercicios solicitados en los trabajos prácticos y teóricos en forma individual o grupal.
>
> Los alumnos que elijan la promoción con examen final deberán cumplir los siguientes requisitos:
> - Participación en las clases teóricas y en los talleres
> - Asistencias del 80% a las clases prácticas
> - Aprobación de 2 parciales. Dadas las características de la materia, se podrá recuperar el primer examen parcial. La aprobación de cada parcial será de 4 puntos
> - Presentación al examen final como instancia integrativa de la materia."

Como se ha dicho anteriormente, en general en los programas el término evaluación se encuentra ligado a los requisitos institucionales para la acreditación y estos a la aprobación de las instancias de evaluación sumativa. No obstante, en la cursada puede identificarse:

a) evaluación sumativa: A través de los dos parciales que tienen la modalidad de domiciliarios y grupales. Además, existe la instancia de un ejercicio integrador para quienes quieren promocionar. Las evaluaciones parciales presentan las siguientes características:

- 1er. Parcial: Será domiciliario y evaluará la resolución de problemas donde se pongan en juego los conceptos desarrollados en las diferentes instancias de la materia.
- 2do. Parcial: Será domiciliario y consistirá en la entrega de dos producciones referidas al trabajo en terreno desarrollado en la segunda parte de la cursada: a) sistematización grupal del trabajo en terreno; b)- análisis teórico en parejas del proceso realizado a lo largo del trabajo.

b) evaluación en proceso: Las actividades de análisis reflexivo planteadas en teóricos y prácticos. El seguimiento en los prácticos del trabajo de producción en base al trabajo en terreno.

Como plantean Sanjurjo y Vera (1994, p. 141) una vez que se tiene en claro qué evaluar, para qué evaluar y por qué evaluar, hay que decir el cómo hacerlo. Según las autoras, los instrumentos de evaluación deben ser: abiertos (que evalúen procesos y no sólo productos), globalizadores (posibilitando la integración de aprendizajes significativos), flexibles (adaptables creativamente a situaciones concretas), dinámicos (que permitan registrar los procesos) confiables (que evalúen lo que se quiere evaluar y lo que los alumnos lo comprendan) y coherentes (con los procesos de enseñanza y aprendizaje desarrollados). Al respecto, en esta cátedra podemos encontrar como instrumento de evaluación para el primer parcial la resolución de ejercicios semejantes al trabajo que se está realizando en las sesiones teóricas y en los trabajos prácticos de articulación de conceptos teóricos con su ilustración en ejemplos de la práctica de investigación. A través de un ejemplo de investigación se espera que el alumno pueda reconocer el objeto, el problema... etc. y fundamentarlo con la bibliografía.

En el segundo parcial se pide el informe, registro y reflexión teórica sobre el proceso realizado en la segunda parte de los prácticos centrado en el trabajo en terreno y la producción del mini diseño de investigación. De esta manera, podemos ver que las propuestas son coherentes con los procesos desarrollados y con la concepción de enseñanza y aprendizaje que se sustenta. Asimismo, se puede sostener que la articulación teoría y práctica también se constituye en un objetivo de las instancias de evaluación en la asignatura.

Tanto en el primer teórico como en el segundo, se plantean las formas de evaluación y acreditación de la cursada y así se expresa:

> "P: La Cátedra concibe la evaluación que realiza como un trabajo complejo que requiere de tiempo de lectura y reflexión, así como de discusión grupal e intercambio de ideas. Por esta razón los parciales son de tipo domiciliario.
>
> Primer Parcial: resolución en parejas. Comprende el análisis de un ejemplo de investigación donde se ponen en juego los distintos conceptos vistos hasta ese momento en las diferentes instancias o espacios de la materia.
>
> - Entrega de consignas: viernes 12 de mayo. Al finalizar el segundo taller.
> - Devolución del parcial: lunes 15 de mayo. De 18 a 19 hs., en sala de profesores.
>
> Segundo Parcial: resolución en grupo. Implica la entrega del trabajo en terreno sistematizado.
>
> - Entrega de consignas: viernes 16 de junio. Al finalizar el taller.

- Devolución del parcial: viernes 23 de junio de 18 a 19 hs., en sala de profesores." (Memoria del Teórico Nº 2- 28/03/06)

En cuanto a los criterios de evaluación que utiliza la cátedra para calificar los trabajos se ha podido establecer a partir de las entrevistas y documentos que se espera:

- La consistencia, pertinencia y originalidad
- La reflexión del alumno sobre su trabajo
- El uso adecuado de la bibliografía
- La articulación teoría y práctica de los temas trabajados en teóricos, prácticos y talleres.

Algunos testimonios dan cuenta de ellos:

> "Yo creo que un punto fundamental es la consistencia. La consistencia del diseño. El hecho que se planteen preguntas pertinentes, originales y relevantes. La relevancia de la investigación, la pertinencia y la originalidad. Un punto fundamental es la consistencia entre la estrategia, las técnicas y el objeto. Para mí eso es clave" (Entrevista Prof. Adj., 17/07/07).

> "Y eso lo acordamos entre todos, entonces, en función de qué esperamos y en función de las distintas formas de responder que encontramos de los alumnos, establecemos como una especie de grilla donde decimos: bueno, si logró contestar todo esto y pudo trabajar con los autores... le vamos a poner el mayor puntaje, ahora si solo trabajó con la reflexión de su trabajo pero no citó autores... bueno, se van haciendo como... estableciendo de la mejor respuesta a la menos deseada con determinada puntuación. Con el criterio de todos" (Entrevista Ayte, 28/09/07).

Como se observa en este último testimonio, la determinación de los criterios de evaluación no implica únicamente una decisión personal, sino que también involucra un trabajo colectivo de todo el equipo docente en busca de un consenso. Generalmente se acuerda una selección de las habilidades consideradas como básicas y de los contenidos más relevantes que contribuyen a desarrollar durante la cursada. Es decir, son indicadores en donde se establecen los aprendizajes que se consideran necesarios y significativos según el ámbito de concreción curricular de que se trate.

La articulación teoría y práctica adquiere un lugar destacado ya que atraviesa constantemente la mirada desde la cual fue pensada la propuesta pedagógica.

Es así como, la Profesora Titular Consulta considera que sólo se aprende a investigar investigando y busca la forma de lograr la mayor articulación entre teoría y práctica del hacer investigativo. Para ella este eje de articulación se da ofreciendo un espacio para vivenciar "la cocina de la investigación" y así lo expresa:

> "Para mí la relación teoría y práctica, yo no le he encontrado otra vuelta y es a lo que sigo apostando, a encontrar el espacio de la cocina de investigación en el espacio de formación. Es la única manera de relación teoría y práctica en una pedagogía y en una didáctica de la formación en investigación (...)" (Entrevista Prof. Titular, 07/06/07).

Resultó interesante pensar junto a la entrevistada cómo se establecen ciertos niveles de articulación entre la teoría y práctica cuando uno busca introducir "la cocina de investigación" en la cursada:

> "Digamos, una cosa es leer la investigación de Mataderos o de Brasil, otra cosa es que yo vaya y con ellos dialoguemos y que esté yo o estén las chicas o esté también S, es otro nivel y otra cosa es si yo llevo la encuesta y digo: fíjense cómo la tomaría o S le pedí que buscara alguna cosa grabada de historia de vida que no es V ya a esta altura para que los chicos escuchen cómo se toma una entrevista de historia de vida comparándola con la encuesta o si pudieran dramatizar algunos de los alumnos una pequeña entrevista de historia de vida o la toma de una encuesta, por ejemplo... eso sería. Es interesante" (Entrevista Prof. Titular, 07/06/07).

Estos diferentes niveles de articulación teoría y práctica los podemos enunciar entonces de la siguiente manera:

- Desde las más distanciadas o externas como es la lectura reflexiva de un informe de investigación y reconocer en él las decisiones que tomó el investigador. (análisis reflexivo)
- Pasando por situaciones de contacto con el investigador donde personalmente le cuenta al alumno sus vivencias, le muestra "su cocina de investigación" o la comparte y justifica las decisiones que tomó. (ejemplificación)
- Hasta propuestas donde los alumnos a partir del contacto con la empiria, tiene que ponerse en situación de producción, tomar decisiones y armar un diseño propio. (producción)

A lo antes señalado es interesante señalar un desafío más, ya que al hablar de la relación teoría y práctica hay que considerar que estamos hablando de dos universos teóricos que se ponen en juego al hacer investigación: la teoría metodológica y la teoría sustantiva del objeto. Así lo plantea la misma entrevistada:

> "Entonces, diríamos que, en la investigación, en esta relación teoría y práctica, hablando con vos, nunca lo he pensado con tanto detalle se están jugando dos universos teóricos: uno, el universo teórico del objeto que tiene que ser contrastado según el modo de hacer ciencia con la empiria a través de procedimientos metodológicos ya sea verificando la teoría, ya sea llevando la teoría de inicio como orientadora para generar teoría. Pero es el universo teórico que hace al objeto. Ya sea teniendo en cuenta el sentido común de los investigados también como parte de construcción teórica. Pero por el otro lado, hasta ahora, yo estaba hablando de relación teoría y práctica no en cuanto al universo teórico del objeto sino en cuanto al universo teórico de una teoría metodológica. De eso yo estaba hablando... el desafío de teoría y práctica en un espacio de formación en investigación. Ahora te digo, Gladys, que la relación teoría y práctica en este espacio de formación en la investigación, en realidad, uno de los desafíos es que uno juega con dos universos teóricos: el de la investigación propiamente dicha, es decir, saber de investigación y por el otro lado, el universo teórico del objeto" (Entrevista Prof. Titular, 07/06/07).

Esto resulta interesante para el análisis de la relación teoría y práctica en la formación en investigación, ya que es necesario definir a qué teoría y qué práctica estamos haciendo referencia y considerar que los alumnos que están en el ciclo general de formación aún no están formados en ninguno de los aspectos.

En síntesis, la propuesta de la cátedra se centra en articular la teoría y la práctica a través de:

- "...Encontrar el espacio de la cocina de investigación en el espacio de formación. Es la única manera de relación teoría y práctica en una pedagogía y en una didáctica de la formación en investigación" (Entrevista Prof. Titular, 07/06/07).
- "...un proceso de aprendizaje en espiral –no lineal– de idas y vueltas donde "se entrame" la teoría y la práctica de investigación, y donde continuamente "se vuelve" al punto de partida, pero enriquecidos" (Programa de la materia, 2006).

Teniendo en cuenta todas las clases, se puede decir que, la articulación teoría y práctica se manifiesta a través de cuatro modalidades en esta materia (Lucarelli, 2004):

- La *ejemplificación* a través de la cual los conceptos teóricos metodológicos son ilustrados a través de la cocina de investigación de investigaciones realizadas por docentes u otros investigadores.
- El *análisis reflexivo*, donde el alumno tenga que reconocer estos elementos de la cocina de investigación y de la teoría metodológica en escritos de investigaciones.
- La *situación problemática* en base a la *simulación* del proceso de investigación planteada en los tres primeros teóricos donde el alumno reflexione sobre un proceso de investigación usando diferentes modos de operar donde él es el objeto.
- La forma de articulación más estrecha se da a través de la *producción* de un mini-diseño de investigación durante la cursada *con acceso al terreno*, donde los alumnos tienen la posibilidad de vivenciar una parte de esta cocina de la investigación y realizar una propuesta de trabajo de investigación. En la sesión de retroalimentación con la cátedra una profesora se expresaba así al respecto:

> "(...) a mí me parece que la decisión de la cátedra con respecto a la producción del mini diseño además de ser una modalidad es además una ilustración de un principio básico de cómo se aprende investigación" (S. Retro-Prof. cátedra S-noviembre 2008).

Un último aspecto de análisis constituye considerar las *dificultades de los alumnos que percibe la cátedra*. Como ya se ha señalado, este trabajo está centrado en una mirada didáctica, es decir, especialmente en la enseñanza. Se focaliza en analizar la propuesta que el docente realiza a los alumnos en el proceso de formación, pero resultó de interés reparar en la reflexión de los docentes acerca cómo creen que los alumnos percibían esta propuesta. Es decir, el docente propone ciertos objetivos, ciertas estrategias y recursos para llevar a cabo su trabajo. Es interesante que reflexione sobre este proceso, hasta dónde logra lo que quiere, si se consigue o no y si percibe algunas dificultades que los alumnos tienen para poder llevar a cabo este proceso o para llegar a estos objetivos. Posiblemente la toma de conciencia de esta realidad, le permita pensar alternativas para superarlas. En este caso, a través de las entrevistas se lograron distinguir las siguientes dificultades en los alumnos:

1. Persistencia de la lógica dicotómica de la relación teoría y práctica. Esta lógica implica no sólo considerar a la teoría y la práctica como compartimentos estancos sino también en muchos casos, el uso exclusivo de uno de ellos (Carr y Kemis, 1988). Esto se puede observar en:

- Falta de ruptura con una visión cosificada del conocimiento, consumista de textos, lo cual dificulta muchas veces que comprendan el proceso espiralado de aprendizaje que se le propone y el rol que asumen docente y alumno en la propuesta.
- El impacto que produce la entrada en terreno y el trabajo con la empiria como fuente de conocimiento, que dificulta la reflexión teórica.

2. Escaso conocimiento teórico sustantivo sobre el área educativa (segundo o tercer año de la carrera). Este punto también fue planteado en otra de las cátedras estudiadas en otra carrera.

Al respecto, resultó muy significativo el comentario de una profesora de la cátedra luego de compartir este punto en la sesión de retroalimentación de esta investigación, que da cuenta del proceso de objetivación logrado:

> "...Entonces yo digo, esta cuestión de la repetición (de contenidos durante la cursada que comentan algunos alumnos) para mí ahora se me hace como una luz. Ahora yo puedo decir que considero que podemos analizar esta cuestión de la repetición como una evidencia más de la falta de ruptura con la lógica dicotómica. Eso es lo que quiero decir luego de esta retroalimentación" (S. Retro-Prof. cátedra S-noviembre 2008).

Este comentario es un ejemplo de cómo estos espacios de interacción permiten una construcción colectiva de conocimiento que enriquece al equipo docente como al investigador. A la cátedra le permitió objetivar su realidad, comprender los procesos de enseñanza y aprendizaje vividos en el aula y pensar alternativas para superar las dificultades identificadas. Por su parte, al investigador le permitió validar sus categorías y obtener nueva información empírica para enriquecer el análisis.

En síntesis, este ejemplo de análisis de una carrera que presenta instancias curriculares de formación en investigación nos permite ver un análisis didáctico más detallado de una asignatura. Retomando lo señalado en párrafos anteriores sobre la cátedra, se puede destacar cómo la articulación teoría y práctica se constituye en un eje central en el desarrollo didáctico de la propuesta. Desde la presentación del programa se intenta articular: por un lado, la organización del desarrollo de las instancias teóricas (estructuradas según la secuencia de unidades y de clases) y, por el otro, la organización del desarrollo de las instancias de prácticos para dar cuenta de esta articulación dinámica y espirada que se plantea en la cursada. No obstante, a algunos estudiantes les cuesta percibirlo con claridad por lo que cabe preguntarse si no sería necesario explicitarlo en el programa para que los alumnos puedan apreciar claramente esa articulación.

Asimismo, nos ha permitido identificar algunas formas específicas de articulación teoría y práctica dentro de los procesos de enseñanza y aprendizaje (Lucarelli, 2009) desde las más simples como la *ejemplificación*, pasando por formas de mayor nivel de articulación como el *análisis reflexivo* o la *resolución de situaciones*, a las más complejas como la *producción*.

Por otro lado, la asignatura estudiada nos ha permitido observar rasgos del *enfoque didáctico metodológico* de la formación en investigación en los espacios curriculares de grado (Calvo, 2016) en el cual se pone énfasis en situaciones didácticas que impliquen al alumno "ponerse en la piel" de un investigador y tomar decisiones en torno a la producción de un posible diseño de investigación.

Caso 2: Ejemplo de análisis de una carrera que NO presenta instancias curriculares de formación en investigación

CARRERA DE HISTORIA

Su historia

Tal como ya se señaló anteriormente, luego de la creación de la Facultad de Filosofía y Letras en febrero de 1896, la primera ordenanza sobre plan de estudios fue sancionada en marzo de 1896 y dispuso que los estudios se distribuyeran en cuatro años. Para acceder al título de Doctor, incluía cursos regulares, las materias de examen obligatorio y cursos libres cuyo número se fijaría anualmente. Contenía un núcleo esencial de asignaturas de Filosofía, Historia y Literatura, más algunas de Geografía, Ciencias de la Educación y Sociología.

Este primer plan, contenía un curso de Historia en cada año. Como detalla Buchbinder (1997, p. 62): en primer año, *Historia de la civilización antigua: ciencias, artes, instituciones e industrias*; en segundo año, *Historia de la civilización moderna: ciencias, artes, instituciones e industrias*; en tercer año, *Historia de la civilización americana: ciencias, artes, instituciones e industrias* y en cuarto año, *Historia argentina (evolución política y social)*. La primera cátedra de Historia de la Facultad estuvo a cargo de Enrique Merou a partir de 1896 dictando la materia de primer año.

Luego del cambio de plan de 1898, las materias específicamente históricas fueron desplazadas de los dos primeros años y restringidas a los cursos de tercero donde se dictaba un primer curso de Historia Universal y de cuarto, donde figuraba un segundo curso de Historia Universal y otro de Historia Argentina. El plan sancionado durante ese año posibilitaba, junto a los estudios que conducían a la obtención del título doctoral, el seguimiento de cursos especiales que daban acceso al título de Profesor en Filosofía, en Historia o en Letras.

En noviembre de 1899, David Peña se hizo cargo de la Cátedra de Historia Argentina en calidad de profesor suplente. Este constituía sólo uno de los dos cursos de Historia Argentina a cargo de profesores suplentes. El otro estaba dirigido por Mariano Vedia y Mitre. Hasta 1912, ambas cátedras funcionaron en base a los cursos de estos profesores ya que el titular, Joaquín Castellanos, estuvo de licencia casi de forma ininterrumpida. Lo que será posteriormente el Instituto de Investigaciones Históricas inicia sus actividades en 1906 como Sección de Investigaciones Históricas y se consolida en la década de 1910.

Destaca Buchbinder (1997, p. 65) que 1904, en su último discurso como Decano, Miguel Cané había sostenido que en ninguna Facultad del mundo se estudiaba para ser historiador, pero que, en muchas de ellas, se difundía una ciencia cuya necesidad empezaba a imponerse: la Metodología Histórica. Ésta, junto a la heurística, empezaba a ser consideradas el fundamento indispensable de los estudios históricos. Señala el mismo autor, que, a pesar de las palabras de Cané, los aspectos que, en todo Occidente, se convirtieron durante el siglo XIX en el elemento que otorgó estatus científico a la historia y cuyo dominio definió al nuevo profesional de la disciplina, encontraron una notable resistencia para su difusión en los cursos específicos de Historia dictados en la Facultad.

Uno de los primeros antecedentes relativos a un abordaje metodológico de la enseñanza en la carrera de Historia, data de 1904 momento en el cual Antonio Dellepiane, profesor titular del Primer Curso de Historia Universal, dedicaba la mitad del programa de su materia, a problemas metodológicos de la Historia. En 1909 dedicó el total de su materia a la Metodología. Sin embargo, esta decisión tuvo la resistencia del Decanato, quien consideró indispensable evitar este giro en el programa de la asignatura porque creía que ésta se desnaturalizaba ya que su objeto era la Historia y no su método. Se sostenía que la metodología debía ser tratada pero no como tema principal, sino como medio de enseñanza.

El proyecto de doctorado aprobado en 1912, sancionaba el requisito de que para recibir el título de doctor era necesario optar por una de las tres secciones en que se había dividido la Facultad: Historia, Filosofía o Letras. Esto significaba que quienes recibieran el título de Profesor de Historia podrían aspirar al de Doctor completando las materias de la sección electa y realizando una tesis doctoral.

En noviembre de 1912, se designó a Carlos Ibarguren profesor titular de Historia Argentina. La cátedra de Historia Universal continuaba a cargo de Dellepiane quien en 1916 insiste con la enseñanza de la Metodología de la Historia enviando una carta al Decanato. La enseñanza de la Historia comenzó a ser modificada dado que, en agosto de ese mismo año, relata Buchbinder (1997, p. 67), se implantó un curso de Historiología o Metodología de la Historia, uno de Historia de las Civilizaciones, de Historia de América en sus relaciones con Europa y de Historia Argentina.

A partir de la Reforma Universitaria de 1918, se escucharon algunas de las reivindicaciones de los estudiantes, modificándose los planes de estudio, disponiéndose que los que tuvieran aprobados los exámenes parciales podrían optar por los títulos de Profesor o de Doctor rindiendo sólo una tesis cuya elección del tema corría por cuenta del alumno. Esto tuvo lugar, según la periodización y teorización de Fernández Lamarra (2003, p. 28), en un marco de mejoramiento e innovación de la educación universitaria, basado en la confianza en la ciencia y la investigación.

En noviembre de 1918 fueron suprimidos los exámenes generales y se dispuso que el alumno que hubiera aprobado los exámenes parciales de acuerdo con los planes vigentes podría optar por el título de Profesor o Doctor rindiendo solamente una prueba de tesis cuyo tema sería, desde entonces, de libre elección del candidato. Sin embargo, se establecía que después de su examen de tesis se exigiría al estudiante en el área de Historia el conocimiento de la historia americana incluyendo las relaciones con la geografía, la sociología, la historia de las civilizaciones y la formación de la nacionalidad argentina. Se determinaba que, en tanto los diplomas expedidos por la Facultad habilitaban para el ejercicio de la docencia, el candidato recibiría su diploma después de haber pronunciado una lección oral ante los alumnos de la casa y la comisión que hubiera aprobado su tesis.

En el nuevo plan de 1918 fueron introducidos nuevos cambios en la enseñanza y organización de los estudios históricos. El lugar de la metodología histórica en el plan de estudios de la Sección de Historia fue reforzado con la creación de una cátedra de Introducción a los Estudios Históricos que formaba parte del curso introductorio.

El plan de estudios se modificó nuevamente en diciembre de 1919 al crearse un primer año común para todas las carreras integrada por cuatro asignaturas. También en 1919, luego de la renuncia de Dellepiane, se nombra a Emilio Ravignani como Director de la sección de Historia, cargo que ocupó hasta 1946. Desde ese momento comienzan a tener preponderancia en la carrera los adherentes a la corriente denominada "Nueva Escuela Histórica", que hasta ese momento no habían accedido a ningún cargo docente a pesar de la escalada importancia que venían adquiriendo en la carrera de Historia, tal como se expondrá mas adelante.

En diciembre de 1920, el Consejo Directivo de la Facultad aprobó un nuevo plan de estudios que no introdujo grandes modificaciones en relación al vigente desde junio de 1919. Este plan fue nuevamente modificado en junio de 1928. En 1921 se creó el Instituto de Investigaciones Históricas; en mayo de 1924 los gabinetes de Historia de la Civilización e Historia del Arte; en 1927 el de Historia Antigua y Medieval que fue organizado definitivamente en 1929. En este plan de 1928, como en los anteriores, se buscaba mantener una formación integral, la unidad de la cultura humanista y la tradición clásica. Los alumnos de la sección de Historia estaban obligados a cursar ocho cursos de Latín y Griego (por lo general cinco cursos de Latín y tres de Griego). En este caso, el objetivo fue intensificar la enseñanza de la Historia Universal en la carrera de Historia.

En la década del '20 se consolida la preponderancia de la denominada "Nueva Escuela Histórica", cuyos seguidores fueron asumiendo paulatinamente la docencia de diversos cursos. Este grupo compartía una concepción del oficio del historiador que los diferenciaba claramente de algunos de los profesores que habían ejercido la enseñanza y la práctica de la historia en el ámbito universitario hasta el momento. Esta nueva generación de historiadores hizo del ejercicio de ciertas reglas relacionadas con la crítica de documentos, el elemento esencial que los diferenciaba de los historiadores tradicionales. Estas reglas se habían difundido durante la segunda mitad del siglo XIX y habían cumplido un rol esencial en la definición de la historia como disciplina científica y en la profesionalización de los historiadores en todo el mundo occidental. Los representantes de esta generación de historiadores llegaron a desempeñar un papel central en la producción, difusión y enseñanza de la Historia en la Argentina, a partir del control de las instituciones oficiales consagradas a la práctica de la disciplina.

Así, en el dictado de las materias se produjeron cambios significativos. Uno de los más emblemáticos fue la Cátedra de Introducción a los

Estudios Históricos, ahora a cargo de Luis M. Torres, integrante de la Nueva Escuela, quien en los primeros años prosiguió con el énfasis en los principios metodológicos que le había otorgado Dellepiane. A finales de la década el curso fue perdiendo el énfasis metodológico, hasta 1931, momento en el cual la titularidad del mismo fue asumida por Rómulo Carbia, que cambio el nombre por Historia de la Historiografía. A partir de ese momento las cuestiones metodológicas, como por ejemplo las referidas a las técnicas y metodologías de la investigación propias del historiador quedaron relegadas a las clases que dictaba Ravignani en su carácter de Director del Instituto de Investigaciones Históricas.

Cabe destacar que la Nueva Escuela Histórica fue la primera corriente que introdujo en la Argentina, los métodos de crítica documental y que practicó una Historia de carácter fundamentalmente político-institucional. En la década del '20 el Instituto de Investigaciones Históricas ocupó un lugar sobresaliente por sus dimensiones, sus series de publicaciones y su prestigio nacional e internacional. Ravignani conservó la dirección del Instituto desde su creación formal en 1921 hasta 1946. Según Buchbinder (1997, p. 141) los sucesos políticos ocurridos a partir de 1930 no parecen haber afectado sus actividades de Director, ni en general, las del Instituto. Pero sí, parecen haber sido perturbadas por la crisis económica que se iniciara en 1929 y que obligó a suspender el envío de gran parte de las publicaciones. Esta escasez de recursos llegó a su punto crítico en 1933. Los problemas presupuestarios se fueron solucionando a partir de mediados de los años'30.

Durante el período comprendido entre 1943 y 1955, el plan de estudios, fue modificado varias veces sin que se introdujeran grandes cambios. Durante el peronismo, en 1947 se restringe la autonomía universitaria a través de la ley 13.031, que sanciona el nombramiento de rectores y profesores a cargo del Poder Ejecutivo Nacional. A esta medida fundamentada en el control político de las universidades, puede contraponerse el establecimiento del ingreso libre y gratuito a la universidad, dando lugar así a una enorme expansión de la matrícula de alumnos universitarios.

En la sección de Historia la modificación del cuerpo de profesores tuvo una significativa magnitud ya que incluso se registra aquí una mayor presencia de profesores no vinculados a la Facultad antes de 1946. Pero esos cambios, parecen no haberse traducido en modificaciones en los métodos, contenidos o formas de enseñanza. Continúa el predominio de la historia político-institucional como la de algunos historiadores pertenecientes a la Nueva Escuela Histórica.

En 1946, bajo la intervención de Francois se reestructuró el plan de Institutos y creó el Instituto de Historia que comprendía los Departamentos de Historia Argentina, Historia Americana, Historia Antigua y Medieval e Historia Española. En agosto de 1948 fue modificado. El nuevo plan disminuyó la cantidad de materias del último año de cada sección y dispuso en cada una un curso de perfeccionamiento final; en la carrera de Historia el curso era sobre: Filosofía de la Historia e Historia Contemporánea.

Una vez finalizada la intervención y normalizada la facultad, en diciembre de 1952 se cambió el plan de estudios y el título de Licenciado en Historia se comienza a otorgar como finalización de la carrera de grado. Este plan tenía 25 materias organizadas en cinco años de estudios (cinco materias por año). Suprimió los cursos de perfeccionamiento e introdujo un curso de Filosofía de la Historia y desdobló las materias de Historia Antigua y Medieval e Historia Moderna y Contemporánea conformándose así cuatro materias independientes. También se confirmó la creación de Historia del pensamiento y la cultura argentinos como materia común a las tres principales carreras. Para obtener el título de doctor en Filosofía y Letras se debía aprobar todas las materias, el examen de tesis de licenciatura de una de las carreras existentes (Filosofía, Letras, Historia, Pedagogía o Geografía) y la tesis doctoral.

A partir de 1955, los cambios en la Universidad de Buenos Aires eran la contraparte de los cambios que estaban produciéndose en la Argentina, con el derrocamiento del Presidente Perón en términos de renovación cultural. A partir de estos años esta casa de estudios volvió a ocupar el importante lugar que había tenido en los años '20.

El proceso de reestructuración de planes y carreras se efectivizó en el marco de una reforma administrativa expresada en la departamentalización de las carreras. Esta departamentalización decretada por el rectorado en 1956 implicó una serie de modificaciones en las estructuras de las carreras. Uno de ellos fue el cambio de organización anual de los cursos por la cuatrimestralización, cambio al que se opuso enérgicamente Historia.

En 1957, durante el gobierno de la autodenominada Revolución Libertadora, Risieri Frondizi fue nombrado rector de la Universidad de Buenos Aires. En los años en que ocupó ese cargo (27 de diciembre de 1957 al 28 de diciembre de 1962), impulsó la construcción de la Ciudad Universitaria, se implementaron dedicaciones exclusivas en la parte docente, gracias a la promoción de actividades de investigación, se fundó Eudeba, se comenzó la publicación de la Guía del Estudiante, se creó la Escuela de Salud Pública, se dio mayor impulso a la tarea del Departamento de Orientación Vocacional y se extendió el sistema de becas a estudiantes y graduados.

En el contexto de desarrollismo, la investigación científica cumplía un papel esencial como palanca para el despegue nacional y el éxito en un contexto de nuevo modelo económico. Esto se reflejó en la creación del Consejo Nacional de Investigaciones Científicas y Técnicas (CONICET), en febrero de 1958. También, en el mismo año, se instala el Instituto Torcuato Di Tella como uno de los focos centrales del proceso de transformación cultural de la época y en diciembre de 1958 se aprobó un nuevo plan de la carrera de Historia.

En 1958 se creó el nuevo Estatuto Universitario, cuyo mayor cambio de estructura lo constituyeron los concursos docentes. El presente reglamento sancionaba que tanto docentes, como ayudantes y jefes de trabajos prácticos, pasaban a ser concursados públicamente. Otro de los cambios fue la reglamentación de la libertad de cátedra y las cátedras paralelas. Si bien esto último contó con el consenso de la mayoría, no obstante, generó el enfrentamiento de los distintos claustros.

Destaca Buchbinder (1997, p. 204) que la etapa comprendida entre 1955 y 1966 en la carrera de Historia se caracterizó por una permanente tensión entre sectores tradicionales y renovadores. En octubre de 1961 se cambia nuevamente el plan de estudios de la carrera. En el exterior del ambiente universitario era posible advertir la existencia de sectores que cuestionaban y proponían alternativas a la forma tradicional de concebir el oficio del historiador que sostenía la Nueva Escuela Histórica. Según los renovadores, esta nueva orientación debía partir de la inquietud por los problemas vivos del tiempo presente, apoyarse en una cultura histórica más sólida y moderna y a la vez en un esfuerzo de investigación erudita intenso. El desarrollo de nuevas corrientes renovadoras tuvo lugar en el marco de la cátedra de "Historia Social" y del trabajo interdisciplinario entre historiadores y representantes de las "nuevas ciencias sociales" donde la Historia estableció vínculos con otras disciplinas como la Sociología. En este marco se desarrollaron nuevas técnicas, nuevos métodos y un nuevo corpus de conceptos para el análisis de los procesos históricos de carácter social y económico que hasta ahora habían sido ignorados.

El 29 de julio de 1966, tan sólo un mes después del derrocamiento del Gobierno constitucional de Arturo Illia, el régimen de facto presidido por el General Juan C. Onganía suprimió la autonomía universitaria y terminó con el proyecto renovador. Como consecuencia de los graves episodios conocidos como "La Noche de los Bastones Largos" muchos docentes en la Facultad de Filosofía y Letras abandonaron sus cargos. No obstante, aquellas medidas, a finales del gobierno militar, entre los años 1971 y 1973 se crean doce universidades nacionales a lo largo de todo el país, agregándose otras tres más durante el próximo gobierno constitucional entre 1973 y 1975.

En la carrera de Historia en particular, el plan de estudios cambia en 1973 (Res. C.S. N° 650/73) y en 1974 (Res. C.S. N° 439/74). En esta última resolución de 1974 aparece una unificación de carreras donde se hace referencia al Plan de Estudios de la carrera de "Ciencias Históricas" que está dividido en tres secciones: Sección Historia, Sección Ciencias Antropológicas y Sección Geografía. Cada sección cuenta con la descripción de un ciclo introductorio, un ciclo básico y un ciclo de especialización. Los títulos que se otorgan son: Licenciado en Ciencias Históricas (con especialización en...) y Profesor en Enseñanza Secundaria Normal y Especial en Ciencias Históricas (con especialización en...). Luego del golpe militar de 1976 se reforma el plan (Res. C.S. N° 527/76) y en 1982 (Res. C.S. N° 782/1982) vuelve a tener cada carrera su currículum de forma independiente.

Al momento de encarar esta investigación, la carrera de Historia, a la par que otras carreras de la Facultad, tiene vigente el plan de estudios aprobado con posterioridad al regreso de la democracia en la Argentina, el cual data del año 1985 (Res. C.S. N° 468/85), aunque con sucesivas modificaciones. Desde fines de los '90, todas las carreras de esta casa de estudios, incluida la carrera de Historia, se encuentran en proceso de revisión de sus planes de estudio, celebrándose sucesivas reuniones interclaustros para la discusión de las diversas propuestas.

Para finalizar podemos señalar que los períodos de mayor expansión universitaria en términos de matrícula, se sitúan durante la extensión de gobiernos democráticos, y los períodos de mayor restricción matricular y presupuestaria se registra durante los gobiernos de facto. Esta situación da muestras, según sostiene Fernández Lamarra (2003, p. 44), que: "la fuerte incidencia del Estado en la definición de las políticas universitarias... ha ocurrido tanto durante las dictaduras militares como durante los gobiernos democráticos".

Análisis de los últimos planes de estudio

A continuación, se analizan en detalle cuatro de los últimos planes de estudio de la carrera de Historia a los cuales se ha podido tener acceso a través de sus resoluciones. Para facilitar la comparación de los mismos, se presenta el siguiente cuadro:

PLANES / CATEGORÍAS	1961	1974	1976	1985
Nombre de la carrera	**Historia**	**Historia**	**Historia**	**Historia**
Estructura general	- Primer año: 3 obligatorias y 1 optativa - Ciclo básico: 21 materias cuatrimestrales: 12 obligatorias y 9 optativas entre materias predeterminadas - Ciclo de orientación (entre 5 y 7 materias) en: Historia Antigua (Oriental o clásica), Historia Europea (Medieval o Moderna y contemporánea), Historia Americana, Historia Argentina, Historia de España, Historia General del Arte	- Primer año común de la UBA - Ciclo introductorio de 4 materias. - Ciclo básico (21 materias cuatrimestrales) - Ciclo de especialización: tesis - Tres niveles de un idioma latino y otro anglosajón	- 25 materias anuales distribuidas en 5 años: Primer año (cinco materias) segundo año (cinco materias) tercer año (cinco materias) cuarto año (cinco materias) quinto año (cinco materias) - Una materia complementaria y un seminario - Tres niveles de un idioma latino y otro anglosajón	- CBC (6 materias) - Ciclo de Grado: 17 materias cuatrimestrales básicas (13 obligatorias + 4 optativas) - 6 Orientaciones: Historia Antigua, Historia Medieval, Historia Moderna, Historia Contemporánea, Historia Argentina e Historia Americana (3 materias optativas + 4 seminarios de elección libre en la licenciatura; + 2 seminarios para el profesorado). - Tres niveles de idioma (uno latino y otro anglosajón)
Grado de apertura o cierre	Tendencia Cerrada. Pocas optativas entre opciones predefinidas.	Estructura cerrada, no ofrece opción de materias optativas	Cerrado. No se ofrecen opciones.	Tendencia a la apertura. Aumenta el número de materias optativas
Correlatividades	Rígido. Correlaciones entre ciclos y materias.	Rígido. Correlaciones entre ciclos y materias. Los niveles de idioma deben aprobarse antes de cursar los ciclos de especialización.	Rigidez de año a año. A lo largo de toda la carrera, por ejemplo, para poder cursar tercer año se debe haber aprobado el primero, para el cuarto se debe haber aprobado el segundo. Luego se especifican materias tales como para cursar Historia Americana II se debe haber aprobado Historia Americana I.	Tendencia a mayor flexibilidad. Fundamentalmente al interior del ciclo de grado se plantean correlativas. En el ciclo de orientaciones sólo se detalla la cantidad de materias aprobadas que se deben tener del ciclo de grado para cada orientación elegida.

Requisitos para el título	Licenciatura: - Aprobación de las materias.	Licenciatura: - Aprobación de las materias. - Aprobación de la tesis	Licenciatura: - Aprobación de las materias. - Realización de una materia complementaria y un seminario. - Aprobación de la tesis	Licenciatura: - Aprobación de las materias. - Aprobación de la tesis
	Profesorado: Aprobación de 3 materias pedagógicas: (no especifica)	Profesorado: Aprobación de las materias: Didáctica General y Didáctica Especial y Prácticas de la Enseñanza.	Profesorado: Aprobación de las materias: Didáctica General y Didáctica Especial y Prácticas de la Enseñanza.	Profesorado: Aprobación de las materias: Didáctica General y Didáctica Especial y Prácticas de la Enseñanza.
Perfil del egresado	No se menciona	No se menciona	No se menciona	Los egresados podrán desempeñarse en la docencia de tres niveles de enseñanza: media, terciaria y universitaria. También podrán desempeñarse como investigadores en los centros de investigación, y/o como asesores y técnicos en museos y/o archivos históricos.
Enfoque	Humanista	Humanista	Humanista	Humanista
Formación generalista o especializada	Tendencia a una formación generalizada, sólo algo más especializada, en el ciclo orientado	Tendencia generalista.	Tendencia generalista. Aunque surgen las orientaciones en los últimos años.	Tendencia generalista. Pero con mayor especialización.
Articulación teoría-práctica	No se encuentra ninguna instancia para la licenciatura. No especifica tampoco en el profesorado	No se encuentra ninguna instancia para la licenciatura. Sí, se encuentra en el profesorado una asignatura de práctica al final.	No se encuentra ninguna instancia para la licenciatura. Sí, se encuentra en el profesorado una asignatura de práctica al final.	No se encuentra ninguna instancia para la licenciatura. Sí, se encuentra en el profesorado una asignatura de práctica al final.
Instancias curriculares de formación en investigación	No se encuentra	No se encuentra	No se encuentra	Se encuentra "Métodos cuantitativos y computación aplicada a la Historia" optativa en el ciclo orientado.

Para el análisis de los planes de estudio de la carrera de Historia se han considerado una serie de categorías ya definidas previamente. A continuación, se analizan los planes a partir de ellas:

Nombre de la Carrera: En este caso, no se ha observado cambio de nombre en los planes encontrados en la carrera y ha permanecido con un enfoque puramente humanista.

Estructura general del Plan: Tal como fue planteado anteriormente, cuenta de la forma en la que está organizada la carrera. En la misma, las materias pueden presentarse en un listado, estar agrupadas por años, ciclos o por áreas temáticas (Camilloni, 2001 y Zabalza, 2006). La carrera de Historia, en los planes encontrados, estuvo organizada generalmente en ciclos (plan del 61, 74 y del 85), salvo el plan de 1976 que se organizó en años. En general, presentan materias comunes para la licenciatura y el profesorado, luego se diferencian hacia el final de la carrera.

Grado de apertura: Como ya señaló, a partir de la posibilidad de elección de los alumnos del recorrido curricular que debe seguir, es posible determinar el grado de apertura o cierre del mismo (Camilloni, 2001). Por ejemplo, la existencia de materias optativas a lo largo de la carrera lo demuestra, al igual que la elección de orientaciones.

Los planes previos al '85 son cerrados, ya que no existen en ellos materias optativas o las pocas que se pueden elegir son entre opciones predeterminadas del mismo departamento.

Por el contrario, el plan de 1985 sería notablemente más abierto, en tanto el ciclo de grado se conforma de asignaturas obligatorias y de otras que pueden ser elegidas por el alumno y los ciclos orientados se construyen a elección del alumno en función de ciertas pautas planteadas.

Correlatividades: De acuerdo con la definición ya presentada, el plan de estudios puede considerarse más rígido o flexible en función de la existencia de correlatividades y la ubicación que se establecen para el cursado de las materias: las correlatividades por año son más rígidas que las correspondientes a los Ciclos, ya que permiten al estudiante mayor movilidad en la realización del trayecto de formación (Camilloni, 2001 y Díaz Barriga, 1995).

Podemos decir que los planes en la carrera de Historia se han buscado flexibilizar, dado que el del año 60 y del año 76 son los más rígidos, debido a que las correlatividades se establecen entre materias y entre años. En los siguientes, si bien siguen existiendo las correlatividades, éstas se establecen entre los ciclos de formación, aunque se intensifican las cursadas ya que las asignaturas pasan a ser cuatrimestrales en lugar de ser anuales.

Requisitos para el título:

a) Para la obtención del título de Licenciado: Para la obtención del título de Licenciado, en el plan de 1.960, era necesario cumplir únicamente con la aprobación de las materias indicadas en el plan. En términos generales, con el paso de los años, se observa que el requisito de la tesis ha permanecido desde su instauración en el plan de 1974. En el de 1976 el requisito implica aprobar una materia complementaria (sin especificar cuál), un seminario y la tesis. En el plan vigente, sólo es necesario (además de las materias) aprobar la tesis para recibir el título de Licenciado.
b) Para la obtención del título de Profesor: (Lucarelli, 1997 y Rodríguez Ousset, 1994) en general, se ha mantenido el requisito de la aprobación de materias pedagógicas al finalizar el cursado del plan general sin la presentación de una tesis. Para el título de Profesor, en general se ha mantenido el requisito de la aprobación de materias pedagógicas al finalizar el cursado del plan general sin la presentación de una tesis. Luego de ser formados en los contenidos propios del área se les pide como requisito aprobar tres asignaturas dedicadas a la formación en la práctica profesional docente. Por este motivo, se puede destacar que la concepción que prevalece es que, para formar en la profesión docente, y por tanto para enseñar, basta con el dominio del contenido disciplinar.

Perfil del egresado: Como ya se ha planteado, el campo en el que se espera que se desempeñen los egresados de la carrera se puede inferir, en algunos casos, del perfil de egreso, mientras que en otros este se encuentra claramente enunciado y explicitado (Díaz Barriga, 1984)

En los tres primeros planes encontrados no se hace ningún tipo de mención al perfil del egresado que se pretende formar. En oposición, en el plan vigente aparece un apartado con el nombre de "Campo Laboral". Es importante destacar que, entre las diferentes tareas para las que está formado un egresado de la Carrera de Historia, además de la docencia, se hace referencia a la investigación sistemática y a realizar tareas de asesoramiento, por ejemplo, en museos.

Formación generalista o especializada: Retomando las ideas ya expresadas, de acuerdo al tiempo de cursado y a la cantidad de materias que corresponden a uno u otro año o ciclo es posible hablar de una formación más especializada o generalista de los alumnos. Es generalista cuando la mayoría de los cursos son de fundamentación, disciplinas genéricas y de formación socio-cultural. En cambio, es especializada cuando se prioriza el cursado de instancias curriculares propios de una disciplina o campo profesional (Gómez Campo y Tenti Fanfani, 1986 y Zabalza, 2006).

Se observa que continúa con una tendencia generalista (por la gran cantidad de materias que tiene el ciclo general de grado) pero en el cuadro comparativo se nota que a lo largo de los años están tomando más fuerza algunas líneas hacia la especialización. Si bien en la carrera siempre se encontraron orientaciones, con el correr de los planes ha disminuido un poco la cantidad de materias del ciclo general y ha aumentado la cantidad de materias del ciclo orientado.

Articulación teoría y práctica: Como ya se señaló, Lucarelli señala que se pueden distinguir dos formas de hacer referencia a la práctica: uno como práctica profesional y otra como estrategia metodológica en el desarrollo de toda situación de enseñanza y aprendizaje. Cabe señalar, que, en el análisis del plan de estudios, se hace referencia específicamente al primer sentido. (Lucarelli, 1994 y 2009)

A partir de la lectura de los planes de estudios no es posible identificar explícitamente instancias curriculares de articulación entre la teoría y la práctica profesional para la licenciatura. En el caso del profesorado, encontramos por lo general, una materia de práctica de la enseñanza. En este sentido, es posible pensar que la concepción que subyace a esta manera de organizar el currículum es dicotómica, dado que prevalece una separación entre la teoría y la práctica, entendidas éstas como tareas excluyentes, desarrolladas al margen una de la otra, con una ubicación institucional desconectada.

También cabe destacar que esa materia se deja como una única materia de práctica pedagógica al final de la carrera. El hecho de ubicarse al finalizar la formación nos estaría indicando existencia de una concepción aplicacionista, dado que el alumno deberá aplicar en esta oportunidad los contenidos teóricos adquiridos a lo largo de la carrera.

Instancias curriculares de formación en investigación: Tal como se señaló en este trabajo se busca la existencia de instancias curriculares que explícitamente promuevan la formación en investigación, observando si las mismas son obligatorias u optativas. Su ubicación dentro del plan de estudios, nos permite pensar acerca de qué manera se concibe la investigación dentro de la carrera y qué importancia se le da a la misma. En los planes analizados del 61, 74 y 76 no fue posible identificar materias. En el plan del '85 no hay materia en el ciclo general que explícitamente tenga como objetivo la formación en investigación. Aparece en el ciclo orientado la posibilidad de optar por una materia: "Métodos cuantitativos y computación aplicada a la historia" y elegir el cursado de seminarios de investigación

El plan de estudios vigente

El plan actual surge, el 26 de junio de 1985 (Res. C.S. 468/85) luego de que asume la gestión normalizadora con la recuperación de la democracia a nivel nacional. El mismo introduce una serie de cambios interesantes de destacar con respecto al plan anterior que se aprobó durante el gobierno militar y corresponde al año 1982 (Res. C.S. Nº 782/82). Estas modificaciones son:

- De una organización en años, pasa a una organización en ciclos. En el Plan '82 la carrera se encontraba estructurada en 5 años; a partir del plan del '85 pasa a estructurarse en tres ciclos: C.B.C. (6 materias), Ciclo de Grado (17 asignaturas) y Ciclo de Orientación (7 asignaturas/seminarios).
- Las asignaturas en lugar de ser anuales pasan a ser cuatrimestrales.
- Aumenta la cantidad de asignaturas del Plan: de 25 que la conformaban anteriormente, a 30 asignaturas a partir del año '85.
- Algunas asignaturas del Plan del '82 son reemplazadas por otras que buscan mayor especificidad en la carrera. Analizando cuáles eran estas materias, se puede decir que se sacaron aquellas que no eran específicamente históricas como: un curso de Literatura a opción y un curso de Filosofía a opción y otras ligadas a la carrera de Letras, Filosofía o Artes (ej.: Griego o Latín).
- Las asignaturas del Ciclo de Grado se encuentran agrupadas según dos ejes: grado de especificidad y obligatoriedad. De allí que encontremos materias generales obligatorias y optativas (dentro de un grupo preestablecido). Las materias específicas, correspondientes al mismo ciclo, son todas obligatorias. En cambio, en el Ciclo de Orientación, salvo el Seminario de Metodología de la Investigación, la posibilidad de opción se amplía ya que no hay asignaturas preestablecidas ni se restringe a las asignaturas dictadas por el Departamento de Historia (permite elegir entre alguna de las dictadas por la Facultad y por toda la UBA, con guía de un consejero y autorizada por la autoridad pertinente). También en el Ciclo de

Orientación aparece la especificidad, ya que de las asignaturas que hay que cursar y que son optativas, tres de ellas tienen que estar relacionadas con la orientación elegida. Todo esto muestra un proceso de mayor apertura y flexibilidad del Plan en comparación al Plan anterior donde sólo existían dos optativas (un curso de Literatura a opción y un curso de Filosofía a opción). El porcentaje de materias optativas en el Plan aumenta: del 8% al 27%.

- Observando la tabla de correlatividades, se puede ver que prácticamente todas las asignaturas tienen sus correlativas.
- El requisito de los tres niveles de un idioma latino y un idioma sajón, continúa sin modificaciones.
- La exigencia de una tesis para obtener el título de la licenciatura, continúa igual.
- También permanecen sin variación los requisitos para ser "Profesor de Enseñanza Secundaria, Normal y Especial en Historia" cursando algunas materias pedagógicas al final de la carrera.
- En ambos planes, recién al final de la carrera existe una sola materia o seminario de investigación y ninguna otra forma prevista de preparación o acercamiento al campo profesional. Incluso, en el plan de estudios de 1982, no queda claro si existe la obligatoriedad de un seminario de metodología de investigación en el ciclo de orientaciones. Y, aún más, al hacer la lectura de los nombres de estos seminarios, parecen ser –al menos por la denominación– seminarios más bien temáticos.

La carrera de Historia sigue teniendo vigente en 2020 el plan del '85 aunque a través de los años se han presentado algunas pequeñas modificaciones al mismo (Res. 0903/85; Res. 4030/92; Res. 3779/93; Res. 0433/94; Res. 2553/95; Res. 4019/04).

El mismo presenta un Ciclo Básico Común compuesto por 6 materias y un Ciclo de Grado. Este Ciclo de Grado se divide en: un grupo de materias generales (compuesto de una materia obligatoria y cuatro optativas), un grupo de 12 materias específicas obligatorias y un grupo de materias de orientación compuesto por seminarios y materias optativas.

En este último grupo de materias de orientación se pide cursar tres materias optativas y seminarios según el título que se busque obtener. La oferta se seminarios para el ciclo orientado se presenta de la siguiente manera en el plan de estudios:

Seminarios:
C.2.1.- Seminarios temáticos.
C.2.2.- Seminarios de investigación propiamente dicha.
C.2.3.- Seminarios Anuales de Tesis.

Para el Profesorado:
- Dos Seminarios temáticos.
  O bien:
- Dos Seminarios de investigación.
  O bien:
- Un Seminario temático y uno de investigación.

Para la Licenciatura:
- Dos Seminarios temáticos y dos Seminarios de investigación.
  O bien:
- Cuatro Seminarios de investigación.
  O bien:
- Un Seminario Temático y tres Seminarios de investigación.
  O bien:
- Dos Seminarios temáticos y un Seminario Anual de Tesis (S.A.T.).
  O bien:
- Dos Seminarios de investigación y un Seminario Anual de Tesis (S.A.T.).
  O bien:
- Un Seminario Temático, un Seminario de investigación y un Seminario Anual de Tesis (S.A.T.).

Además, es requisito aprobar:

- Tres niveles de dos idiomas modernos. Uno a elegir entre italiano, francés y portugués, y el otro a elegir entre inglés o alemán.
- Para el Profesorado dos materias pedagógicas: 1.- Didáctica general (anual) 2.- Didáctica especial y Prácticas de la enseñanza (anual).

Como se puede observar, la referencia explícita a la formación en investigación se encuentra en la posibilidad de cursar seminarios optativos al final de la carrera en el ciclo orientado para obtener especialmente el título de licenciado, ya que tienen que presentar una tesis como requisito de obtención del título. Esta fue una de las modificaciones que se introdujo al plan del '85 posteriormente, tal como lo evidencia este testimonio:

> "Fíjate que después del 86 surge el seminario de tesis... allá por el noventa y tanto porque se detectó que la gente no hacia tesis de licen-

ciatura porque tardaba muchísimo, entonces se armó como una cuestión en la cual el proceso es importante, no solo se dicta clase, sino que se tiene un cuatrimestre entero acompañando al alumno en el proceso de investigación" (Entrevista al Director del Departamento, 16/06/10).

También está abierta la posibilidad para que alguien que curse el profesorado pueda elegir un seminario de investigación. No obstante, un alumno que se reciba como Profesor de Historia puede realizar su recorrido curricular sin tener contacto con el quehacer investigativo ya que no se encuentra ninguna materia obligatoria que forme explícitamente en los aspectos metodológicos a todos los alumnos de la carrera durante el Ciclo de Grado.

Esto llama la atención cuando se accede al perfil del egresado expresado en el plan de estudios, ya que la investigación se nombra como una actividad central y no se advierten diferencias entre las prácticas previstas para ambas formaciones:

> "Los egresados de ambos títulos podrán desempeñarse en la docencia media, terciaria y universitaria. Realizar investigaciones dentro de los diversos centros de investigación en Historia y Ciencias Sociales, dependientes de Universidades Nacionales o Privadas, Centros de Investigaciones Nacionales o Internacionales o Fundaciones. Además, pueden realizar tareas técnicas y de asesoramiento en Museos nacionales, provinciales y municipales de historia general, especial y regional y en Archivos históricos, nacionales, provinciales y municipales".

Un profesor de la carrera y egresado de la misma, al ser entrevistado, plantea que tal como está, el plan de estudio no cumple con la formación necesaria para los dos desempeños clásicos de un egresado en la vida profesional: la docencia y la investigación. Resultan muy interesantes los señalamientos que realiza sobre la formación docente recibida:

> "Es que en general, como decía, la carrera de historia, más allá de tener un cúmulo largo de materias, una más larga que la otra, en general incumple con dos de los proyectos que dice o dos de los campos que dice patentar. Uno es el campo de la docencia, uno aprende a ser docente una vez recibido a fuerza de entrar en un aula. Es decir, uno va aprendiendo por su cuenta, pero no hay ningún tipo de sistematización con respecto a la pedagogía, la docencia, la didáctica. Salvo dos materias que son bastantes insustanciales, donde se hacen las pasantías, pero en general uno entra al aula sin tener ninguna noción (...)" (Entrevista docente, 2010).

Esta visión no es única sobre el profesorado ya que otro entrevistado rescata un ámbito curricular, específico de la formación para el título de profesor, en el que él visualiza un tipo de articulación teoría y práctica referente a la práctica docente:

> "me parece que era interesante el espacio de Didáctica de la Historia, porque me parece que ahí vos hacías anclaje con la realidad, cosa que no sucede en la facu, entonces me pareció interesante" (Entrevista egresado, 31/10/08).

Respecto a la formación en investigación se señala:

> "Con respecto a la investigación se da el mismo fenómeno. Es decir, uno hace muchas monografías, muchos parciales domiciliarios, va recibiendo muy episódicamente capacitación de lo más básico que es cómo citar, pero ninguna en cuanto a sostener un trabajo a largo aliento, un taller de escritura. Son cosas que dependen en general de la suerte o de la persistencia que uno tenga en interpelar a una persona determinada que te pueda ir bajando algún tipo de conocimiento, y también a medida que uno va elaborando material, va elaborando ponencias, va elaborando artículos, ahí te vas encontrando con las terribles carencias que tenés, en ese sentido y vas como autodidáctica. A medida que te vas chocando con tus trabajos mal fundamentados, mal citados o demás vas recibiendo los golpes, las críticas, y a partir de ahí vas cimentando ciertas nociones básicas de cómo cumplir una investigación. Pero la carrera de grado no te lo proporciona, bajo ningún punto de vista" (Entrevista docente, 2010).

Esta palabras respecto a cómo se forman en investigación, remite especialmente al modelo artesanal de formación (Ickowicz, 2004) por ser una formación que se realiza en el propio contexto de la producción siendo el trabajo y la experiencia en torno a él, el núcleo a partir del cual se desarrollarán los demás aprendizajes.

De esto, se desprende que existe una tensión entre el perfil del egresado enunciado en el plan, la formación recibida a partir de la acción curricular y los ámbitos profesionales que luego desempeñan muchos egresados de la carrera, tal como lo marca uno de los entrevistados ya egresado:

> "Y después participé de Didáctica de la Historia que es una materia para el título de profesor, en las investigaciones que estaban haciendo, sobre las trayectorias profesionales, es decir, dónde trabaja la persona graduada en historia y fue una experiencia interesante porque observé que muchos no trabajan en historia, desarrollan sus carreras

profesionales por otros costados totalmente disímiles. Y muy pocos en investigación y si no, como profes. Recuerdo haber entrevistado gente trabajando en Telecom, sí, sí, con carreras profesionales totalmente diferentes" (Entrevista egresado, 31/10/08).

Aquí se hace evidente la importancia de la discusión sobre el campo profesional ante un eventual cambio de plan de estudio, su relación con el currículum universitario y la forma en la que ambos se determinan mutuamente.

En el boletín del Departamento de Historia de mayo 2010 se presenta un dossier de balance y diagnóstico del plan de estudio, producto de tres Jornadas de Discusión sobre la reforma del plan de estudios de Historia realizadas entre octubre y diciembre de 2009. En el mismo, la subcomisión que se ocupó del perfil del egresado corrobora en su informe esta situación:

> "No hay un perfil del egresado determinado, el egresado de Historia no sale preparado ni para la docencia ni para la investigación".

Al respecto, Díaz Barriga (1986) señala que en general los *perfiles profesionales* se elaboran como un conjunto de conocimientos, habilidades y actitudes definidos en términos operatorios, para su ejercicio profesional. Tales perfiles se refieren únicamente a los aspectos observables del comportamiento del sujeto y tienden a regular la orientación de un plan de estudios. El autor propone estructurar el currículo a partir del estudio de la *práctica profesional*. Este concepto reemplaza al del perfil del egresado y permite definir las prácticas sociales de una profesión, sus vínculos con una sociedad determinada y las condiciones históricas de la misma, implica una explicación más integral y diversificada de la realidad social.

La formación en investigación

En los planes de estudio no hay materias obligatorias metodológicas que tiendan explícitamente a la formación en investigación. Del recorrido histórico de la carrera, que se hizo al comienzo del apartado, también puede expresarse que la formación en investigación en la carrera de Historia siempre ha tenido mucho que ver con los esfuerzos y estilos docentes. No se ha propiciado una estructura de plan de estudios que promoviera esta formación con instancias curriculares especialmente abocadas a este fin a pesar de considerarlo como una de las principales ocupaciones profesionales. Esta decisión es parte de la cultura e historia de la carrera.

En la entrevista a uno de los graduados, muchos son los extractos que hacen mención a la casi nula formación en investigación; se pueden considerar los siguientes como los más significativos:

> "Yo no tuve fuerte posibilidades de investigación (refiriéndose a la formación de grado)... No hubo una cultura de investigación. Incluso no hubo ejercicios de trabajos prácticos. Yo viví la cultura del examen final. Yo podía dar un final por verano, porque me daban 60 libros que yo debía leer en enero y dar esa materia en base a esos libros y las diferentes miradas e interpretaciones (...) Era una materia que estaba muy volcada a hablar de percentil, de estadística, cosa interesante porque la matemática ayuda, nos sacó del eje –refiriéndose a una materia cuantitativa aplicada a la Historia optativa en un orientado–. Sin embargo, le faltó una horneada, porque uno terminó buscando la manera de zafar para hacer ese trabajo práctico. Por lo menos a mí no me pasó de apropiarme de esa herramienta, como instrumento de investigación. Y tal vez tiene que ver con que no investigué antes como para poder apropiarme de esa herramienta, o porque no se hizo foco en formar en eso" (Entrevista egresado, 31/10/08).

Teniendo en cuenta el contexto curricular descripto, resulta de interés, conocer lo que piensan los actores del currículum vigente sobre qué es investigar y cómo se los forma en este sentido durante los estudios de grado. A partir de las entrevistas se ha podido determinar que:

a) La tesis es un requisito para la licenciatura que, en la actualidad, según lo expresa un egresado recibido de profesor en Historia, es una tarea difícil de llevar adelante:

> "No, no me dio el cuero –para hacer la tesis–. Porque cuando yo comencé, no me daba el cuero para elegir el tema de tesis, es decir yo tenía algunas ideas de por dónde trabajar que tenía que ver con la infancia, sin embargo, nunca pude lograr encontrar el tema. Estuve trabajando con JLM, que es un tipo muy piola, pero desistí porque no le encontré la vuelta, podría haber hecho algo para la tesis nada más, pero sentía que estaba recopilando información de otra gente que lo había hecho. (...) Yo sentía que estaba haciendo sólo un estado de situación. Capaz que lo tendría que haber hecho, para tener la licenciatura, pero no... no encontré el tema" (Entrevista egresado, 31/10/08).

En el mismo sentido, aporta su mirada una egresada:

> “cuando vos empezás a terminar la carrera te planteas trabajar de algo y la salida laboral más clara que tiene la mayoría es dar clases en docencia media. Entonces todo el mundo hace las materias pedagógicas, sabe que son dos materias, que la formación es muy mala pero las hacés para tener alguna salida laboral. Entonces cuando vos ya tenés el profesorado... ya te recibiste de algo... la tesis de licenciatura la hacés si en algún momento te planteas algún problema de investigación. Pero aún quienes, suponete que lograste insertarte o tener buena relación con un docente o te adscribiste a una materia y te empezás a plantear esos temas de investigación y demás, como ya se subió el parámetro de requisitos para ingresar a los ámbitos más restringidos de la facultad, por ejemplo, al doctorado, la licenciatura no tiene valor” (Entrevista graduada, 07/08/09).

Lejos de contar con una formación en investigación, plasmada estructuralmente desde el plan de estudio de la carrera que andamie al alumno y le permita superar estas dificultades propias de aquel que se introduce en un nuevo quehacer, cada alumno debe trazarse sus propios recorridos en dirección a obtener sucesivas aproximaciones al campo de la investigación en Historia.

En la carrera de Historia, la mayoría de los egresados son del profesorado y pocos de la licenciatura. De acuerdo a lo expresado por los entrevistados, esta elección está centrada en la dificultad que encuentran en la realización de la tesis y en la necesidad de una salida laboral. También se observa que aún con la introducción del SAT (Seminario Anual de Tesis) a fines de los ’90 en el plan de estudio y que se implementó a partir de 2001, el número de alumnos egresados de la licenciatura no ha aumentado significativamente. En el mismo boletín, que presenta un dossier de balance y diagnóstico del plan de estudio, producto de tres Jornadas de Discusión sobre la reforma del plan de estudios de Historia realizadas entre octubre y diciembre de 2009, se señala que el hecho que mucha gente elija recibirse de profesor y no hacer la tesis de grado, obedece a que esta instancia está totalmente desvinculada de la carrera. Esto se justificó mencionando la falta de “prácticas de investigación” pero de modo regulado, no al azar de algún acceso a fuentes en algún seminario o materia, más allá de la tesis de licenciatura. También se vinculó el problema con la falta de planificación en la oferta (que es a elección del alumno) de materias, seminarios y SAT en el ciclo orientado.

b) Por otro lado, parece que la formación en investigación tiene más que ver con acciones que van por fuera del plan de estudios como el contacto con docentes, tal como lo expresa uno de los graduados entrevistados:

> "yo sentí que mis compañeros que tomaron el camino de seguir en la facultad y seguir una trayectoria académica tuvieron que tratar de involucrarse en los proyectos que te planteaban en ese momento los modernos" (Entrevista egresado, 31/10/08).

En la mayoría de los casos, las primeras aproximaciones que los alumnos suelen tener respecto de la investigación, tienen lugar según las relaciones que pueden llegar a establecer con determinados docentes o asignaturas que desarrollan, en el marco de su cursada, algunas instancias de formación en la investigación sobre sus proyectos.

Otra graduada entrevistada también confirma la falta de instancias de formación en investigación y su acercamiento al tema contactándose con miembros de una cátedra optativa del final de la carrera, que por única vez se hacía cargo de una cursada:

> "casi una de las últimas materias que curse fue Problemas de historiografía, ahí por un solo cuatrimestre se invitó a dar la materia a una gente que formaba parte de un centro de investigación. Es el PIMSA, que es el Programa de Investigación sobre el Movimiento sobre la Sociedad Argentina, que no está dentro de la facultad, ni de la universidad, sino que es un centro de estudios pero que tiene una clara orientación marxista y algunas agrupaciones de la facultad, como la Mariategui, impulsaron que fueran ellos quienes dieran esa materia. Yo la curse y para mí y para muchos compañeros fue como una novedad y como una maravilla descubrir que había gente que hablaba de clases sociales y que reivindicaba el marxismo en la facultad, como no habíamos tenido ninguna formación teórica. No solo en metodología en investigación sino en teoría básica general (...) La propuesta final de trabajo de la materia era hacer un proyecto de un problema de investigación grupal que nos invitaron a que los que quisiéramos se lo mandáramos por mail. Con otras dos compañeras armamos el proyecto, se lo mandamos y ellos nos invitaron a tener reuniones periódicas con ellos para empezar a desarrollar algún acercamiento a la investigación" (Entrevista graduada, 07/08/09).

Como se observa la formación en investigación implica, por un lado, una clara intencionalidad por parte del alumno de conocer más sobre un tema o una teoría alternativa a la hegemónica, y por el otro, un interés por parte del docente de tratar estos temas y proponer actividades que impliquen un acercamiento.

c) En otros casos, el primer vínculo con la investigación se establece luego de obtenida la graduación, y en función de la necesidad de cubrir las carencias de la formación de grado en investigación. Una de las graduadas cuenta su experiencia sobre cómo, luego de cursar la última materia de grado, se contacta con gente con la cual investiga actualmente:

> "Mientras tanto empezamos a participar de seminarios internos del programa, en el que estudiábamos a diferentes autores para analizar algunas categorías en particular que eran problemáticas para el común de las investigaciones (...) de hecho la materia, no es que tenía un perfil de abordar cómo se investiga sino que leímos bibliografía sobre los hechos de lucha de la clase obrera y algunos textos más teóricos tipo Lenin, Gramsci, algo de Marx pero no de cómo se investiga. Eso como que fue todo lo que empezamos a ver después en la práctica con ellos. Pero en ningún momento tampoco en el transcurso del programa leímos textos sobre cómo se investiga. Era una cuestión de transmisión de saberes personales. Paralelamente a este grupo de investigación con estas dos compañeras empezamos a participar en los talleres de lectura de El Capital que se hacen también acá. Empezamos a juntarnos con uno de los docentes, que quizás lo conoces que se llama E G..." (Entrevista graduada, 07/08/09).

Algo similar observa otra graduada entrevistada sobre la importancia de la búsqueda personal en la formación en investigación en la carrera y la falta de espacios de discusión sobre el tema, sobre una teoría:

> "eso está en toda la gente de historia, gente con mucha iniciativa, autogestionado, de lectura de El Capital, de ir a hacer trabajo en tal lugar, de eso hay mucho y supongo que las autoridades habrán dicho, "bueno, como la gente se mueve sola no vamos a invertir en formación metodológica." No hay ninguna instancia, o sea siempre tuvo que ver con alguna buena voluntad del docente que estaba investigando algo, que traía... "bueno yo use está fuente, esta otra fuente, me fui a tal archivo o hice tal entrevista." (...) Pero no hay un espacio, casi todos, por lo menos todas mis compañeras, los que estamos en la misma generación fue todo muy autogestionado, mucho ensayo y error y entre nosotros viste" (Entrevista graduada, 04/09/09).

También se arman grupos de discusión independientes que tratan diferentes temas y buscan alternativas teóricas e ideológicas a las planteadas en la carrera:

> “Lo que yo estoy haciendo con la historia es otra cosa, me junto con un grupo de personas y discutimos otra cosa. Hay gente que piensa que existe una filosofía de la historia, es decir existen enunciados que se deben respetar en todo momento de la historia, nosotros pensamos, o por lo menos creemos que esto es una representación que tienen todos los historiadores, que creen que todo lo que hacen tiene como sustento esta filosofía de la historia (...) creemos que lo que hay que hacer no es que éstas prácticas se acomoden a esto... busquemos otra cosa de nuestro objeto de historia, porque si nuestro objeto de historia era evocado por esta filosofía y nosotros hacemos otra cosa, entonces no hacemos historia, o hacemos historia sin objeto. Por eso es hora de pensar cuál es el objeto de la historia. Por este camino ando yo, que no tiene nada que ver con la academia” (Entrevista graduado, 31/10/08).

Otra graduada también participa de grupos formados por interés en un tema pero que se generan por fuera de la oferta formal de la carrera:

> “Lo que empezamos a hacer fue empezar a reunirnos con diferentes personas que nos podían guiar en eso (...) Lo que estamos haciendo son ahora distintos grupos en el que vamos como saciando nuestras necesidades, con un grupo tenemos una formación más teórica marxista, seguimos con el taller de lectura de El Capital, con otros discutimos las investigaciones colectivamente, hacemos reuniones periódicas en donde los compañeros traen materiales...” (Entrevista graduada, 07/08/09).

d) Se sostiene la idea de que “se aprende a investigar... investigando”, motivado por un interés personal y existe una discusión sobre la necesidad o no de incluir materias de metodología:

> “Pero paralelamente una de las cosas que nosotros planteábamos eran las falencias que hay en formación en metodología de la investigación en la facultad. Entonces tratábamos de convencer a los que dirigían el programa a que vinieran a la facultad a dar seminarios en metodología de la investigación, lo cual ellos consideraban que no había que hacer, que era un error, que la facultad estaba lleno de gente que venía a boludear, que no había un interés real por la investigación, que a investigar se aprende investigando, que no es necesario hacer un seminario y el que quisiera investigar se iba a poner a investigar por su cuenta, como habíamos hecho nosotras. Nosotras éramos un ejemplo de cómo se acercaba uno a la investigación y como no era necesario tener una investigación teórica. Bueno, nosotras discutimos

mucho eso, pero no logramos hacerlos cambiar de opinión, así que no se siguieron dando" (Entrevista graduada, 07/08/09).

Además, la entrevistada reconoce la falta de discusión sobre el tema en los diferentes espacios de la carrera:

> "Pero bueno tal vez uno de los problemas, que hemos charlado con estos compañeros que nos reuníamos, es que la dificultad de la formación en investigación es que no se discute para qué se investiga y cuáles son las conexiones necesarias que tiene que haber entre la producción de conocimiento, la difusión de conocimiento, la transformación de uno como sujeto y del sujeto más amplio. (...) En la carrera de historia nadie... vos podés pasar por toda la carrera, aprobar y recibirte de profesor y no discutir nunca cómo se investiga, ni para qué se investiga, ni qué se investiga, ni qué es un problema de investigación" (Entrevista graduada, 07/08/09).

En la misma línea, tal como ya se indicó, da Cunha (1997) afirma que la lógica de la investigación y de la enseñanza, en su modalidad tradicional, es completamente antagónica. Es así que la autora plantea que la enseñanza está construida sobre una concepción de conocimiento como producto, en que las certezas son estimuladas y hasta son las que pesan en la balanza del aprendizaje. En cambio, la investigación funciona de manera totalmente antagónica. Investigar es trabajar con la duda, que es su presupuesto básico. El error y la incertidumbre son los que guían el camino de la investigación. Los conocimientos producidos son siempre provisorios, no hay certezas permanentes. Entonces, desde su mirada, para pensar la enseñanza con la investigación es preciso revertir la lógica de la enseñanza tradicional e intentar formularla con base en la lógica de la investigación. Solo con este esfuerzo se puede pensar en un proceso integrador en el aula universitaria.

En torno a las discusiones sobre la reforma del plan de estudio, un entrevistado de la carrera comenta en qué punto conoce él que se encuentran las discusiones sobre la formación en investigación:

> "no sé hasta qué punto es más declamativo que real [la idea de] renovarlo. Pero se entiende que hay una serie de diagnósticos de la carrera donde hay problemas que sobresalen, pero más que nada sobresalen porque dentro del movimiento estudiantil, que trata de generar alguna modificación al respecto, surge la carencia de materias que sean específicas de investigación. Y eso bueno se lleva en los talleres de discusiones, y hay una coincidencia en los diagnósticos entre los

diferentes claustros, pero en sí no hay ninguna propuesta concreta en cuanto a cómo solucionar este problema. Se lo diagnostica, y hay consenso en ese diagnóstico, por el momento no ha surgido ninguna propuesta concreta sobre cómo se soluciona la cuestión. No se sabe si instituir una materia, o un grupo de materias que te introduzcan, o si generar que las materias por sí mismas generen algún tipo de actividad en torno a la formación del investigador. En general la cultura de la carrera implica que esta formación tiene que ser después de recibido" (Entrevista docente, 2010).

Como ya se señaló anteriormente, existe un boletín del Departamento de Historia de mayo 2010 donde se presenta un dossier de balance y diagnóstico del plan de estudio, producto de tres Jornadas de Discusión sobre la reforma del plan de estudios de Historia realizadas entre octubre y diciembre de 2009. En el mismo, la subcomisión que se ocupó de materias especiales y seminarios corrobora en su informe esta situación en cuanto a la formación en investigación:

"se señaló la escasez de formación en investigación debido a, por un lado, la falta de una materia de metodología o algo similar y, por otro lado, la ausencia de formación en investigación en un sentido más general en el transcurso de la carrera".

e) Pero entonces, cabe la pregunta: cómo se investiga en historia y dónde se adquieren las nociones y prácticas necesarias para llegar a realizar la tesis final de la licenciatura. Una de las egresadas entrevistadas señala que investigar implica analizar e interpretar fuentes. Sintetiza de la siguiente forma los pasos que generalmente se llevan a cabo cuando se piensa qué es investigar en la carrera:

"...hacer la investigación, de hecho, así se plantean los trabajos monográficos para aprobar el seminario, es plantear una hipótesis, recopilar toda la bibliografía que puedas con respecto a eso, demostrar que leíste todo lo que hay sobre el período escrito y poner alguna conclusión. Si tenés alguna fuente novedosa, meterla, pero nada más" (Entrevista graduada, 07/08/09).

Otra entrevistada destaca el valor de algunos momentos más que otros a la hora de investigar en historia:

"La fuente es como lo más importante en la investigación histórica, lo que justifica o valida una buena investigación es la fuente y un buen análisis de la fuente. Cómo llegas, eso como que no importa... no aparece la parte metodológica. Sí aparece re contra justificado el problema, el estado de la cuestión, las hipótesis y la fuente. Cómo llegaste a interpretar, si... estás usando la misma lógica en toda la investigación, todo eso lo tenés que adivinar o intuir. O sea, no hay una necesidad de justificar los pasos. Sí, bueno la fuente. Que esté bien usada la fuente, todo lo que tenga que ver con la veracidad de la fuente o de las fuentes que sea y la interpretación" (Entrevista graduada, 04/09/09).

Estas expresiones, se articulan con la perspectiva paradigmática con que se encara la investigación en la carrera. Al respecto, uno de los graduados entrevistados señala que hay una fuerte mirada positivista al respecto de lo que significa investigar en la carrera:

> "Fundamentalmente positivistas, en cuanto a plantear un objeto, dónde se pueden analizar las variables, pero fundamentalmente el objeto está fuera de quien lo mira, entonces, en esta concepción uno no parte de que el objeto lo tiene el historiador, sino que muchas veces mira el objeto, lo tiene que sacar del historiador... entonces uno así puede conocer, aplicar, describir, explicar. Pero no se subjetiviza, no hay una construcción subjetiva del objeto" (Entrevista graduado, 31/10/08).

Otra egresada concuerda con la existencia en la carrera de una postura predominantemente positivista:

> "Básicamente creo que es... en primer lugar tomar algún... no sé si problema, pero algún tema que se haya planteado en la historia, argentina, mundial, lo que sea. Leer toda la bibliografía que hay escrita sobre el tema, ir a algún archivo, dependiendo de lo que vos te hayas planteado estudiar si es un archivo accesible o no. Tendrás mayor o menos dificultad para llegar a eso y ver cómo eso que vos encontrás en los archivos te encaja en algún lugar que pueda generar para vos alguna conclusión que aporte en el estado de la cuestión en general, digamos. No más que eso. No hay una noción de totalidad, de los movimientos de la sociedad, de los nexos entre unos procesos y otros movimientos... en la carrera hay una noción muy positivista de cómo se desarrolla la historia. Por ende... y lo que se concibe como investigación también es muy positivista. Se habla de multi causalidad en la historia, entonces es encontrar, describir por ejemplo las múltiples causas que generan un hecho. Eso es investigar" (Entrevista graduada, 07/08/09).

Un profesor entrevistado, concuerda que la mirada positivista fue una tendencia desde los '80, pero desde su perspectiva señala que actualmente también hay otras miradas al respecto:

> "Creo que de por sí, investigar en historia, implica recuperar la esencia o recuperar determinada tendencia de un mundo pasado, para interrogarlo desde el presente. Las preguntas se hacen desde el presente hacia el pasado. Entonces no creo en una historia que pueda ser totalmente objetiva, sino que más bien tiene que encontrarse esa relación que tiene con el presente" (Entrevista docente, 2010).

Esto muestra que dentro del quehacer investigativo en el área se encuentran perspectivas y consecuentes prácticas dominantes y otras emergentes en lucha que buscan ser reconocidas y tener su espacio para ejercer su influencia en el perfil de historiador que se está formando.

f) En cuanto a la articulación teoría y práctica en la formación en investigación, una graduada afirma:

> "creo que no se plantea ningún tipo de articulación entre teoría y práctica en varios sentidos" (Entrevista graduada, 07/08/09).

Otra egresada plantea algo similar:

> "lo que hay es eso, mucho de narrar la práctica, de gente que investigó, la mayoría de los docentes son o fueron investigadores y lo que hacen es contarte su experiencia. Ahí verías una articulación en vivo y directo del sujeto que te cuenta cómo él hizo su proceso de articulación. No hay teoría. Para mí no hay...teoría metodológica...eso no hay... no hay algo sistemático o espacios concretos donde veas eso" (Entrevista graduada, 04/09/09).

Lo más cercano a la práctica se encuentra al final de la carrera, durante el cursado de los seminarios propuestos para el ciclo de orientación (para el profesorado o la licenciatura) o bien a través del proceso de la elaboración de la tesis. En este sentido, se trata de una secuencia vertical del plan puesto que una entrevistada graduada lo confirma en su experiencia de cursada:

> "Las últimas materias, más que nada en las optativas, empezás a tener algunos trabajos prácticos y cosas que tiene que ver con analizar una fuente o viene algún investigador de un sitio y te cuenta cómo investigo en Argentina, tenés ese contacto. Pero es eso, más que eso no es" (Entrevista graduada, 04/09/09).

Uno de los graduados entrevistados, al hacer mención al trabajo de tesis, expresa la falta de trabajos previos similares que muestre una articulación gradual durante la carrera de grado:

"...digamos me plantean un ejercicio que no se había planteado nunca, durante toda mi cursada, detectar problemas... Sí, sin duda. Yo no hice eso en la cursada" (Entrevista graduado, 31/10/08).

Como se puede observar, hay instancias donde se busca insertar la práctica investigativa, pero lo que se enfatiza es la falta de discusión o una sistematización sobre el tema metodológico en el área.

Del trabajo realizado, muchas son las preguntas que aún quedan por hacer a la hora de pensar en cómo se forma en investigación en la carrera de Historia, pero a manera de hipótesis a partir de los datos analizados, surgen las siguientes ideas preliminares:

- La formación en investigación en la carrera de Historia se conforma a partir de experiencias aisladas, dependientes de la propuesta curricular de cada cátedra en cada materia siendo las materias o seminarios de los últimos años los más significativos en este sentido.
- Los alumnos egresados de la carrera tienen diferentes acercamientos al quehacer investigativo según elijan la licenciatura o el profesorado. Si bien el recorrido general de la carrera es común, la formación en investigación de los que egresan con el título de Licenciado es diferente a la de los egresados con el título de Profesor por el requisito final para la obtención del título. Para la licenciatura se tiene que realizar una tesis, lo cual implica realizar una investigación. En cambio, para el profesorado, solo tienen que aprobar el cursado de materias pedagógicas.
- Parece que parte de la formación en investigación depende de actividades buscadas y vividas por fuera de la formación de grado en grupos autogestionados.

Por lo tanto, a lo largo de la carrera de historia, la formación en investigación se encuentra supeditada a las propuestas que realizan las asignaturas que consideran importante incorporar como parte de sus desarrollos curriculares los contenidos ligados al quehacer investigativo. Según plantea uno de los entrevistados: *"se supone que las materias deberían explicar bien las cuestiones de la investigación en muchos aspectos"* (Entrevista al Director del Departamento -16/06/10). En la etapa final de la carrera, los seminarios tienen un lugar especial en esta formación. Así explica el Director de la carrera cómo debería trabajarse en el Seminario Anual de Tesis:

"se supone por ejemplo en el seminario anual de tesis que es donde mejor se ve, las primeras clases se dan algunos indicaciones sobre archivos, los lugares donde buscar los materiales, cómo presentar un proyecto, con la experiencia de este seminario de tesis, en las primeras clases explicamos cuestiones técnica: esto es un archivo, así se haría una reseña, así se armaría un proyecto, un objeto, etc., etc., a partir de ahí vamos dando clases y en el segundo cuatrimestre empezamos a notar que los estudiantes en base a un tema van haciendo presentaciones, pero no porque yo les doy textos, sino que ellos con los materiales que les interesa hacen una especie de presentación de la investigación, luego es más fácil en un seminario anual de tesis, porque es un seguimiento más largo. Entonces vos podés ir agarrando los trabajos de la gente e ir releyendo. En la carrera no se ha dedicado a fomentar el ejercicio de la escritura de este tipo" (Entrevista al Director del Departamento, 16/06/10).

En otras palabras, los egresados de la carrera de Historia, gracias a las posibilidades de optar por materias y seminarios especialmente en el ciclo orientado, se forman en virtud de las asignaturas que cursen con ese propósito y de los vínculos que logren establecer con docentes o grupos de estudio que llevan a cabo propuestas de investigación en torno de diferentes temáticas. En este sentido, podemos aseverar que no se puede hablar de "una forma única de investigar" o de "una forma de formarse como investigador" en la carrera de Historia. Si se prefiere, puede sostenerse, análogamente, que cada graduado o estudiante, va haciéndose investigador a través de las diferentes trayectorias que pueda ir configurando de forma independiente. Esta es la modalidad de formación. Tal como se definió en capítulos anteriores, Ickowicz (2004) describe dos modelos formativos: el modelo artesanal, vinculado a la formación en el trabajo y el escolar o formal que delimita un recorrido sistematizado. Desarrolla una serie de rasgos que caracterizan a cada modelo tomando como categorías: condiciones contextuales, el objeto de conocimiento, las condiciones organizacionales divididas en el espacio, el tiempo, el contenido y el encuadre de la intervención didáctica, los roles y/o posiciones, las regulaciones y controles. Otra categoría de análisis son las concepciones y representaciones donde incluye sobre la formación, sobre el maestro, sobre el discípulo y sobre el conocimiento. Finalmente incluye una categoría denominada dinámica de las relaciones. En cada una de ellas aborda el modelo artesanal y el modelo escolar.

Lo hasta aquí planteado, nos permite reflexionar en torno al supuesto de que las instituciones más históricas en el tiempo, de más trayectoria académica por su creación hace más de un siglo, delegan en su cultura (acendrada de generación en generación), en su curriculum en acción, la formación en las prácticas investigativas acercándose a un modelo más artesanal. Mientras que las instituciones más jóvenes de una o dos décadas de vida depositan en el curriculum planeado esa formación[11]. En las Universidades más jóvenes, la formación de grado del futuro Licenciado o Profesor en Historia, se encuadra en el segundo modelo, más formal, en tanto intervienen diferentes formadores, contenidos y modos de transmisión. La formación se produce en un espacio cerrado, determinado y específico; el tiempo es graduado, progresivo y pautado en cuanto a días y horas de encuentro. Los contenidos se seleccionan y organizan en materias, áreas, asignaturas. Los saberes se descontextualizan de su espacio de producción y el docente tiene autoridad conferida por un poder superior, es un sistema formalizado y burocrático.

Sin embargo, los testimonios aportados por los protagonistas del caso en estudio permiten caracterizar a la formación en el modelo artesanal, en especial en cuanto a la formación en investigación se refiere, ya que se completa en espacios fuera de la propuesta curricular. En éste el entramado entre trabajo y formación va generando procesos fuertes de socialización. Se caracteriza a grandes rasgos por la elección mutua entre el maestro y el discípulo, las prácticas de enseñanza se adecuan a las dificultades que se van presentando, se basa en la experiencia y la enseñanza y aprendizaje se desarrollan en el propio ámbito de producción. Es decir, que las prácticas de enseñanza, se van configurando en un modelo que no difiere grandemente del status quo ya establecido y cuyas particularidades derivan de estilos personales. Son secretos del oficio que el aprendiz va adquiriendo al realizar determinadas tareas y estar cerca del maestro, el maestro es quién garantiza el acceso al conocimiento y la continuidad de la tarea (Ickowicz, 2004).

Algunas reflexiones sobre los casos presentados en relación con conceptos centrales de la Didáctica de Nivel Superior

¿Por qué el análisis de los casos implica conocer sobre la historia de la institución en la cuál de desarrolla la carrera? ¿Por qué es necesario obtener información sobre la historia de la carrera y los cambios en el plan de estudios? ¿Por qué es preciso conocer el devenir de la profesión para cuál de forma en una carrera universitaria?

11 Estas afirmaciones están sustentadas en una investigación posterior en la que se estudió la carrera de Historia en otra Universidad.

Para responder a estas preguntas resulta necesario recuperar las ideas desarrolladas por Lucarelli (2001) en capítulos anteriores respecto a las características de la Didáctica de Nivel Superior desde la perspectiva fundamentada crítica y las afirmaciones de Candau (2001) quien plantea que la preocupación por la contextualización de la práctica pedagógica debe ser una constante. Toda práctica social es histórica. La educación es una práctica social y por eso está vinculada a un proyecto histórico.

Al respecto, Donato (2000) señala que el aula universitaria es considerada como una estructura contextualizada conformada por un conjunto de elementos y procesos que toman una determinada configuración en función de las relaciones con el "afuera" y el "dentro" de la misma. Asimismo, la autora nos advierte que:

> "analizar el aula universitaria sin considerarla como un sistema complejo que toma determinadas características según el contexto en el cual se ubique, lleva a parcializar el objeto de investigación. Las relaciones que vayan surgiendo dependerán en gran medida del entorno o contexto en el que se generen" (Donato, 2000, p. 111).

Si comparamos los resultados obtenidos en las carreras de grado dictadas en la UBA y el análisis de las mismas carreras dictadas en una Universidad Nacional joven[12], podremos observar que: el *eje institucional* y la diferencia en *la manera de concebir el campo profesional del futuro egresado* son estructurantes de la organización curricular y, por ende, del lugar que ocupa la formación en investigación.

Las instituciones históricas y de amplia trayectoria, como la UBA, generalmente, presentan una organización curricular centrada en la elección de una de las ramas centrales que conforman el campo profesional y que constituyen las prácticas profesionales dominantes (Follari y Berruezo, 1981, p. 6). Se espera que la formación brindada profundice en la rama elegida y mantenga los niveles de excelencia académica y profesional tradicionales. En este contexto, la formación en investigación es parte de una concepción de la profesión fuertemente afianzada que es necesario conocer, continuar y profundizar.

En cambio, la misma carrera ofrecida por una Universidad Nacional joven, tiende formar a los estudiantes de grado en aquellas prácticas profesionales emergentes (Follari y Berruezo, 1981, p. 6). Se espera que la formación brindada resulte rápida, con múltiples

12 También en este caso, estas afirmaciones están sustentadas en una investigación posterior en la que se estudió la carrera de Historia en otra Universidad.

orientaciones, lo cual les permitirán insertarse en puestos laborales de reciente creación en los cuales, generalmente, necesitan manejar soportes informáticos de última generación. La joven universidad necesita asegurar la graduación de sus alumnos y busca armar una trayectoria formativa que lo acompañe. En este contexto, la formación en investigación es incipiente y busca ampliar el campo profesional en estos puntos poco explorados. Es por eso, que, a lo largo de la carrera se encuentran varias instancias que específicamente se relacionan con la formación en investigación, desde el primer cuatrimestre hasta la entrega de la tesis, facilitando la articulación teoría y práctica y propiciando un desarrollo graduado de ese aprendizaje. Esta continuidad y gradualidad se constituyen en factores significativos para lograr la formación deseada. A través de asignaturas orientadas a ese propósito, se introduce progresivamente a los alumnos en el quehacer investigativo y se pretende acompañarlos hasta la entrega final de la tesis, en los momentos de la formulación del diseño, la realización de la investigación propiamente dicha y la escritura del documento.

El estilo formativo configurado en materia de investigación es revelador de dos contextos institucionales que difieren en cuanto a devenir histórico, tradiciones y experiencia acumulada. Una es una institución universitaria joven que está avanzando en la conformación de un corpus investigativo propio que le permita legitimarse en el campo académico respectivo, propósito que encuentra una vía de concreción en la propuesta curricular y se fortalece a través de ella. En el otro caso se trata de una institución universitaria más que centenaria, con amplia trayectoria nacional e internacional, que ocupa un lugar hegemónico en el campo académico y cuyo capital simbólico sustenta altos niveles de prestigio en la especialidad asentado en una fuerte tradición que posibilita sostener, en algunas de sus prácticas formativas, *que se aprende a investigar a través de toda y cada una* de las instancias formativas de la carrera.

Ante el mandato social de formar en investigación a las nuevas generaciones, las instituciones universitarias se enfrentan a dos posiciones: una que sostiene que esa formación se debe dar en espacios formativos específicos "las asignaturas de metodología de la investigación" y otra que afirma que es necesario delegar esa responsabilidad en quienes hacen de esa práctica su metier cotidiano (los equipos de investigación). La tensión existente entre estas dos posiciones origina arduos debates teóricos y epistemológicos entre actores curriculares que sostienen cada una de ellas, plasmándose de forma diferenciada y particular en los planes de estudio de cada carrera. Esto se manifiesta, por ejemplo, en la decisión respecto a la cantidad y modalidad de las instancias curriculares dedicadas para este fin: es decir, asignaturas obligatorias u optativas, seminarios, talleres, créditos, etc. Como ya se señaló, al respecto, Ickowicz (2004) sostiene la presencia, en el ámbito de la universidad, de por lo menos dos modelos formativos. Por un lado, aquel ligado a la formación en el trabajo, al que llama *Modelo Artesanal* (denominación que alude al modo de los modelos medievales), por ser una formación que se realiza en el propio contexto de la producción siendo el trabajo y la experiencia en torno a él, el núcleo a partir del cual se desarrollarán los demás aprendizajes. Por otro lado, la autora denomina *Modelo Escolar* aquel que se caracteriza por definir el recorrido que realizará el aspirante, de modo previo a su ingreso e independientemente de él, con un tiempo preestablecido y un número preciso de asignaturas en las que se sistematizan y ajustan unos conocimientos determinados. Estos rasgos, constituyen el recorrido típico de la formación en las diversas carreras (Ickowicz, 2004, pp. 14-15). Estos dos modelos dan cuenta de la tensión antes planteada entre las dos posiciones reconocidas respecto a cómo formar en investigación en las carreras de grado universitarias.

Estas diferencias muestran cómo los mandatos institucionales, las tradiciones en las carreras y las decisiones en cuanto al perfil profesional que se pretende formar resultan estructurantes centrales en la organización curricular y el lugar que se le quiere dar a la formación en investigación. Este tema resulta inquietante y potente para seguir indagando en pos de la construcción de conocimiento sobre la enseñanza de calidad en la universidad. Asimismo, alientan a continuar el desarrollo de una perspectiva didáctica que enfoca los procesos del aula universitaria desde un encuadre multidimensionado y contextualizado. Su abordaje a través de las distintas prácticas de los actores universitarios, seguramente aportará mayores conocimientos en torno a una de las actividades centrales de la institución: *la formación en investigación*, contribuyendo a la conformación del campo científico de la Didáctica Universitaria.

Capítulo VIII

Conclusiones

A lo largo de la obra el eje de estudio ha sido la relación teoría y práctica en los espacios curriculares de formación en investigación en las carreras de grado universitarias. Tal como se señaló anteriormente, esta relación es entendida en sus dos variantes: la relación teoría y práctica en la situación de enseñanza y aprendizaje y la relación teoría y práctica como formación para el rol profesional (Lucarelli, 2009a). Ya en otra investigación previa[13], se señalaba que los actores del currículum, en su mayoría, reconocen que la práctica no está presente en muchos espacios durante la carrera y en los pocos lugares que se encuentra, está ubicada al final de sus estudios como una forma de aplicación de la teoría previamente aprendida. Un alto porcentaje considera que este lugar de la práctica no es adecuado, dado que no favorece la formación profesional para la cual la universidad prepara. La escasa presencia de este componente en las propuestas curriculares y en los procesos que hacen a su puesta en acción permite afirmar que encarar una reforma curricular implicaría, pensar en la práctica como eje de los planes de estudio, la problematización de la realidad como punto de partida, y que cada instancia de enseñanza y aprendizaje (cualquiera sea la modalidad pedagógica que adquiera) busque establecer una relación dinámica y dialéctica entre la teoría y la práctica.

Como señala Elisa Lucarelli (1994, p. 15) como producto de sus investigaciones en el área, el logro de innovaciones centradas en este eje, permitirá no sólo modificar esa relación unilateral entre teoría y práctica, sino que servirá de dinamizador de los demás componentes y procesos del currículum posibilitando cambios en otros aspectos anteriormente mencionados. Así es explicado por la autora:

13 Ver el Informe de Beca Orientada 2000-2001. Calvo, Gladys (2000). *La situación curricular actual de la Facultad de Filosofía y Letras (UBA) y las representaciones sociales de los actores involucrados* IICE, FFyL – UBA.

"El supuesto principal de estos análisis sistemáticos sobre las innovaciones didáctico curriculares, se refiere a su carácter totalizador sistemático (...) si bien la práctica innovadora tiene su origen en la preocupación por solucionar un problema particular que afecta la cotidianeidad, las acciones que se desarrollen para su resolución, inciden con mayor o menor celeridad en las otras prácticas, implicando un cambio que afecta el conjunto de las mismas" (1994, p. 15).

La situación curricular planteada en aquella investigación no ha variado en estas últimas décadas. Desde aquel entonces, se viene escuchando la intención de realizar una reforma curricular que aún no logra concretarse por completo. Aún continúan las discusiones en torno a los planes de estudio en cada una de las carreras y por supuesto, uno de los ejes de debate es la formación en investigación.

Llegando a esta instancia, se puede decir que la formación en investigación en las carreras de grado de la Facultad de Filosofía y Letras (UBA), responde a posturas *epistemológicas* fuertemente arraigadas en:

- *Las disciplinas de origen:* se sostiene una postura fundamentada en las especificidades de la cultura disciplinar acerca de la producción de conocimiento y de lo que se llama hacer "investigación científica". Esta especificidad determina las diferencias entre campos disciplinarios que forman parte de distintas divisiones dentro de la ciencia. Hay autores que separan las ciencias naturales, las ciencias humanas y las ciencias sociales (Lapenies, 1994) marcando las distintas concepciones de lo que implica en cada una "hacer ciencia" y producir "conocimiento científico". Becher (1993, p. 20) trabaja este tema y plantea que: "los cambios en las estructuras internas y los límites externos de las disciplinas constituyen una fuente significativa de cambio en el mundo académico".
- *La carrera:* los trayectos de formación en las profesiones no son espacios homogéneos, sino que manifiestan tensiones propias de un campo. La idea de Bourdieu de "campo" es fértil en este caso para pensar a cada carrera como un campo o arena de lucha donde se ponen en juego los intereses de los diferentes sectores de poder dentro del mismo.

  "Las profesiones no constituyen espacios homogéneos, sino espacios estructurados. Existen las posiciones de prestigio y de poder, y las posiciones desprestigiadas o con muy bajo poder. La estructura de poder de un campo profesional constituye el resultado de las luchas y de las relaciones de fuerza en un momento determinado de su evolución histórica" (Gómez Campo y Tenti Fanfani, 1982, p. 30).

Estas tensiones se trasladan al ámbito de la formación universitaria y los consensos, las negociaciones o las imposiciones quedarán plasmados en el plan de estudio (de Alba, 1998). A través de cómo es pensada la formación en investigación y de las vías de acceso definidas para los que recién se inician, se pone en evidencia cual es la concepción predominante en la carrera. La estructura adoptada en el plan de estudio revela intencionalidades. Como señala Camilloni:

"Ciclos, etapas, bachilleratos, están apuntando a que haya ciclos comunes para distintas carreras, esto es, primeros ciclos con formación general y básica y alguna formación profesional agregada, en los primeros años de las carreras, comunes a varias carreras habilitando luego a segundos ciclos diferentes" (2001, p. 34).

Esta estructura ciclada es lo que habitualmente se observa en las carreras universitarias, donde se encuentra en los primeros años un ciclo general con materias básicas, entre las cuales a veces se introduce alguna materia metodológica general de carácter introductoria, para luego habilitar a ciclos más especializados donde la preocupación por la formación en investigación generalmente vuelve a registrarse al terminar la carrera y próximo a cumplir el requisito de presentación de una tesis de licenciatura.

- *La cátedra* y especialmente su Profesor Titular: quien promueve una determinada propuesta didáctica de trabajo en la cual refleja qué implica para él investigar y cómo se forma en este quehacer. En este sentido, se entiende a la cátedra como un eje, dado que se la considera como la organización académica básica de la enseñanza en las unidades educativas del nivel superior universitario en tanto las tradiciones de conformación institucional en la universidad (Fernández, 2003). En las cátedras universitarias, el profesor titular asume el rol de líder de un grupo y en este sentido marca el camino a seguir. Pero como señala Zabalza:

"la relación individuo-organización no siempre es fácil. (...) algunos de los conflictos se deben a la falta de congruencia entre los intereses de los individuos y los de la organización" (2000, p. 54).

La ausencia de discusiones profundas en los Departamentos en torno a cuál es la postura epistemológica que se sostiene y cuál es la que se busca para formar a las futuras generaciones, en muchos casos, impiden acuerdos y retardan decisiones.

Según lo que se desprende del desarrollo realizado, podríamos decir que, a nivel descriptivo, la formación en investigación en la Facultad de Filosofía y Letras (UBA) presenta características propias que permiten la identificación de dos grupos de carreras: las carreras que presentan materias de metodología en su plan de estudio, y las carreras que NO presentan materias de metodología en su plan de estudio.

En el primer grupo de carreras, en las que existen instancias curriculares que explícitamente tienen la intencionalidad de formar en investigación, se observa que estas son pocas y presentan variadas ubicaciones (en el ciclo general, en el orientado o como requisito de graduación), modalidades (obligatorias u optativas) y formatos (asignaturas, seminarios, talleres, créditos...etc.). Ante la diversidad y revisando los recorridos que los alumnos pueden realizar en cada carrera, se observa que hay alumnos que pueden recibirse de licenciados teniendo una o como máximo dos asignaturas y algún otro espacio más ligado a la práctica que los acerquen a la tarea de investigar. Han sido estas materias obligatorias las que brindan la formación en investigación a nivel del grado que les propone el plan de estudio.

En el segundo caso, como ya se ha analizado, la formación en investigación no presenta materias de metodología ya que se considera que esa formación se dará a lo largo de la carrera, a través de algunas actividades y por contacto con investigadores expertos que cuentan sus experiencias. Especialmente, hay una referencia directa a las materias o seminarios de final de la carrera donde, si surge el interés por parte del alumno de trabajar el tema, se pone en contacto con un equipo de cátedra. En estas carreras se sostiene que *a investigar se aprende investigando* y que por eso no es necesario incorporar una materia metodológica específica. No obstante, algunos estudiantes y graduados plantean la necesidad de alguna instancia curricular que sistematice y explicite qué es investigar y cómo se investiga en la disciplina a la que pertenecen brindando un panorama de las herramientas disponibles. Esta demanda aparece con mayor énfasis en las carreras donde existe la presentación de una tesis como requisito obligatorio para recibirse de licenciado.

En este sentido, los análisis curriculares realizados en la investigación que sustenta este trabajo permiten sostener que *la ubicación y énfasis que ocupan en el plan de estudio los espacios de formación en investigación en las carreras de grado trae como consecuencia la inhibición de los procesos de articulación teoría y práctica*, dando lugar a una formación esporádica, aislada y desarticulada en el marco del proyecto general de la carrera. Esta característica reviste especial importancia al considerar que uno de los perfiles profesionales para los cuales se forma el estudiante es para ser investigador.

A partir del análisis didáctico realizado sobre las ocho materias obligatorias, se han podido identificar tres grandes enfoques desde los cuales se plantean esas asignaturas: *epistemológico*, *metodológico* e *instrumental*, cada uno de los cuales se plasma en propuestas didácticas distintas. A su vez, se han identificado diferentes manifestaciones de articulación teoría y práctica en las formas de enseñar y aprender. La relación entre ellos, se puede observar en el siguiente gráfico:

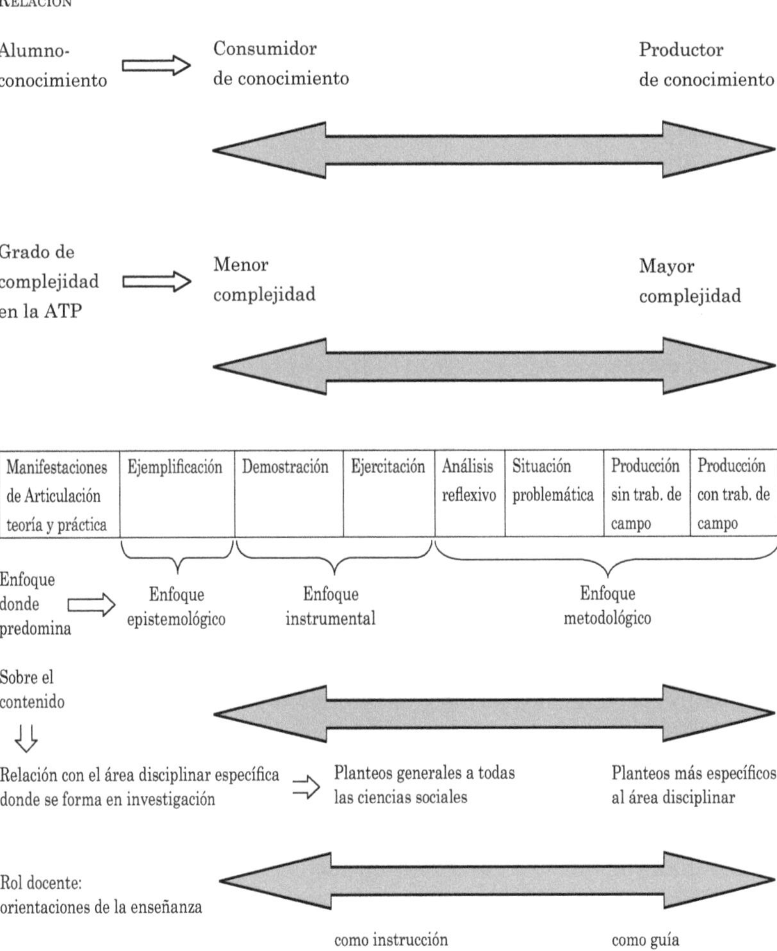

Las modalidades de manifestación de la articulación teoría y práctica encontradas hasta el momento son el eje principal de estudio. Las mismas, se encuentran ordenadas desde las formas de menor complejidad en la articulación hasta las formas de mayor complejidad en la articulación de esos componentes. En el caso de la formación en investigación, las manifestaciones de menor articulación teoría y práctica como la *ejemplificación*, propiciarían una vinculación del alumno con el conocimiento más tendiente a ser consumidor; se pone de manifiesto una visión enciclopedista y acumulativa del conocimiento que se hace evidente en las dificultades de los alumnos identificadas por los profesores que corresponderían a las formas predominantes en las clases universitarias (Ornelas Navarro, 1982; Lucarelli, 1993b y da Cunha, 2011).

A medida que las clases introducen modalidades más complejas de la articulación teoría y práctica, la relación alumno-conocimiento va tendiendo a evidenciar una posición más reflexiva, problematizadora e incluso productora de conocimiento. Este pasaje se podría ver como un camino de desarrollo hacia mayor interjuego y dialéctica entre teoría y práctica.

A su vez, se pueden detectar algunos indicios de asociación entre los enfoques y las modalidades particulares de manifestación de la articulación teoría-práctica, según la categorización de Lucarelli (2009). Es así como encontramos que, en el enfoque epistemológico, donde la estrategia de enseñanza central es la exposición del docente, el uso de la *ejemplificación* aparece como la modalidad predominante de manifestación de la articulación teoría y práctica. En el enfoque instrumental, los docentes utilizan preferentemente la *ejercitación* y la *demostración* para trabajar con técnicas de análisis de la información. En cambio, es en el enfoque metodológico, donde se observa el uso de las modalidades como: *análisis reflexivo, situación problemática, producción sin trabajo de campo y producción con trabajo de campo*, que logran una mayor articulación dialéctica entre teoría y práctica, y a la vez que buscan, como propósito, ese cambio de actitud en el alumno respecto a su relación con el conocimiento.

Cada una de estas manifestaciones implica un nivel mayor o menor de articulación entre la teoría y la práctica en las instancias curriculares de grado que se centran en la formación en investigación. También supone diferentes propuestas didácticas que presentan situaciones con menor o mayor nivel de contextualización con el proceso mismo que implica investigar. A la vez estas propuestas didácticas representan diferentes visiones sobre el alumno en estas instancias de formación en investigación: como ejecutor aplicacionista de procedimientos (ejercitación), como lector reflexivo, pero aún aplicacionista en el uso de categorías (análisis reflexivo) o como problematizador de la realidad y productor del conocimiento.

Este último punto, el de ser problematizador de la realidad y productor de un conocimiento, aparecería para los docentes de las asignaturas metodológicas, como uno de los roles que presenta mayor dificultad para ser construido por los alumnos. Ellos consideran que, dado que esas asignaturas son unas de las primeras instancias de formación donde se busca explícitamente que el alumno modifique su relación con el conocimiento, la tarea pedagógica y didáctica que deben realizar es compleja y no siempre se logra en la cursada de un cuatrimestre. Esto se debe que los alumnos durante sus trayectorias educativas se han posicionado habitualmente como lectores de un conocimiento ya consolidado y socialmente transmitido. En base a lo observado, en esas propuestas se trata de brindar las herramientas didácticas que permitan andamiar al alumno en esta nueva relación que se le propone establecer con el conocimiento: donde tenga que hacerse preguntas para generar un nuevo conocimiento, relacionar la teoría con la empiria y fundamentalmente problematizar la realidad.

En este sentido, Bachelard (1984) (cuando se refiere a las características del espíritu científico) permite entender la dificultad de posicionarse como productor de conocimiento cuando señala que ante todo es necesario saber plantear los problemas, ya que en la vida científica los problemas no se plantean por sí mismos. Es precisamente este sentido del problema el que indica el verdadero espíritu científico. Para un espíritu científico, todo conocimiento es una respuesta a una pregunta. Si no hubo pregunta, no puede haber conocimiento científico. Nada es espontáneo. Nada está dado. Todo se construye.

Sobre este tema, Lucarelli y Finkelstein (2012, pp. 282-286) hacen especial referencia al tema del cambio que se produce en la relación alumno-conocimiento al ingresar a la universidad señalando que, ya en los cursos de ingreso, se evidencian dificultades de organización en el estudio, uso excesivo de la memoria y por consiguiente poca comprensión. En este sentido me parece interesante rescatar algunas afirmaciones que pueden aportar a la reflexión del tema, por ejemplo, al señalar que estudiar en la Universidad demanda actitudes frente al conocimiento muy diferentes a las que se desarrollan en el nivel secundario (tramo de la educación que es considerado por muchos como un paso obligatorio en el cual es necesario “pasar” de año y de sistema). La rutina y creencias de la escuela secundaria se mantienen en los ingresantes y se ponen de manifiesto cuando se escuchan frases como "estudio para el examen y después me olvido; ya está", "estudio de memoria para repetir como lo quiere el profesor", "debo dos para el próximo año", o "si estudiaba más, seguro la sacaba". Pero estas ideas no quedan solamente en el nivel discursivo, sino que se trasuntan en actitudes que obstaculizan la comprensión. Esto de alguna manera, demuestra el modo que tienen muchos de los estudiantes de relacionarse con el conocimiento (como si fuera algo que se debe hacer por alguien, no por mí mismo). El conocimiento se vive, así como algo ajeno, no como una transformación propia que implica aprender, no como un compromiso personal y social. La relación de compromiso con el conocimiento supone darle sentido personal y social relacionado con la posibilidad de estudiar para aprender, para ser un buen profesional, para plantear y solucionar problemas. Por lo tanto, es necesario que el estudiante universitario reflexione sobre cómo está dispuesto a enfrentarse al conocimiento y desde qué lugar.

A esta situación observada en los estudiantes ingresantes en la universidad, hay que dimensionarla en un quehacer específico como es la tarea de investigar donde el sujeto no sólo debe apropiarse y sentirse comprometido con el conocimiento aprendido, sino que debe producirlo bajo los cánones imperantes en la comunidad científica. En síntesis, el ingresante proviene de una escuela secundaria donde generalmente se observa la puesta en acción de prácticas rutinarias de enseñanza que inciden para que el estudiante se relacione con el conocimiento como algo ajeno; si la universidad pretende la formación de estudiantes críticos y reflexivos que puedan apropiarse del conocimiento en función de una profesión, debe brindar propuestas donde la investigación tenga presencia tanto en cuanto al aprendizaje de las habilidades más generales como de las competencias propias de la producción de conocimiento científico.

La enseñanza de la investigación implica, desde la perspectiva cognoscitivista, la formación de lo que algunos autores denominan "el sujeto epistémico". Este proceso insume varias etapas: el "sujeto en tránsito", que ha logrado pasar de las respuestas a las preguntas, dejando en suspenso las certezas, creencias y saberes; el "sujeto de la opinión", cautivado por el placer de pensar y el deseo de saber; y el "sujeto de la argumentación fundada", con habilidades para hacer valer sus razones y demostrar en forma sostenida procedimientos metódicos y sistemáticos, comprendiendo además que se está en un diálogo permanente con otros que también preguntaron, investigaron y escribieron sobre el tema o problema (Coiçaud, 2008, p. 113).

La pregunta que surge es cómo lograr este pasaje en la relación alumno-conocimiento. Considero que el cuadro integrador presenta enfoques diferenciados para enfrentar la formación en investigación en las carreras de grado acompañada de una gradación en la articulación teoría y práctica que propiciará este pasaje. En este proceso aparecería una ruptura (Lucarelli, 2005) con las formas tradicionales de enseñanza (que presentan bajo grado de articulación teoría y práctica) a partir del "análisis reflexivo"; en este proceso se promueve con mayor énfasis la construcción del conocimiento por parte del alumno.

Como afirma Coiçaud:

> "no se trata de que los alumnos sólo escuchen y observen a los docentes investigadores, ni tampoco de pedirles que realicen tareas puntuales que resultarán arbitrarias si no forman parte de una estrategia más amplia, cuyo sentido sea aceptado y valorado por los alumnos. Por el contrario, se trata de crear las herramientas cognitivas necesarias para que los estudiantes universitarios puedan comprender en forma progresiva y en un proceso de reconstrucción permanente, los conocimientos, actitudes, destrezas y habilidades logradas por los docentes investigadores en sus tareas de producción científica" (2008, p. 112).

Para crear condiciones favorables encaminadas a que el alumno pueda posicionarse como productor de conocimiento, se hace necesario que las clases tengan como objetivo formar a un sujeto reflexivo, pensante y crítico y orientar hacia el mismo las actividades de enseñanza. En este sentido, Litwin (2008, pp. 84-89) plantea la importancia de *la clase reflexiva* en la universidad y remite a estudios como los de Nickerson (1995), Collins, Bronwn y Newman (1989) y Perkins (1995) para caracterizarla y destacar que en ellas se piensa en "un aula en la que se favorece un pensamiento crítico y exploratorio que busque nuevas direcciones y considere diferentes perspectivas". En términos generales, en clases de este tipo se ha podido reconocer, entre otras características: la preocupación por generar ese clima reflexivo y crítico, por reconocer las prácticas inherentes al oficio, por distinguir posiciones teóricas diferentes respecto de los distintos temas, por orientar a los alumnos en el proceso de aprender, por una comunicación didáctica que enseña a pensar y por las reflexiones teóricas y los análisis que se producen en el marco de las clases.

Este tipo de clases implica una responsabilidad compartida entre la actividad del docente y la actividad del alumno. Perinat (2004), que analiza el "Espacio Europeo de Educación Superior", también destaca este punto y reflexiona cómo el cambio que se propugna en ese contexto con insistencia es que la responsabilidad del aprendizaje se desplace del profesor al alumno. Se hace especial énfasis en que es el alumno quien ha de gestionar la adquisición de sus conocimientos y que

> "dedicarse a enseñar es asumir una responsabilidad, pero tiene sus límites, que aparece allí donde los alumnos deben asumir la suya; por lo tanto, se trata de un intercambio de responsabilidades o de responsabilidad mutua y compartida" (2004, p. 40).

Sin dudas, este tipo de clases y de vínculos favorecerán otro tipo de relación entre el alumno y el conocimiento. Pero también implican otro lugar del docente en la clase, otro posicionamiento en la orientación de la enseñanza. Sobre este punto, Davini (2009, p. 77) plantea que los métodos para la asimilación de conocimientos y el desarrollo cognitivo (inductivos, de instrucción y de flexibilidad cognitiva y cambio conceptual) abarcan las dos orientaciones generales de la enseñanza: la *instrucción* (centrada en la coordinación de quien enseña) y la *guía del aprendizaje* (centrada en la actividad de quienes aprenden, orientada por el profesor). Este pasaje de los roles del docente y del alumno en la clase también se observa en los diferentes enfoques y en las maneras de articular teoría y práctica que predomina en cada uno.

En el capítulo final de su libro, Sabino (1996) plantea cuál cree él que es, según su experiencia, el rol que debe cumplir el docente en los cursos de metodología en el grado:

> "El papel del docente que tiene a cargo cursos de metodología tiene que ser diferente al que dicta materias puramente teóricas: no se trata, como en este caso, de exponer y explicar un contenido prederminado para que los estudiantes lo comprendan y asimilen, sino de iniciar una reflexión que sólo cobra sentido pleno cuando se ejerce sobre la misma actividad a la que está referida, es decir, sobre la investigación (...)" (1996, p. 218).

Una propuesta didáctica fruto de la experiencia en cursos de grado de metodología, la presenta Borsotti (2009) en el apéndice de su libro donde plantea que la modalidad más adecuada para desarrollar los procesos de enseñanza de metodología de la investigación es la de taller, condicionada por factores tales como: la cantidad de estudiantes, el nivel conceptual de los alumnos y el lugar de la materia en la carrera. También enumera actividades que cree importante desarrollar con los alumnos en el devenir de la cursada: trabajos en grupo, producción (por los estudiantes) de textos que son analizados en el grupo total en la clase siguiente, análisis metodológico de investigaciones, análisis de la información cuantificada y análisis de la información no cuantificada.

Asimismo, Sirvent y Rigal (2020) desarrollan una propuesta didáctica sistematizada después de décadas de experiencia en cursos de grado y posgrado para la formación en investigación donde se busca poner en acto los principios de una didáctica fundamentada crítica que concibe la relación teoría y práctica como principio rector de los procesos de enseñanza y aprendizaje. La puesta en acto de la propuesta, implica desafíos epistemológicos, metodológicos y didácticos. Los dos primeros desafíos remiten fundamentalmente, a la introducción y análisis de la función del "contexto de descubrimiento" y de la "situación problemática" en la génesis de una investigación anclada en la problematización de la realidad. El tercer desafío, refiere a enfrentar y trabajar la complejidad de la naturaleza de la investigación científica de lo social en diversos aspectos: la relación teoría/empiria, la relación sujeto/objeto, la importancia del terreno en la construcción del dato científico, el compromiso social del investigador (extensión o transferencia) considerando su status epistemológico en la construcción del conocimiento científico y la validación de los resultados. Se propone enfrentar este tercer desafío a través de la introducción del concepto vertebral de Modos de hacer Ciencia de lo Social.

Como síntesis, se puede coincidir con Coiçaud (2008, p. 116) cuando señala la necesidad de "pensar las clases de investigación con suficiente creatividad como para generar en los alumnos una actitud positiva respecto de la producción de conocimientos, intentando desde un primer momento meterlos de lleno en los vericuetos de la actividad".

Todos estos aspectos son líneas de análisis que pretenden desarrollar una mayor comprensión del proceso de formación en investigación a nivel curricular a lo largo de una carrera universitaria de grado, de manera de derivar en propuestas didácticas apropiadas en la perspectiva fundamentada crítica de la didáctica universitaria.

La indagación de los procesos que se dan en estos espacios para la formación en investigación en las carreras de grado universitarias, permite observar con lentes de aumento, el atractivo camino de la configuración de la Didáctica y la Pedagogía Universitarias. Implica ver este campo en toda su complejidad, a partir de comprender cómo ese camino se diversifica y particulariza en función de las características disciplinares y, principalmente, de la profesión académica. Una mirada crítica de esa problemática se hace presente al evitar caer en simplificaciones globalizadoras que ocultan la multiplicidad de dimensiones propias de un entramado donde teoría y práctica, método y contenido, elementos técnicos y sujetos de la enseñanza y del aprendizaje, permiten avanzar en la comprensión de la situación didáctica propia de cada contexto.

En este sentido, se puede afirmar que *las características didácticas (definidas en cuanto a las relaciones que se establecen entre contenidos y estrategias de enseñanza) presentes en los espacios curriculares de formación en investigación en las carreras de grado, facilitan en algunos casos más que en otros la articulación teoría y práctica.* Como se ha planteado, existen enfoques didácticos que al definir determinadas relaciones entre contenidos y estrategias de enseñanza (incluyendo los recursos) promueven una mayor articulación teoría y práctica que otros. Lo planteado hasta el momento se puede sintetizar en el siguiente esquema:

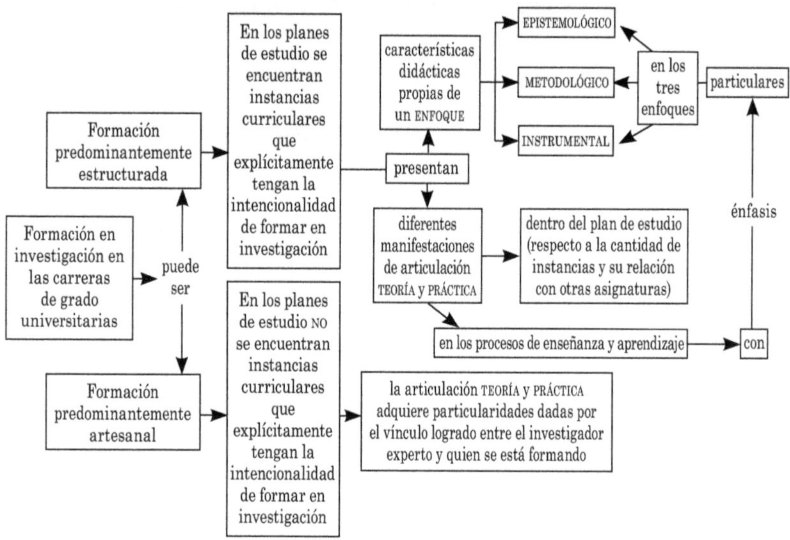

Los resultados alcanzados, permiten derivar líneas en la organización de propuestas curriculares alternativas en dos niveles: una a nivel del plan de estudios donde se incluya un tramo específico de formación en investigación y otra, a nivel del currículum en acción donde adquieran otra dinámica las propuestas de enseñanza y aprendizaje. Para tal fin sería deseable que:

- Cada una de las cátedras pudiera incorporar la problematización y la investigación como eje en la definición de las formas de enseñanza ya que se favorecería la creatividad y el espíritu crítico a través de la formación de habilidades y actitudes propias de una práctica investigativa.
- Exista una oferta de amplia de materias "metodológicas", preferentemente obligatorias en todas las carreras de licenciatura que, sin violentar la cultura disciplinar de cada formación, sistematicen

los conocimientos existentes en el campo disciplinar sobre qué es investigar y cómo se dan los modos de producción del conocimiento científico en el mismo.

- Estas asignaturas configuren un tramo de formación a lo largo de la carrera donde se tomen en cuenta, de forma articulada, los tres enfoques encontrados en los análisis realizados. Esto permitiría una formación más completa y con una mirada más abarcativa del tema. Rojas Soriano señala al respecto que:

  "la vinculación directa y permanente de los elementos filosóficos, teóricos, metodológicos y técnico-instrumentales es una exigencia de la práctica científica, a fin de mantener la visión de totalidad del proceso de construcción del conocimiento como único medio para lograr una formación integral de investigadores. De lo contrario se corre el riesgo de privilegiar alguno de los elementos" (2008, p. 96).

- Enseñar a investigar implique: por un lado, fomentar el análisis crítico y reflexivo del conocimiento teórico existente sobre fundamentos epistemológicos, metodológicos e instrumentales que sustentan las decisiones de un investigador y por el otro, introducir a los alumnos en el quehacer investigativo. Respecto a este último aspecto, generalmente, se escucha decir que "aprender a investigar se aprende investigando junto a otro investigador de más experiencia", es decir, a través de la práctica misma. No obstante, sería necesario reflexionar sobre el dispositivo formativo más favorecedor para encuadrar el trabajo compartido entre un investigador formado y otro en formación, repensando la relación entre la lógica investigativa y la lógica formativa. Este acercamiento gradual a la práctica investigativa se puede concretar a través de la utilización de diferentes estrategias didácticas que promuevan una transformación en la relación alumno- conocimiento y, a la vez, favorezcan la articulación teoría y práctica.
- Durante la carrera y particularmente en este tramo de formación específico se desarrolle de manera gradual, desde el inicio de la carrera, instancias y propuestas que impliquen una mayor articulación teoría y práctica. Este punto también implicaría introducir gradualmente a los alumnos en el quehacer investigativo a través de modalidades de enseñanza centradas en el andamiaje, de manera de que le permita al estudiante ir asumiendo un progresivo rol autónomo en la construcción del conocimiento.
- Este encuadre de la enseñanza de la investigación implica un cambio en los roles del docente y del alumno en el espacio formativo. El docente altera su rol habitual centrado en la enseñanza como ins-

trucción para entenderla como guía del aprendizaje según la cual su papel es del de acompañar y orientar la actividad del alumno. El rol del estudiante activo implica no sólo una actividad reflexiva sino también productiva, en cuanto sujeto problematizador en contacto con la realidad, con intenciones de transformarse en productor de conocimiento y así aportar elementos favorables a los procesos de cambio.

Poner énfasis en la formación en investigación puede contribuir no sólo a tener mejores investigadores en el país o mayores logros a nivel de conocimientos originales, sino también ayudaría a recobrar la legitimidad de la institución universitaria gracias al rol de los investigadores en la sociedad. Sirvent (2006) sostiene que investigar es una práctica social anclada en un contexto socio-histórico determinado y que, en el mismo, la actitud central del investigador consiste en problematizar esa realidad, lo cual supone la capacidad y la mirada crítica para desnaturalizar lo que aparece como natural. En este sentido, Schuster señala que

> "la investigación se basa y ha de surgir de un sector de la realidad que pueda problematizarse (...) la investigación en ocasiones puede plantearse no sólo la generación del conocimiento sino también la transformación de la realidad (...) el conocimiento es un presupuesto indispensable para la transformación de la realidad. Incluso el conocimiento contiene ya la posibilidad de la transformación" (1992, pp. 15-16).

Asimismo, Pacheco Méndez y Díaz Barriga (2005) también hacen referencia a la necesidad de que la universidad sea sujeto de un análisis retrospectivo y crítico con respecto a su inamovilidad que la mantienen al margen de la posibilidad de formular y dirigir un amplio proyecto social, cultural y científico. Por eso sostienen que

> "la principal tarea de la universidad en lo que concierne a la formación de profesionales y a la investigación en ciencias sociales, comienza allí donde sus propios límites le cancelan la oportunidad de transformarse y actualizarse como institución social y de cultura, en el marco de los nuevos espacios de redefinición social, política e ideológica" (2005, p. 149).

En este sentido nos orienta de Sousa Santos (2005) al referirse a la noción de *ecologia de saberes*, recordando que:

> "consiste en la promoción de diálogos entre el saber científico y el humanístico que la universidad produce y los saberes legos, populares, tradicionales, etc. que circulan en la sociedad. (...) [Ambos] se sitúan en la búsqueda de una reorientación solidaria de la relación universidad y sociedad" (2005, pp. 56-59).

Bibliografía

Abdala, C. (2007). *Currículum y enseñanza. Claroscuros de la formación universitaria.* Córdoba. Argentina: Encuentro Grupo Editor.

Achilli, E. (1991). *Enseñar y aprender a investigar (Notas sobre las ansiedades del método).* Facultad de Humanidades y Artes. Escuela de Antropología. UNR. Cátedra. Metodología. Documento de trabajo interno.

Achilli, E. (1994). *Las diferentes lógicas de investigación social. Algunos problemas en la complementación de estrategias múltiples.* Ponencia presentada en las Primeras Jornadas sobre Etnografía y Métodos cualitativos. IDES. Buenos Aires. 9 y 10 de junio de 1994.

Aebli, H. (1988). *Doce formas básicas de enseñar.* Madrid: Narcea.

Agulló, M. De Angelis, S, Fernández, M. y Monteverde, A. (2019) *Prácticas de enseñanza de investigación educativa enriquecidas con arte.* Ponencia presentada en el II Encuentro Internacional de Educación. Tandil: UNCPBA

Alcalá, M. y Ojeda, M. (2003) *Relación entre enseñanza, currículum y campo profesional en cátedras de la Universidad nacional del Nordeste.* Comunicaciones Científicas y tecnológicas 2003.

Alonso, F. y Sanjurjo, L. (2008). *Didáctica para profesores de a pie. Propuestas para comprender y mejorar la práctica.* Rosario. Argentina: Homo Sapiens Ediciones.

Andreozzi, M. (1998). Sobre Residencias y Prácticas de Ensayo. En: *Revista IICE. Año VII, N° 13.* Diciembre. Bs. As. UBA. FFYL. IICE. Pág. 2.

Anijovich, R. (comp.) (2010). *La evaluación significativa.* Cap.5. CABA: Ed. Paidós.

Anijovich, R. y Mora, S. (2010) *Estrategias de enseñanza. Otra mirada al quehacer en el aula.* Buenos Aires: Aique

Anijovich, R. y Cappelletti, G. (2019) *La evaluación como oportunidad.* CABA: Ed. Paidós

Araujo, S. (2003). *Universidad, investigación e incentivos. La cara oscura.* La Plata: Ediciones Al Margen.

Araujo, S. (2006). *Docencia y enseñanza. Una introducción a la didáctica.* Buenos Aires: Universidad Nacional de Quilmes.

Araujo, S. y Balduzzi, M. (2010) *Formación e inserción laboral de graduados recientes.* Ponencia presentada en el X Coloquio Internacional sobre gestión universitaria en América del Sur, realizado en Mar del Plata, diciembre de 2010.

Asprelli, M. C. (2010). *La didáctica en la formación docente.* Buenos Aires. Argentina: Homo Sapiens Ediciones.

Atkinson, T. y Claxton, G. (2002). *El profesor intuitivo.* España. Barcelona: Octaedro.

Ausubel, D., Novak, J. y Hanesian, H. (1983). *Psicología educativa.* México: Trillas.

Bachelard, G. (1984). *La formación del espíritu científico.* Buenos Aires: Siglo XXI. Cap.1

Barbier, J. y Galanatu, O. (2004) Saberes, *capacidades, competencias, organización de los campos conceptuales.* En: Capítulo 2 de "Les savoirs d´ action: une mise en mot des compétences» Paria, L'Harmattan, Traducción de: Sibila Nuñez

Barco, S. (1989). El estado actual de la pedagogía y la didáctica. En: *RAE* N°12 año VII, Buenos Aires: AGCE.

Barco, S. (1992). *Modificación curricular y práctica docente: Una articulación cambiante.* U.N. Comahue.

Barco, S. (1996). *Formulación participativa del currículum universitario. ¿Quién dijo que no se puede?* Buenos Aires: CIE.

Barco, S. (2012): Prácticas alternativas en diseño curricular. La participación como clave y la toma de la palabra como derecho. Alteridad. *Revista de Educación* Vol. 7, N° 1, enero-junio 2012, 33-48

Barnett, R. (2008). *Para una transformación de la universidad. Nuevas relaciones entre investigación, saber y docencia.* Barcelona, España. Octaedro.

Barros, N. (1986). *El taller, integración de teoría y práctica.* Buenos Aires: Humanitas.

Batanero, C. (2001). *Didáctica de la estadística.* Granada: Grupo de investigación en educación estadística. Departamento de didáctica de la matemática. Universidad de Granada.

Becher, T. (1993). Las disciplinas y la identidad de los académicos En: *Pensamiento universitario.* Año 1 N°1 Buenos Aires.

Becher, T. (2001). *Tribus y territorios académicos. La indagación intelectual y las culturas de las disciplinas.* Barcelona: Ed. Gedisa.

Beillerot, J. (2006). *La formación de formadores: entre la teoría y la práctica.* Buenos Aires. Argentina: Ediciones Novedades Educativas y Facultad de Filosofía y Letras–UBA.

Bernstein, B. (1985). Clasificación y enmarcación del conocimiento educativo. En: *Revista Colombiana de Educación.* Colombia. 1er semestre.

Bertaux, D. (2005). *Los relatos de vida. Perspectiva etnosociológica.* Barcelona: Bellaterra.

Borel, M. y Sassi, V. (2003) *Articulando las miradas: el eje teoría-práctica en el aula universitaria.* En: http://www.fchst.unlpam.edu.ar/iciels/184.pdf

Borsotti, C. (1989). El aprendizaje de la investigación en el currículo universitario de grado. *RAE* N°14. Año VII. Buenos Aires: AGCE.

Borsotti, C. (2009). *Temas de metodología de la investigación en ciencias sociales empíricas.* Buenos Aires. Argentina: Miño y Dávila.

Bourdieu, P. (1973). Le marché des bienes symboliques. En: *Année Sociologique*, pp. 49-126.

Bourdieu, P. (1999). *La miseria del mundo.* México: FCE.

Bourdieu, P. (2000): *El campo científico* En: *Los usos sociales de la ciencia.* Ediciones Nueva Visión. Buenos Aires, pp. 11-31.

Bourdieu, P. (2003). *El oficio de científico. Ciencia de la ciencia y reflexividad.* Barcelona. España: Anagrama.

Bourdieu, P. (2005). *Intelectuales, política y poder.* Buenos Aires. Argentina: Eudeba.

Bourdieu, P. (2008). *Homo académicus.* Buenos Aires. Argentina: Siglo veintiuno editores.

Bourdieu, P. y Wacquant, L. (1995). *Respuestas por una antropología reflexiva.* México: Grijalbo.

Bourdieu, P., Chamboredon, J. y Passeron, J. (2008). *El oficio de sociólogo. Presupuestos epistemológicos.* Buenos Aires. Argentina. Siglo veintiuno editores.

Buchbinder, P. (1997). *Historia de la Facultad de Filosofía y Letras.* Buenos Aires: Eudeba

Buchbinder, P. (2010). *Historia de las Universidades Argentinas*. Buenos Aires: Sudamericana.

Bunge, M. (1983). *Epistemología*. La Habana: Editorial de Ciencias Sociales.

Burbules, N. (1999). *El diálogo en la enseñanza*. Buenos Aires. Argentina: Amorrortu Editores.

Cabriá, S. (1994). *Filosofía de la estadística*. Servicio de Publicaciones de la Universidad de Valencia.

Calvo, G. (2000). *La situación curricular actual de la Facultad de Filosofía y Letras (UBA) y las representaciones sociales de los actores involucrados*. Informe de Beca Orientada 2000-2001. IICE. FFyL. UBA

Calvo, G. (2002). La situación curricular actual de la Facultad de Filosofía y Letras (UBA) y las representaciones sociales de los actores involucrados. En: *Revista del Instituto de Ciencias de la Educación (IICE)* N° 20 diciembre. Buenos Aires- Argentina: Facultad de Filosofía y Letras. UBA. (Pág. 48 a 56)

Calvo, G. (2004). La relación teoría y práctica como eje fundamental del cambio curricular en la Universidad. *Revista Alternativas*. Serie: especio pedagógico. Tema: Educación Superior. Desarrollos teóricos y líneas de investigación actuales. Publicación trimestral de LAE (Laboratorio de Alternativas Educativas) Año IX – N° 37 Noviembre. Facultad de Ciencias Humanas- San Luis. Argentina: Universidad Nacional de San Luis. (pág. 57 a 68)

Calvo, G. (2010). Teoría y práctica en la formación en investigación de los estudiantes de la Facultad de Filosofía y Letras (UBA). En: Castorina, A. Orce, V (Comp.): *Diálogos y reflexiones en investigación: contribuciones al campo educativo*. Investigadores en formación. Instituto de Investigaciones en Ciencias de la Educación (IICE)- FFyL- UBA. Pág. 259 a 266

Calvo, G. (2011). La formación en investigación en la universidad. La situación en las carreras de grado de la facultad de Filosofía y Letras de la UBA. En: Castorina, J. A. y Orce. V. (Comp.) *Investigadores/as en formación: discusiones y reflexiones para un pensamiento crítico en educación*. Investigadores en formación. Instituto de Investigaciones en Ciencias de la Educación - IICE- FFyL-UBA, pp. 229-240.

Calvo, G. (2016). La gestión del conocimiento en la universidad. Los espacios curriculares de formación en investigación en las carreras de grado de la Facultad de Filosofía y Letras (UBA). En: RAES- Revista Argentina de Educación Superior. RAES ISSN 1852-8171 / Año 8/ Número 12 / junio 2016 (ArtN°1- pp 14 a 33) http://www.revistaraes.net/numeros.php?revista=revista12.inc

Camilioni, A. (1995). La universidad en tiempos de incertidumbre. En: *Revista Encrucijadas*. Año 1, N°1. Buenos Aires: UBA.

Camilloni, A. (2001). Modalidades y proyectos de cambio curricular. En: *Aportes para un cambio curricular en Argentina*. Buenos Aires: PS y Facultad de Medicina.UBA.

Camilloni, A. (2001 a) Complejidad Superior. Calidad y evaluación de programas universitarios. En: *Revista Encrucijadas*. Educación Superior. Año 1, N°12. UBA

Camilloni, A (2016): Tendencias y formatos en el currículo universitario *Revista itinerarios educativos*. Vol 9

Camilloni, A., Celman, S., Litwin, E., Palou de Maté, M. (1998b). *La evaluación de los aprendizajes en el debate didáctico contemporáneo*. Buenos Aires. Paidós.

Camilloni, A., Davini, M.C., Edelstein, G., Litwin, E., Souto, M. y Barco, S. (1998a). *Corrientes didácticas contemporáneas*. Buenos Aires: Paidós.

Camiloni, A., Cols, E., Basabe, L. y Feeney, S. (2010). *El saber didáctico*. Buenos Aires: Paidós.

Candau, V. (2001). Rumbo a una nueva didáctica. En: Lucarelli, E. *La didáctica de nivel superior*. Buenos Aires: OPFyl. UBA

Carlino, F. (1993). Transformaciones de la carrera de Ciencias de la Educación de la UBA. Un recorrido histórico de problemas actuales. En: *Revista IICE* N°3. Buenos Aires: Miño y Dávila. FFyL- UBA

Carlino, P. (2002). *Alfabetización académica: un cambio necesario, algunas alternativas posibles.* Comunicación libre en el tercer encuentro la universidad como objeto de investigación, Dpto. de Sociología, Universidad Nacional de La Plata, octubre de 2002

Carlino, P. (2006). *La escritura en la investigación.* Serie: "Documentos de Trabajo" Escuela de Educación. Documento de Trabajo N° 19. Universidad de San Andrés.

Carr, W. y Kemmis, S. (1988). *Teoría crítica de la enseñanza. La investigación – acción en la formación del profesorado.* Madrid. Martínez Roca.

Castro, C. y Gardey, M. (1999). *Estrategias de enseñanza.* Programa de formación de formadores en Ciencias de la Salud. Módulo 4. Buenos Aires: Asociación de la Medicina.

Celman de Romero, S. (1994). La tensión teoría – práctica en la educación superior. *Revista IICE* Año III, N°5, noviembre. Buenos Aires: IICE. FFYL. UBA. Miño y Dávila.

Charles Creel, M.: (1983) El salón de clases desde el punto de vista de la comunicación. En: *Perfiles educativos* No. 2. México: UNAM. CISE.

Ciscar, S. (1998) Aprender a enseñar matemática en la escuela secundaria: relación dialéctica entre el conocimiento teórico y práctico. En: *Revista interuniversitaria de formación del profesorado.* N°32, mayo/agosto 1998, pp. 117-127.

Clark, B. (1983). *El sistema de educación superior. Una visión comparativa de la organización académica.* México: Universidad Autónoma Metropolitana, Azcapotzalco- Nueva Imagen- Universidad Futura.

Cohen, N. y Piovani, J. I. (compiladores) (2008). *La metodología de la investigación en debate.* La Plata. Argentina: Eudeba- Edulp.

Coiçaud, S. (2008). *El docente investigador. La investigación y su enseñanza en las universidades.* Buenos Aires: Miño y Dávila.

Coll, C., Rochera, M., Mayordomo, R. y Naranjo, M. (2008). *La evaluación continuada como instrumento para el ajuste de la ayuda pedagógica y la enseñanza de competencias de autorregulación.* Cuadernos de docencia universitaria. Barcelona: ICE y Ediciones Octaedro.

Collins, A.; Brown, J.; Newman, S. (1989) Cognitive apprenticeship: Teaching the Crafts or Reading, Writing and Mathematics. En: Resnick Lauren B. (comp.), *Knowing, Learning, and Instruction: Essays in Honor of Robert Glaser.* Hillsdale, N.J., Erlbaum.

Coninck, F. y Godard, F. (1998). El enfoque biográfico a prueba de interpretaciones. En: Thierry Lulle et al (coord.) *Los usos de las historias de vida en las ciencias sociales II.* Colombia: Antrophos, pp. 259-291.

Contreras Domingo, J. (1994). *Enseñanza, currículum y profesorado.* Madrid: Akal.

Cook, T. y Richart, Ch. (1982). *Métodos cualitativos y cuantitativos en investigación educativa.* Madrid: Morata.

Costa da Nova, C. y Soares, S. (2012). A relaçao entre ensino e pesquisa na universidade: desafíos e posibilidades. En: Volpato, G. y Moog Pinto, M. (orgs.) (2012). *Pedagogia Universitária. Olhares e percepçoes.* Curitiba. Brasil: Editora CRV.

da Cunha, M. (1996). *A profissao e sua incidencia no curriculo universitario.* Ponencia. Bs. As: CIE.

da Cunha, M. (1997). Aula universitaria: innovación e investigación. En: Leite, D. y Morosini, M. (org) *Universidade futurante.* Brasil. Campinas.S.P: Papirus.

da Cunha, M. (1998). *O Professor Universitário na transição de paradigmas.* Brasil: JM Editora.

da Cunha, M. (2001). La profesión y su incidencia en el currículum universitario. (Traducción Claudia Finkelstein) En: Lucarelli, E. *Didáctica del nivel superior*. Buenos Aires: OPFYL. FFyL. UBA.

da Cunha, M. (org.) (2005). *Formatos avaliativos e concepção de docência*. Campinas. SP. Autores Associados.

da Cunha, M. (org.) (2007). *Reflexoes e práticas em Pedagogia universitária*. Campinas. SP. Papirus.

da Cunha, M. (2011): *Indissociabilidade entre ensino e pesquisa: a qualidades da graduaçãoem tempos de democratização*. En Revista Perspectiva. Vol 29, N° 2, julho-dezembro. Florianópolis. UFSC.

Davini, M. (2009). *Métodos de enseñanza. Didáctica general para maestros y profesores*. Buenos Aires: Santillana.

Davini, M. (2015) *La formación en la práctica docente*. Bs. As. Paidós.

de Alba, A. (1989). *El currículum universitario de cara al nuevo milenio*. México: SEDESOL, U. De Guadalajara. UNAM

de Alba, A. (1993). El currículum universitario ante los retos del siglo XXI: la paradoja entre el posmodernismo, ausencia de utopía y determinación curricular. En: De Alba, A. (Cood.) *El currículum universitario de cara al nuevo milenio*. México: UNAM. U de Guadalajara. Secretaría de Desarrollo Social.

de Alba, A. (1998). *Currículum: crisis, mito y perspectivas*. Buenos Aires: Miño y Dávila. FFyL. UBA

de Ibarrola, M. (1989). La formación de investigadores en México. *Universidad Futura*. Vol. 1, No. 3 octubre de 1989, México, p. 13.

de Sousa Santos, B. (1995). *Pela mão de Alice. O social e o político na pos-modernidade*. San Pablo. Brasil: Cortez Editora.

de Sousa Santos, B. (2005). *La universidad en el siglo XXI. Para una reforma democrática y emancipadora de la universidad*. Buenos Aires: Miño y Dávila.

Díaz Barriga, A. (1984). *Didáctica y currículum*. Buenos Aires: Nuevomar.

Díaz Barriga, A. (1990). *Ensayos sobre la problemática curricular*. México: Trillas.

Díaz Barriga, A. (1995). *Docente y programa. Lo institucional y lo didáctico*. Buenos Aires: Rei- Aique. (Cap. 4)

Díaz Barriga, A. (1997). *Didáctica y currículum*. México: Paidós.

Diaz Barriga, A. (2003) *La investigación curricular en México*. México. Consejo Mexicano de Investigación Educativa.

Díaz Barriga, A., Martinez, D.; Reygadas, R. y Villaseñor, G. (1989). *Práctica docente y diseño curricular* (un estudio exploratorio en la UNAM- Xochimilco) México: UAM- X/ CESU- UNAM

Díaz Barriga, F. (1993). Aproximaciones metodológicas al diseño curricular hacia una propuesta integral. En: *Tecnología y Comunicación Educativas*, N°. 21. Instituto Latinoamericano de la Comunicación Educativa. México

Donato, M. (2000). Estructuras del aula universitaria. En: Lucarelli, E. (Comp.) *El asesor pedagógico en la universidad: de la teoría pedagógica a la práctica en la formación*. Bs.As. Paidós.

Donolo, D. y Rinaudo, M. C. (2007). *Investigación en educación. Aportes para construir una comunidad más fecunda*. Buenos Aires: Editorial La Colmena.

Dos Santos Filho, J. y Sanchez Gamboa, S. (1997). *Investigación educativa. Cantidad- cualidad*. Colombia: Cooperativa Editorial Magisterio.

Eco, U. (2002). *Cómo se hace una tesis*. España: Gedisa editorial.

Eggen, P. Y Kauchak, D. (1999). *Estrategias docentes: enseñanza de contenidos cuniculares y desarrollo de habilidades de pensamiento*. Buenos Aires: F.C.E.

Elton, L. (2008). El saber y el vínculo entre la investigación y la docencia. En: Barnett, R. (2008). *Para una transformación de la universidad. Nuevas relaciones entre investigación, saber y docencia*. Barcelona, España. Octaedro.

Feldman, D. (2008). *Ayudar a enseñar*. Buenos Aires: Aique.

Feldman, D. (2010). *Didáctica general.* Buenos Aires: INFOD.

Fernández Lamarra, N. (2002): *La Educación Superior Argentina.* IESALC / UNESCO

Fernández Lamarra, N. (2003). *La Educación Superior Argentina en debate. Situación, problemas y perspectivas.* Buenos Aires: Eudeba.

Fernández Lamarra, N. (2018). *La educación superior universitaria argentina: situación actual en el contexto regional.* Sáenz Peña: Universidad Nacional de Tres de Febrero. Libro digital, DOCX

Fernández, L. (1996). *Instituciones educativas. Dinámicas institucionales en situaciones críticas.* Buenos Aires: Paidós.

Fernández, L. (2003). Conferencia: Las *modalidades de organización académica.* Especialización en Docencia Universitaria. Universidad Nacional del Nordeste. Resistencia.

Fernández, S. (1996). *La investigación, las bibliotecas y el libro en 100 años de vida de la Facultad de Filosofía y Letras de la Universidad de Buenos Aires. UBA-CyT. 1991-1994. Secretaría de Ciencias y Técnica de la UBA. FFyL.* Buenos Aires: FFyL- UBA

Ferry, G. (1997). *Pedagogía de la formación.* Buenos Aires: UBA-Novedades Educativas. Colección Formación de Formadores, serie Los Documentos. Facultad de Filosofía y Letras.

Finger, A y Moreira, E. (1989). *Evaluación Académica de Instituciones Universitaria de América Latina.* Florianópolis: UFSC.

Finkelstein, C. (2008). *La comunicación en el aula y su vinculación con las estrategias de enseñanza: la clase expositiva y la interrogación didáctica.* Buenos Aires: OPFYL- FFyL- UBA

Follari, R. (2010): El curriculum y la doble lógica de inserción (lo universitario y las prácticas profesionales). *Revista Iberoamericana de Educación Superior,* [S.l.], v. 1, n. 2, sep. ISSN 2007-2872. En: https://ries.universia.net/article/view/19

Follari, R y Berruezo, J. (1981). Criterios e instrumentos para la revisión de los planes de estudios. En: *Revista Latinoamericana de Estudios Educativos.* Vol. XI, N°1, México. CEE.

Friedberg, E. y Musselin, C. (1996). La noción de sistema universitario y sus implicaciones para el estudio de las universidades. En: *Revista Universidad Futura.* México.

Furlán, A. (1989). *Aportaciones a la Didáctica de la Educación Superior.* México: Enepi. UNAM.

Furlán, A. (1996). *Currículum e institución.* México: Marevellado.

Galindo Cáseres, L. (1998). Etnografia. El oficio de la mirada y el sentido. En: Galindo Cáceres, J. (Coord.) *Técnicas de investigación en sociedad, cultura y comunicación.* México: Addison Wesley Longman.

García Salord, S. (2000). *¿Cómo llegue a ser quién soy? Una exploración sobre historias de vida.* Córdoba: Universidad de Córdoba. p. 13-72

García, R. (1991). *La investigación interdisciplinaria de problemas complejos.* Buenos Aires: UBA. CEA.

Geltman, P. y Hintze, S. (1987). *La articulación docencia- investigación en la UBA.* Buenos Aires: Secretaría de Planificación. UBA.

Gentile N. (2000). Discretos amigos de la justificación. En: Klimovsky, G. y Schuster, F. G. (comp.) *Descubrimiento y creatividad en ciencia.* Buenos Aires: EUDEBA

Gibaja, R. (1987). El conocimiento tácito en la formación de investigadores en ciencias humanas. En: *La investigación en Educación. Discusiones y Alternativas.* Buenos Aires: Centro de investigaciones en Ciencias de la Educación. Cuaderno N°3. UBA.

Gimeno Sacristán, J. (1982). *El currículum, una reflexión sobre la práctica.* Madrid: Morata.

Gimeno Sacristán, J. (1985). *La pedagogía por objetivos: obsesión por la eficiencia.* Madrid: Morata.

Gimeno Sacristán, J. y Pérez Gómez, A. (1992). *Comprender y transformar la enseñanza.* Madrid: Morata.

Glaser y Strauss (1967) *The discovery of grounded theory (El descubrimiento de la teoría de base)* Aldine Publishing Company. Chicago. Traducción del Cap. V. El método Comparativo Constante. Cátedra: Investigación y Estadística I- OPFYL- FFYL- UBA

Goetz, J. y Le Compte, M. (1988). *Etnografía y diseño cualitativo en investigación educativa.* Madrid: Ediciones Morata.

Gómez Campo, V. y Tenti Fanfani, E. (1982). *Universidad y profesiones. Crisis y alternativas.* Buenos Aires: Miño y Dávila.

González, O. (1994) *Currículum: diseño, práctica y evaluación.* Cuba: CEPES. Universidad de la Habana.

Harf, R. (1996). *Poniendo la planificación sobre el tapete.* Buenos Aires: Documento interno Cepa

Heller, A. (1989). De la hermenéutica de las ciencias naturales a la hermenéutica de las ciencias sociales. En: Heller, A. y Free, F. *Políticas de la postmodernidad (ensayos de crítica cultural).* Barcelona: Península.

Hernández Ariztu, J. y Pozo, C. (1997). El fracaso académico en la Universidad. En: Apodaca, P. y Lobato, C. (Comp.). *Orientación y Evaluación para la Calidad de las Universidades.* Barcelona: Laertes.

Hidalgo, C. (2000). Epistemología y generación de hipótesis científicas. En: Klimovsky, G. y Schuster, F. G. (comp.) *Descubrimiento y creatividad en ciencia.* Buenos Aires: EUDEBA

Hidalgo, C. y Schuster, F. (2003). El descubrimiento científico como fenómeno comunitario. En: *Cuadernos de Antropología Social.* Número 18. Buenos Aires: Facultad de Filosofía y Letras. UBA.

Hughes, M. (2008). Los mitos en torno a las relaciones entre investigación y docencia en las universidades. En: Barnett, R. (2008). *Para una transformación de la universidad. Nuevas relaciones entre investigación, saber y docencia.* Barcelona, España. Octaedro.

Hyman, Lazarsfeld, Zeisel, Sorokin, Coser y Yalour. (1993). *La investigación social.* Buenos Aires: Centro Editor de América Latina.

Ickowicz, M. (2004). La formación de profesores en la Universidad. En: *Revista IICE* Año XII, N°22. Junio. Buenos Aires: Miño y Dávila – FFyL. UBA.

IICE. (2008). Anuario 2008. En: http://iice.institutos.filo.uba.ar/anuario

IICE. (2011). Anuario 2011. En: http://iice.institutos.filo.uba.ar/anuario

Kandel, V. (2005). Algunas reflexiones en torno al gobierno, la representación y la democracia en la universidad argentina. En: *Revista de la Educación Superior,* vol. XXXII (1), n°125 México: ANUIES

Klimovsky, G. y Asúa, M. (1992). *Corrientes epistemológicas contemporáneas.* Buenos Aires: Centro Editor de América Latina.

Klimovsky, G. y Schuster, F. G. (comp.) (2000). *Descubrimiento y creatividad en ciencia.* Buenos Aires: EUDEBA

Kosik, K. (1967). *Dialéctica de lo concreto.* México: Grijalba.

Krotsch, P. (1993). La universidad argentina en transición: ¿del Estado al mercado? En: *Revista Sociedad.* N°3, noviembre de 1993, pp.21 y 22. Facultad de Ciencias Sociales. UBA.

Krotsch, P. (2003). *Educación superior y reformas comparadas.* Buenos Aires: Universidad Nacional de Quilmes Editorial.

Krotsch, P. y Suasnabar, C. (2002). Los estudios sobre la Educación Superior: una reflexión desde Argentina y América Latina. En: *Revista Pensamiento Universitario.* N°10, Año 10, Buenos Aires.

Lafourcade, P. (1980). *Planeamiento, conducción y evaluación en la enseñanza superior.* Buenos Aires: Kapelusz.

Lafourcade, P: (1992) *La autoevaluación institucional en la universidad.* San Juan. Ed.UNSJ,

Landesmann, M. (2001). Trayectorias académicas generacionales: constitución y diversificación del oficio académico. El caso de los bioquímicos de la facultad de medicina de la UNAM. En: *Revista Mexicana de Investigación Educativa,* Vol. VI Núm. II, enero-abril. Consejo Mexicano de Investigación Educativo. P 33-62

Landesmann, M., Hickman, H., Parra, G. y Covarrubias, P. (2006). Identidad institucional e institucionalización de la psicología conductual en la Facultad de Psicología de la UNAM (1970-1977) En: Landesmann, M. (Coord.) *Instituciones educativas. Instituyendo disciplinas e identidades* México: Unam. P. 117-162

Lepenies W. (1994). *Las Tres Culturas, La Sociología entre la Literatura y la Ciencia.* México: Fondo de Cultura Económica.

Lion, C. (2000). Las prácticas de la enseñanza de los docentes universitarios analizadas desde la perspectiva del impacto de las tecnologías en el conocimiento. En: *Revista del IICE* N°16. Buenos Aires: Miño y Dávila- FFyL- UBA

Lion, C. (2006). *Imaginar con tecnologías. Relaciones entre tecnologías y conocimiento.* Buenos Aires: Stella.

Litwin, E. (1997). Las configuraciones didácticas en el marco de una nueva agenda didáctica. En: *Revista del IICE* N°10. Abril. Buenos Aires: Buenos Aires: Miño y Dávila- FFyL- UBA

Litwin, E. (2008). *Las configuraciones didácticas. Una nueva agenda para la enseñanza superior.* Buenos Aires: Paidós.

Litwin, E. (2009). *El oficio de enseñar. Condiciones y contextos.* Buenos Aires: Paidós.

Llomovatte, S., Juarros, F., Naidorf, J. y Guelman, A. (2006). *La vinculación universidad – empresa: miradas críticas desde la universidad pública.* Buenos Aires: Miño y Dávila

Lucarelli, E. (1992). *Modelo para el análisis de evaluación curricular.* UNT: FCM.

Lucarelli, E. (1993a). *La programación curricular.* Panamá: U de Itsmo.

Lucarelli, E. (1993b). *Regionalización del currículum y capacitación docente.* Buenos Aires: Miño y Dávila.

Lucarelli, E. (1994). *Teoría y práctica como innovación en docencia, investigación y actualización pedagógica.* Buenos Aires: Cuadernos del IICE N° 10. FFYL. UBA.

Lucarelli, E. (1997). *La formación de docentes universitarios: un caso de profesionalización docente.* Buenos Aires: Cuaderno del IICE N°13. FFyL. UBA.

Lucarelli, E. (2001). *La Didáctica de Nivel Superior.* Buenos Aires: OPFYL, 5/25/01. UBA.

Lucarelli, E. (2002). *La programación curricular en el aula universitaria. Un desafío para el docente.* Buenos Aires: Biblos.

Lucarelli, E. (2004). *El eje teoría-práctica en cátedras universitarias, su incidencia dinamizadora en la estructura didáctico curricular.* Tesis doctoral. Buenos Aires: UBA, FFyL, agosto de 2004.

Lucarelli, E. (2005). *Innovación en el aula: el eje de la articulación teoría-práctica en la universidad.* Buenos Aires: OPFYL, 5/25/03. UBA.

Lucarelli, E. (2008). *Como enseñar en la universidad: el desafío de un campo en construcción.* Ponencia en: XIV Endipe. Porto Alegre, Brasil.

Lucarelli, E. (2009a). *Teoría y práctica en la universidad. La innovación en las aulas.* Buenos Aires: Miño y Dávila.

Lucarelli, E. (2009b). La producción en didáctica universitaria: la conformación de un campo específico a partir de la investigación. En: Aguiar Isaia, S. y Pires de Vargas Bolzani (org.): *Pedagogía universitária e desenvolvimento professional docente.* Porto Alegre: Edipucrs.

Lucarelli, E. (2011): Didáctica universitaria, ¿un asunto de interés para la universidad actual? en *Revista Perspectiva.* Vol 29, N.2-julho-dezembro. Florianópolis. UFSC

Lucarelli, E. (organizadora). (2000). *El asesor pedagógico en la universidad: de la teoría pedagógica a la práctica en la formación*. Buenos Aires: Paidós.

Lucarelli, E., Fallik, V. y Donato, M. (1991) *Las innovaciones curriculares en el mejoramiento de la educación universitaria: un proyecto en acción*. Buenos Aires: Cuadernos del IICE N° 9. FFYL. UBA

Lucarelli, E. y Malet, A. (2010). *Universidad y prácticas de innovación pedagógica. Estudios de casos de la UNS*. Buenos Aires: Baudino Ediciones.

Lucarelli, E. y Finkelstein, C. (comp) (2012). *El asesor pedagógico en la universidad. Entre la formación y la intervención*. Buenos Aires. Miño y Dávila.

Lucarelli, E. y Calvo, G. (2015) *La articulación teoría y práctica en las instancias curriculares de formación en investigación en las carreras de grado en Ciencias Sociales*. En: Norberto Fernández Lamarra y Carlos Mundt (organizadores) Revista: "Sociedad, Procesos Educativos, Instituciones y Actores. Estudios de política y administración de la educación II" Editorial de la UNTREF- Número 3 | abril 2015 (pág.225 a pág. 233).

Lucarelli, E. y Calvo, G. (2017) *La formación universitaria en las habilidades del quehacer investigativo*. En: Norberto Fernández Lamarra (organizador) Revista: "Políticas, actores y prácticas: Estudios de política y administración de la Educación III" Editorial UNTREF- Número 4- diciembre 2017 (pág. 187 a pág. 203)

Malet, A. (2011) *Una manera de pensar la relación entre pedagogía y universidad: formación profesional en la Universidad Nacional del Sur*. En: http://ecpuna.fahce.unlp.edu.ar ISSN 18539602 La Plata, 8, 9 y 10 de agosto de 2011

Mardones, J. M. (1991). *Filosofía de las ciencias humanas y sociales*. Barcelona: Anthropos.

Margetic, A. y Suárez, V. (2006). *Función Social de la Universidad*. Buenos Aires: Ediciones de la UNLa.

Martínez Nogueira, R. (2000). *Evaluación de la Gestión Universitaria*. En: http://www.coneau.edu.ar/archivos/1326.pdf

Mastache, A. (1993). *Representaciones acerca de la formación. Literatura y Mito*. Colección: Documentos de trabajo N°2. IICE. FFyL. UBA.

Mayntz, Holm, Hübner. (1969). *Introducción a los métodos de la sociología*. España: Alianza Editorial.

Mayor Ruiz, C. (coord.). (2003). *Enseñanza y aprendizaje en la educación superior*. España: Octaedro- EUB.

Medina Moya, J. L. (2006). *La profesión docente y la construcción del conocimiento profesional*. Buenos Aires: Magisterio del Río de la Plata.

Meretzs, L. y Kennedy, M. (2013) *Espacios formales de reflexión "entre la teoría y la práctica" la fase de ayudantía docente en la cátedra de didáctica específica*. Ponencia presentada en las Jornadas Nacionales de Formación del Profesorado, realizadas en la Universidad Nacional de Mar del Plata en setiembre de 2013

Mollis, M. (2001). *La universidad argentina en tránsito. Ensayo para jóvenes y no tan jóvenes*. Buenos Aires: Fondo de Cultura Económica.

Morán Oviedo, P. (1986). Propuesta de evaluación y acreditación en el proceso de enseñanza- aprendizaje desde una perspectiva grupal. *Perfiles educativos* N°27 y 28 UNAM México.

Morán Oviedo, P. (compilador) (2003a). Docencia e investigación en el aula. Una relación imprescindible. *Pensamiento Universitario* 92- tercera época. México: Cesu. UNAM.

Morán Oviedo, P. (2003b). *El vínculo de la docencia y la investigación en el trabajo académico de la UNAM*. México: Cesum. Plaza y Valdez.

Moreno Bayardo, G. (2000). *Una conceptualización para la formación en investigación*. http://educacion.jalisco.gob.mx/consulta/educar/09/9bayardo.html

Moreno Bayardo, G (2003) Desde cuándo y desde dónde pensar la formación en investigación. En: *Educación y Ciencia. Nueva época.* Volumen 7 N°14. Julio diciembre 2003. Pp.63-81

Moreno Bayardo, G (2005) Potenciar la educación. Un currículum transversal de formación para la investigación. *REICE - Revista Electrónica Iberoamericana sobre Calidad, Eficacia y Cambio en Educación.* 2005, Vol. 3, No. 1 http://www.ice.deusto.es/rinace/reice/vol3n1_e/Moreno.pdf

Moreno Bayardo, G (2011) La formación de investigadores como elemento para la consolidación de la investigación en la universidad. En: *Revista de la educación superior* (ISSN: 0185-2760) Vol. XL (2), No. 158, Abril - Junio de 2011, pp. 59-78

Moyetta, L., Valle, M., Jacob, I. y Barbero, D. (2010) Las relaciones entre teoría y práctica en la formación del Licenciado en Psicopedagogía. En: *Conocer para innovar e innovar para mejorar la enseñanza.* ISBN 978-950-665-587-7. Universidad Nacional de Río Cuarto. Córdoba. p. 49

Muñoz García, H. y Rodriguez Gómez, R. (compiladores). (1995). *Escenarios para la Universidad contemporánea.* México: UNAM/ CESU

Muñoz Izquierdo, C. (1993). *Bases* para la modernización curricular de la educación superior. En: De Alba, A. *El currículum universitario de cara al nuevo mileño.* México: UNAM. U de Gdjara, Sec de Des.

Nicastro, S. (1997): *La historia institucional y el director en la escuela: versiones y relatos.* Bs. As. Paidós

Nickerson, R. (1995). Can technology help teach for Understanding? En Perkins, D.; Swartz, J.; Marwell West, M. y Stone Wiske,M. (comp.) *Software goes to school. Teaching for understanding with new technologies.* Nueva York, Oxford University.

Ornelas Navarro, C. (1982). La reforma universitaria y la enseñanza tubular. *Foro universitario* N°19. México: STUNAM.

Ortiz, H. y Jimenez, F. (2006). La demostración elemento vivo en la didáctica de la matemática. *Scientia et Technica* Año XII, No 31, Agosto de 2006 UTP. Universidad Tecnológica de Pereira. Colombia. ISSN 0122-1701. Disponible en: http://redalyc.uaemex.mx/src/inicio/ArtPdfRed.jsp?iCve=84911639041

Osima Lopes, A. (1995). Aula expositiva: superando o tradicional. En: Feltran, et al. *Técnicas de ensino: por que nao?* Sao Pablo: Ed. Papirus

Pacheco Méndez, T. y Díaz Barriga, A. (2005) *La profesión universitaria en el contexto de la modernización.* México: Ediciones Pomares.

Paixao, M. y Cachapuz, A. (1999) La enseñanza de las ciencias y la formación de profesores de enseñanza primaria para la reforma curricular: de la teoría a la práctica. En: *Enseñanza de la Ciencia.* 1999, 17 (1), 69-77

Paviglianiti, N. (1991). *La transformación universitaria: Pasado y presente.* Boletín N°2. Cátedra Política Educacional. Buenos Aires: FFYL. UBA.

Paviglianiti, N., Nosiglia, M. C. y Marquina, M. (1996). *Recomposición neoconservadora.* Buenos Aires: IICE. Miño y Dávila.

Pérez Lindo, A. (1998). *Políticas del conocimiento, educación superior y desarrollo.* Buenos Aires: Biblos.

Pérez Lindo, A. (2001). Fundamentos de la universidad en una era sin fundamentos. En: Naishtat, F., García Raggio, A., Villavicencio. S., (compiladores) *Filosofías de la universidad y conflicto de racionalidades.* Buenos Aires: Colihue Universidad.

Perinat, A. (2004). *Conocimiento y educación superior. Nuevos horizontes para la universidad del siglo XXI.* Barcelona: Paidós.

Perkins, D. (1995) *La escuela inteligente.* Madrid: Gedisa.

Perrenoud, P. (2008). *La evaluación de los alumnos. De la producción de la excelencia a la regulación de los aprendizajes. Entre dos lógicas.* Buenos Aires: Colihue.

Puiggrós, A. y Krotsch, C. (compiladores). (1994). *Universidad y evaluación. Estado del debate*. REI. Instituto de Estudios y Acción Social. Buenos Aires: Aique Grupo Editor.

Rajadell, N y Serrat, N. (2002): La interrogación didáctica. En: *Estrategias didácticas innovadoras*. Barcelona: Octaedro

Raminger, L. (2004). *La iniciación científica. El compromiso de enseñar a investigar*. En: http://www.bioetica.org/cuadernos/doctrina27.htm, Buenos Aires, Cuadernos de Bioética.

Remedi, E. (2004). La institución: un entrecruzamiento de textos. En: Rémedi, E. *Instituciones educativas. Sujetos, historia e identidades*. México: Plaza y Valdés.

Revista IICE N°10. AñoVI. *La universidad hoy*. Abril 1997. IICE. FFYL. UBA. Miño y Dávila.

Revista IICE N°3. Año II. *Universidad*. Agosto1992. IICE. FFYL. UBA. Miño y Dávila.

Revista IICE N°6. Año IV. *Currículum y reforma educativa*. Agosto 1995. IICE. FFYL. UBA. Miño y Dávila.

Riquelme, G. (2003). *Educación Superior, demandas sociales, productivas y mercado de trabajo*. Tomo I- Buenos Aires: Miño y Dávila. UBA.

Riquelme, G. (2006). *Educación superior y reclamos sociales*. Artículo del diario La Capital del 20 de mayo de 2006

Riquelme, G. (2009). *Las universidades frente a las demandas sociales y productivas*. Buenos Aires: Edit. Miño y Dávila

Riquelme, G. y Razquin, P. (1997). *Prácticas* de estudio y trabajo de universitarios. Hacia su valoración pedagógica. *Revista IICE* N°10. Año VI, abril. Buenos Aires: IICE. FFYL. UBA. Miño y Dávila.

Rodríguez, M. (2019) *Los estudios históricos en la Facultad de Filosofía y Letras (1955-1966). Planes de estudio, planteles docentes e identidades historiográficas*. Trabajos y Comunicaciones, (50), e096. Universidad Nacional de La Plata. https://doi.org/10.24215/23468971e096

Rodríguez Espinar, S. (1997). Orientación universitaria y evaluación de la calidad. En: Apodaca, P. y Lobato, C. (compiladores): *Calidad en la universidad: orientación y evaluación*. Madrid: Leartes Editorial.

Rodríguez Ousset, A. (1994). Problemas, desafíos y mitos en la formación docente. En: *Perfiles Educativos* N°63. Enero-marzo. México: UN- Cise.

Rodríguez, G. y Keijzer, B. (2002). Una aproximación etnográfica mediante visitas sucesivas. En: *La noche se hizo para los hombres. Sexualidad en los procesos de cortejo entre jóvenes campesinos y campesinas*. México: Edamex.

Rojas Soriano, R. (1990). *Métodos para la investigación social. Una proposición dialéctica*. México: Plaza y Valdés.

Rojas Soriano, R. (2008). *Formación de investigadores educativos. Una propuesta de investigación*. México: Plaza y Valdés.

Romo Beltran, R. (2007) Pensar la nueva universidad. Instituciones educativas, políticas públicas y académicos. En: *Trayectorias* AÑO IX, NÚM. 23 ENERO-ABRIL 2007- p.79

Sabino, C. (1996). *El proceso de investigación*. Buenos Aires: Lumen- Humanitas.

Saltalamacchia, H. (1992). *Historia de vida*. Costa Rica: CUUP

Sánchez Puentes, R. (1987). El caso de la enseñanza de la investigación histórico-social en el CCH. En: *Cuadernos del CESU*. núm. 6. México: UNAM.

Sánchez Puentes, R. (1991). Por una didáctica diferente de la investigación en la enseñanza media superior. En: *Cuadernos del CESU*. núm. 25. México: UNAM.

Sánchez Puentes, R.: (1995) *Enseñar a investigar. Una didáctica nueva de la investigación científica en Ciencias Sociales y Humanas*. Cesu-Anuies, México.

Sanjurjo, L. y Vera, M. (1994). *Aprendizaje significativo y enseñanza en los niveles medio y superior*. Rosario: Homo Sapiens.

Sanjurjo, L y Rodriguez, X (2013) *Volver a pensar la clase. Las formas básicas de enseñar*. Rosario: Homo Sapiens.

Sanjurjo, L (coord.) (2018) *Los dispositivos para la formación en las prácticas profesionales*. Rosario: Homo Sapiens.

Sautu, R. (2003). *Todo es teoría. Objetivos y métodos de investigación.* Buenos Aires: Ediciones Lumiere.

Schön, D. (1992). *La formación de profesionales reflexivos.* Barcelona: Paidós.

Schuster, F. G. (1992). *El método en las ciencias Sociales.* Buenos Aires: Centro Editor de América Latina.

Schuster, F. G. (1999a). Los laberintos de la contextualización en ciencia. En: Althabe, G. y Schuster, F. G. (compiladores) *Antropología del presente.* Buenos Aires: Edicial.

Schuster, F. G.(1999b). Descubrimiento y justificación en la filosofía de la ciencia. En: Scarano, E. y Marqués, G. (compiladores) *Epistemología de la economía.* Buenos Aires: A-Z Ed.

Schuster, F. L. (2001). Exposición: Hermenéutica y ciencias sociales. En: Schuster, F. y otros. *El oficio del investigador.* Rosario: Homo Sapiens.

Scott, P. (1999) El rol cambiante de la Universidad en la producción de nuevo conocimiento. En: *Pensamiento Universitario.* N°8. Año 6. Buenos Aires: Facultad de Ciencias Sociales. UBA.

Selltiz, Wrightsman, Cook. (1980). *Métodos de investigación en las relaciones sociales.* Madrid: Ediciones Rialp.

Sigal, S. (1991). *Intelectuales y poder en la década del sesenta.* Buenos Aires: Punto Sur Editores.

Silvio, J. (1984). *La pedagogía en el nivel superior: algunas reflexiones e hipótesis de trabajo.* Caracas: CRESALC- UNESCO.

Sirvent, M. (1991). *La investigación educativa en la UBA: El Instituto de Ciencias de la Educación de la UBA (1984- 1990).* En: Temas de Psicopedagogía. Bs. As. EPEC. Anuario N°5.

Sirvent M. T. (1994). *Educación de adultos: Investigación y Participación. Desafíos y Contradicciones.* Buenos Aires: Editorial Coquena. Introducción y Segunda Parte: La Investigación Participativa aplicada a la renovación curricular.

Sirvent, M. (1999). *Cultura Popular y participación social. Una investigación en el barrio de Mataderos (Buenos Aires).* Buenos Aires: Miño y Dávila editores.

Sirvent, M. (1999a). Ateneos del IICE: Problemática metodológica de la investigación educativa. *Revista IICE.* Año VIII. N°14. Buenos Aires: IICE. FFYL. UBA. Miño y Dávila.

Sirvent, M. (2000). Políticas de investigación educativa y formación docente. En: *Revista Argentina de Educación.* Año XVIII. N°27. Mayo. Buenos Aires.

Sirvent M. (2006) *El Proceso de Investigación.* Cuadernillo de la cátedra Investigación y Estadística I. Buenos Aires: OPFyL. FFyL. UBA

Sirvent M. y Spielmann, G. (compiladores). (2007) *Breve diccionario: conceptos iniciales básicos sobre investigación en ciencias sociales.* Recopilación de las memorias del taller de investigación de la maestría en didáctica a cargo de la Dra. María Teresa Sirvent. Fac. F y L, UBA, 1996. Versión revisada investigación y estadística 1, cuaderno de la OPFYL N°5/29/07, FFYL, UBA

Sirvent, M. y Monteverde, A. (2016) Enseñar a investigar en la universidad. Propósitos, Desafíos y Tensiones en la formación metodológica de posgrado: la experiencia de la Maestría en Salud Mental de la Facultad de Trabajo Social de la UNER. En: De Riso, Jaquet (comp) 2016. *Formación en Salud Mental: una experiencia de maestría en la Universidad Pública Argentina.* EDUNER. ISBN 978-950-698-383-3

Sirvent, M. y Rigal, L.: (2020) *Metodología de la Investigación social y educativa: Diferentes caminos de producción de conocimiento.* (Documento preliminar y en revisión. En elaboración para publicar) Buenos Aires.

Solberg. V. y otros. (2007). *El adscripto... ¿quién? conceptualizaciones sobre un rol poco abordado.* Ponencia aprobada. En: V Encuentro Nacional y II Latinoamericano, La Universidad como Objeto de Investigación. Tandil: UNCPBA.

Soria Nicastro, O. (2003). Docencia e investigación en la universidad latinoamericana. En: Morán Oviedo, P. (compilador). *Docencia e investigación en el aula. Una relación imprescindible.* Pensamiento Universitario 92- tercera época. México: CESU. UNAM.

Souto, M. (1987). *El* grupo de aprendizaje como unidad de operación educativa. En: *Revista Argentina de Educación*, Año V, N°8. Buenos Aires.

Souto, M. (1994). *Hacia una didáctica de lo grupal.* Buenos Aires: Miño y Dávila.

Souto, M. (2000). *Las formaciones grupales en la escuela.* Buenos Aires: Paidós.

Souto, M. (2017). *Pliegues de la formación. Sentidos y herramientas para la formación docente.* Rosario: Homo Sapiens

Strauss, A. y Corbin, J. (1991). *Basics of qualitative research.* Newbury Park - London - New Delhi: Sage. (Traducción publicada en: Lecturas de investigación cualitativa. II. 2004 Investigación y Estadística I Cuadernos de la Oficina de Publicaciones de la Facultad de Filosofía y Letras - Opfyl).

Strauss, A. y Corbin, J. (2002). *Bases de la investigación cualitativa. Técnicas y procedimientos para desarrollar la teoría fundamentada.* Colombia: Editorial Universidad de Antioquia.

Sutz, J. (1994). *Universidad y sectores productivos.* Buenos Aires: Centro Editor de América Latina.

Tardif, M. (2002). Lugar e sentido dos conhecimentos universitario na formaçao dos proffissionais do ensino. En: Garrido,S., da Cunha, M. I., Martíni, J (org.). *Os rumos da educaçao superior.* S. Leopoldo: RS. Unisinos.

Taylor, S. y Bogdan, R. (1998). *Introducción a los métodos cualitativos en investigación.* Buenos Aires: Paidós.

Tenti Fanfani, E. (1988). *El proceso de investigación en educación. El campo de la investigación educativa en la Argentina.* En: Curso de metodología de la investigación en Ciencias Sociales. Conicet. UNR. Rosario. Santa Fe.

Tenti Fanfani, E. y otros. (1993). *Universidad y Empresa.* Buenos Aires: Miño y Dávila/ CIEPP.

Volpato, G. (2009) *Marcas de profissionais liberais que se tornaram professores-referência.* En: R. bras. Est. pedag., Brasília, v. 90, n. 225, p. 333-351, maio/ago. 2009.

Wachowicz, L. (1995) *O método dialético na didática.* Campinas. Papirus.

Wainerman, C. y Sautu, R. (compiladoras). (1998). *La trastienda de la investigación.* Buenos Aires: Editorial de Belgrano.

Wallerstein, I. (2004) Análisis de los sistemas-mundo como impensando. En: *Impensar las ciencias sociales. Límites de los paradigmas decimonónicos.* México: Siglo XXI.

Weiss, E. (1994). Investigación educativa en América Latina. Presente y Futuro. En: *Universidad Futura* n°16. México: UNAM.

Woods, P. (1995). *La escuela por dentro. La etnografía en la investigación educativa.* Barcelona: Paidós.

Ysunza Breña, M. (1993). Ocupación: diseño curricular. En: de Alba, A. (coord.) *El currículum universitario de cara al nuevo milenio.* México: UNAM. U de Gjra. Secr. Des. Soc.

Zabalza, M. (2000) El papel de los Departamentos universitarios en la mejora de la calidad de la docencia. En: *Revista Interuniversitaria de Formación del Profesorado.* N°38. Agosto 2000. Pp.47-66

Zabalza, M. (2006). *Competencias docentes del profesorado universitario. Calidad y desarrollo profesional.* Madrid: Nancea.

Zanchet, B. y Ghiggi, G. (organizadoras). (2009). *Práticas inovadoras na aula universitária. Possibilidades, desafios e perspectivas.* Brasil: Edufma.

Zarzar Charur, C. (1988). *Grupos de aprendizaje.* México: Nueva Imagen.

www.ingramcontent.com/pod-product-compliance
Ingram Content Group UK Ltd.
Pitfield, Milton Keynes, MK11 3LW, UK
UKHW041635190726
13854UKWH00006B/2513